多音字与词语释义

主　编　张登成　黄树槐　姚东野
编　者　张登成　黄树槐　姚东野
　　　　尚柏林　郭基联　侯艳艳
　　　　李　娜　常　飞　苏新兵
　　　　张艳华　祝　娜

西北工业大学出版社
西安

图书在版编目(CIP)数据

多音字与词语释义 / 张登成，黄树槐，姚东野主编
. — 西安：西北工业大学出版社，2019.3
ISBN 978-7-5612-6419-5

Ⅰ.①多… Ⅱ.①张… ②黄… ③姚… Ⅲ.①汉字-多音字 ②现代汉语-词汇-注释 Ⅳ.①H124.3 ②H136

中国版本图书馆 CIP 数据核字(2019)第 017412 号

DUOYINZI YU CIYU SHIYI
多音字与词语释义

责任编辑：隋秀娟		策划编辑：雷　鹏	
责任校对：万灵芝		装帧设计：李　飞	

出版发行：西北工业大学出版社
通信地址：西安市友谊西路 127 号　　　邮编：710072
电　　话：(029)88491757，88493844
网　　址：www.nwpup.com
印 刷 者：西安真色彩设计印务有限公司
开　　本：710 mm×1 000 mm　　　1/16
印　　张：14
字　　数：385 千字
版　　次：2019 年 3 月第 1 版　　2019 年 3 月第 1 次印刷
定　　价：80.00 元

如有印装问题请与出版社联系调换

前 言

《多音字与词语释义》是《教师人文素质修养读本》的姐妹篇,是又一本为提高教师人文素质提供"养料"的书。

全书由上篇"多音字"和下篇"词语释义"两部分构成。上篇将《现代汉语词典》(第7版)等词书所载的多音字(一字多音)集中起来,一字之下注明多种读音。这种编辑方式较词书按拼音编纂(一个多音字分布于多处)更能方便读者阅读。为便于不熟悉汉语拼音的读者朋友使用,在多音字的拼音之后注有相同读音的汉字。下篇选录词语两千多条,每条词语均有简要释义,并伴有必要的应用例句。

众所周知,教学语言是教师必须修炼的基本功,读音不准或用词不当,不仅影响教师形象,而且可能因读音混杂和词不达意导致学生产生误解,有损教学内容的科学性。"后患"可谓重矣!空军工程大学教师教学发展中心在教员培训中,深感从事教学工作的同志们在汉字与词语音与义方面存在欠缺,为提高同志们的汉字与词语运用能力,特编写出版本书。

如同《教师人文素质修养读本》一样,本书虽主要为教师服务,其他各界朋友也不妨一读,定能有所收益。笔者愿与读者朋友一道,为秉承鲁迅先生遗志,"为纯洁祖国的语言文字而斗争",修养自身,造福社会!

编写本书曾参阅了相关文献资料,在此,谨向其作者深致谢意。

编 者
2018年10月

目 录

上篇　多音字

阿	3	薄	7	案	10	车	14
啊	3	堡	7	参	10	尺	14
挨	3	暴	7	蓡	11	瘛	14
唉	3	趵	7	掺	11	冲	14
欸	3	刨	7	屏	11	涌	14
嗌	3	背	7	伧	11	种	14
艾	3	椑	8	藏	11	重	14
嗳	4	陂	8	侧	11	绌	15
厂	4	孛	8	噌	11	帱	15
广	4	臂	8	曾	11	仇	15
唵	4	奔	8	差	11	绸	15
熬	4	坌	8	嵯	12	俶	15
罨	4	绷	8	喳	12	杻	15
拗	4	贲	8	杈	12	臭	15
扒	4	裨	8	瘥	12	鉏(鋤)	15
吧	4	扁	8	单	12	褚	15
把	5	便	9	禅	12	处	15
罢	5	缏	9	镡	12	畜	15
鲅	5	摞	9	啴	12	滀	15
孹	5	骠	9	划	12	傗	15
柏	5	瘭	9	颤	12	歘	16
伯	6	别	9	裳	12	搋	16
呗	6	玢	9	倘	13	嘬	16
扳	6	并	9	长	13	嚽	16
般	6	摒	10	场	13	传	16
榜	6	泊	10	玚	13	创	16
膀	6	簸	10	焯	13	幢	16
磅	6	卜	10	绰	13	椎	16
榜	6	埔	10	吵	13	圌	16
蚌	6	嚓	10	剿	13	镩	16
炮	7	偲	10	朝	13	鹺	16
剥	7	采	10	嘲	13	刺	17

字	页	字	页	字	页	字	页
呲	17	澄	23	肚	27	洚	31
兹	17	乘	23	度	27	嘎	31
苤	17	晟	23	岜	27	呷	32
扠	17	盛	23	敦	27	胳	32
蹴	17	裎	23	镦	27	咖	32
卒	17	乘	23	沌	27	卡	32
酢	17	絑	23	囤	28	伽	32
攒	17	称	23	楯	28	轧	32
衰	17	掌	23	垛	28	盖	32
蹲	18	匙	24	驮	28	干	32
撮	18	骀	24	蛾	28	杆	33
鄠	18	啇	24	恶	28	擀(扞)	33
答	18	镝	24	呃	28	杠	33
杏	18	提	24	儿	28	扛	33
打	18	翟	24	佴	28	钢	33
大	18	氐	24	发	29	岗	33
疸	19	地	24	番	29	膏	33
呆	19	杕	24	蕃	29	鬲	34
呔	19	跕(跕)	25	缯	29	镉	34
待	19	钿	25	繁	29	纥	34
逮	19	佃	25	氾	29	搁	34
殚	19	鸟	25	坊	29	格	34
掸	19	调	25	彷	29	革	34
亶	20	铫	25	菲	29	葛	34
澶	20	揲	25	蜚	30	扃	34
弹	20	喋	25	蒂	30	颌	34
石	20	昳	25	分	30	蛤	34
担	20	丁	25	葑	30	合	34
当	20	酊	26	冯	30	个	35
铛	20	钉	26	缝	30	各	35
挡	20	恫	26	佛	30	硌	35
叨	21	峒	26	否	30	给	35
倒	21	峝	26	夫	31	艮	36
嘚	21	侗	26	莩	31	更	36
得	21	都	26	桴	31	颈	36
底	22	斗	26	服	31	红	36
的	22	读	26	脯	31	供	36
蹬	22	阉	27	父	31	喷	36
		顿	27	俛	31	句	36

据	36	哼	41	纪	46	解	51
勾	36	骼	42	济	46	禁	51
枸	37	哞	42	齐	46	廑	51
榖	37	横	42	荠	46	仅	52
蛄	37	夯	42	偈	46	尽	52
估	37	哄	42	祭	46	唫	52
骨	37	虹	42	系	47	劲(叻)	52
呱	37	蕻	42	家	47	经	52
冠	37	侯	42	茄	47	靓	52
莞	37	糊	42	夹	47	惊	52
观	37	鹄	43	贾	47	且	52
矜	38	鹘	43	假	47	俱	53
纶	38	浒	43	价	48	据	53
桄	38	楛	43	间	48	锯	53
庹	38	化	43	浅	48	锅	53
龟	38	哗	43	渐	48	沮	53
沇	38	豁	43	监	48	胶	53
柜	38	划	43	睫	48	棬	53
炅	38	华	43	锏	48	卷	53
炔	38	轘	44	槛	48	圈	53
桧	38	圂	44	见	48	隽	54
过	38	郇	44	将	49	蹶	54
哈	39	晃	44	浆	49	筠	54
虾	39	珲	44	降	49	麇	54
奋	39	虺	44	强	49	菌	54
嗨	39	佪	44	教	49	浚	54
咳	39	咴	44	嚼	50	焌	54
还	39	会	44	峤	50	咔	54
汗	39	荤	45	徼	50	咯	54
吭	40	混	45	缴	50	看	54
行	40	嚯	45	角	50	阚	55
号	40	期	45	觉	50	嵌	55
巷	40	缉	45	校	50	闶	55
好	40	奇	45	结	50	颏	55
喝	41	几	45	节	51	壳	55
核	41	脊	45	楷	51	可	55
荷	41	诘	46	絜	51	轲	55
吓(嚇)	41	藉	46	桔	51	嗑	55
和	41	巫	46	颉	51	坷	56

刳	56	礦	60	么(麽)	65	饢	69
啃(龈)	56	凉	60	没	65	呶	70
空	56	踉	60	糜	65	恁	70
倥	56	量	60	谜	65	嗯	70
浍	56	撩	61	闷	65	呢	70
隗	56	燎	61	脉	66	泥	70
溃	56	蓼	61	熳	66	粘	70
栝	56	钌	61	埋	66	辇	70
适	56	咧	61	谩	66	尿	70
拉	56	裂	61	蔓	66	宁	71
啦	57	淋	61	泯	66	拧	71
喇	57	令	61	尨	66	疟	71
落	57	溜	62	猫	66	喏	71
蜡	57	遛	62	冒	66	喔	71
腊	58	镏	62	壹	66	区	71
剌	58	馏	62	蒙	67	沤	71
徕	58	陆	62	盟	67	派	71
郎	58	隆	62	眯	67	排	72
阆	58	泷	62	靡	67	迫	72
莨	58	笼	62	泌	67	胖	72
唠	58	弄	62	秘	67	跑	72
潦	58	搂	63	觅	67	喷	72
姥	58	喽	63	鼍	67	澎	72
烙	58	偻	63	缪	67	铍	72
络	58	露	63	乜	67	劈	72
乐	59	芦	63	磨	68	埤	73
勒	59	菉	63	摩	68	吡	73
了	59	碌	63	无	68	辟	73
擂	59	绿	64	模	68	片	73
肋	59	捋	64	抹	68	缥	73
棱	59	率	64	万	68	漂	73
丽	60	掠	64	嘿	68	缥	73
缡	60	抡	64	牟	68	朴	74
蠡	60	论	64	哪(那)	68	撇	74
悝	60	啰	64	那	69	拼	74
栎	60	漯	64	娜	69	颦	74
跞	60	麻	64	南	69	屏	74
哩	60	吗	65	难	69	魄	74
俩	60	蚂	65	囊	69	掊	74

铺	74	曲	78	捎	82	趟	88
仆	74	苴	78	蛸	82	镗	88
瀑	75	戍	78	稍	83	饧	88
栖	75	阙	78	少	83	掏	88
妻	75	嚷	79	召	83	忒	88
蹊	75	瀼	79	畲	83	腾	88
其	75	娆	79	蛇	83	擿	88
跂	75	绕	79	折	83	体	88
袷	75	若	79	舍	83	绨	88
蚚	75	任	79	歙	83	裼	88
铅	75	葚	79	莘	84	挑	88
乾	75	挼	79	什	84	帖	89
慊	75	挲	79	椹	84	町	89
茜	75	撒	79	胜	84	梃	89
纤	76	挲	80	省	84	同	89
蹡	76	塞	80	嘘	84	通	89
戗	76	思	80	识	85	菟	90
抢	76	糁	80	莳	85	吐	90
呛	76	散	80	食(蚀)	85	俍	90
镪	76	丧	80	峙	85	褪	90
雀	76	膝	80	似	85	屯	90
悄	76	扫	80	氏	85	柁	90
缲	76	梢	80	殖	85	拓	90
翘	76	色	80	熟	85	哇	90
谯	76	沙	81	数	86	凹	90
蕉	77	莎	81	属	86	瓦	90
鞘	77	刹	81	术	86	葳	91
切	77	杉	81	刷	86	莞	91
砌	77	煞	81	说	86	王	91
契	77	厦	81	倏	86	委	91
趄	77	嗄	81	伺	86	为	91
亲	77	扇	81	撒	87	圩	91
溱	77	苫	81	宿	87	尾	91
覃	78	钐	81	缩	87	遗	92
鲭	78	栅	82	遝	87	尉	92
檾	78	掺	82	踏	87	蔚	92
揪	78	刬	82	台	87	纹	92
蟮	78	汤	82	苔	87	渝	92
觑	78	上	82	铩	87	捼	92

涡	92	旋	96	饮	100	参	104
浣	92	券	96	应	100	刹	104
阙	92	喙	96	膺	100	炸	104
兀	92	窨	96	荥	100	柞	104
乌	92	熏	96	哟	100	占	104
捂	93	哑	96	佣	100	涨	104
唔	93	雅	97	雨	100	着	104
铻	93	疋	97	柚	101	啁	105
娭	93	压	97	有	101	爪	105
禧（釐）	93	燕	97	於	101	嚓	105
洗	93	湮	97	与	101	正	105
铣	93	烟	97	俞	101	症	105
戏	93	咽	97	予	101	怔	105
唬	93	殷	98	语	101	征	105
鲜	93	研	98	育	101	挣	106
纤	94	芫	98	谷	101	铮	106
闲（閒）	94	鞅	98	熨	102	吱	106
县	94	羊	98	粥	102	只	106
相	94	烊	98	员	102	忪	106
肖	94	要	98	媛	102	中	106
削	94	约	98	缊	102	种	106
敩	94	佝	99	煴	102	轴	106
鲑	94	繇	99	晕	102	著	107
邪	95	陶	99	扎	102	转	107
叶	95	钥	99	拗	102	赚	107
写	95	耶	99	咱	103	钻	107
血	95	披	99	载	103	琢	107
芯	95	拽（曳）	99	脏	103	仔	107
寻	95	衣	99	奘	103	訾	107
兴	95	椅	99	咋	103	综	107
耆	95	薁	99	笮	103	菁	108
吁	96	迤	100	择	103	作	108
浒	96	舣	100	缯	103		
芋	96	荫	100	查	103		
熨	96	圻	100	楂	103		

下篇　词语释义

A

词语	页码
哀兵必胜	111
哀鸿遍野	111
哀艳	111
蔼蔼	111
蔼然	111
爱答不理	111
爱莫能助	111
爱屋及乌	111
暧昧	111
安步当车	111
安堵	111
安澜	111
安贫乐道	111
安然	111
安然无恙	111
安如磐石（安如泰山）	111
安帖	111
安之若素	111
谙达	111
谙练	111
谙熟	111
鞍前马后	111
岸然	111
按部就班	111
按图索骥	111
暗度陈仓	111
暗送秋波	111
黯然	112
盎(àng)然	112
嗷嗷待哺	112
翱翔	112
傲岸	112
傲然	112
傲视	112
傲世	112
傲物	112
奥博	112
奥义	112
奥援	112
奥旨	112
懊侬(náo)	112

B

词语	页码
八面玲珑	112
拔份	112
拔俗	112
拔擢(zhuó)	112
跋	112
跋扈	112
跋前疐(zhì)后	112
跋山涉水	112
把(bǎ)家	112
把酒	112
把揽	112
把斋	112
坝田	112
罢黜(chù)	112
罢职	112
白璧微瑕	112
白璧无瑕	113
白驹过隙	113
白衣苍狗（白云苍狗）	113
百川归海	113
百废俱兴（百废俱举）	113
百无聊赖	113
百战不殆	113
捭阖	113
败絮	113
稗官野史	113
班门弄斧	113
斑驳	113
斑驳陆离	113
斑斓	113
板荡	113
半老徐娘	113
半推半就	113
傍(bàng)人门户	113
包罗万象	113
煲电话粥	113
褒贬	113
褒称	113
饱经沧桑	113
饱经风霜	113
抱残守缺	113
抱持	113
抱厦	113
抱薪救火	114
暴虎冯(píng)河	114
暴戾	114
暴戾恣睢(suī)	114
暴殄(tiǎn)天物	114
悲天悯人	114
背城借一	114
背称	114
悖论	114
悖谬(miù)	114
悖入悖出	114
辈出	114
本固枝荣	114
逼仄	114
比比	114
比附	114
比肩继踵（比肩接踵）	114
比况	114
笔触	114
笔端	114
笔管条直	114
笔路	114
笔受	114
鄙俚(lǐ)	114
必须	114
必需	114
闭锁	114
庇荫	115
筚路蓝缕（荜路蓝缕）	115
敝帚自珍（敝帚千金）	115
辟易	115

弊绝风清（风清弊绝）…… 115	不辨菽麦 …… 116	不惟 …… 118
壁垒森严 …… 115	不差累黍 …… 116	不韪(bùwěi) …… 118
避坑落井 …… 115	不啻(chì) …… 116	不无 …… 118
璧谢 …… 115	不二法门 …… 116	不暇 …… 118
边鄙 …… 115	不贰过 …… 116	不肖(xiào) …… 118
砭骨 …… 115	不尴不尬 …… 116	不修边幅 …… 118
鞭长莫及 …… 115	不苟 …… 116	不恤(xù) …… 118
鞭打快牛 …… 115	不管不顾 …… 116	不逊 …… 118
鞭辟入里（鞭辟近里）…… 115	不解(jiě)之缘 …… 116	不一而足 …… 118
弁言 …… 115	不经之谈 …… 116	不已 …… 118
彪炳 …… 115	不遑(huáng) …… 116	不亦乐乎 …… 118
彪炳千古 …… 115	不讳 …… 116	不易之论 …… 118
飙车 …… 115	不胫而走 …… 116	不虞 …… 118
别出心裁 …… 115	不拘 …… 116	不赞一词 …… 118
别具匠心 …… 115	不绝如缕 …… 116	不知凡几 …… 118
别具一格 …… 115	不刊之论 …… 117	不赀(zī) …… 118
别具只眼 …… 115	不堪 …… 117	不自量力（自不量力）…… 118
别开生面 …… 115	不可开交 …… 117	不足为训 …… 118
别树一帜 …… 115	不可名状 …… 117	不作为 …… 118
别无长(cháng)物 …… 115	不可同日而语 …… 117	步人后尘 …… 118
别无二致 …… 115	不可向迩(ěr) …… 117	步武 …… 118
别有洞天 …… 115	不克 …… 117	**C**
冰清玉洁（玉洁冰清）…… 115	不郎不秀 …… 117	裁度 …… 118
冰消瓦解 …… 115	不伦不类 …… 117	采撷 …… 118
兵临城下 …… 115	不落窠白 …… 117	采信 …… 118
秉烛 …… 115	不蔓不枝 …… 117	采择 …… 118
并行不悖 …… 116	不名一文（不名一钱）…… 117	餐风宿露（风餐露宿）…… 118
拨乱反正 …… 116	不佞(nìng) …… 117	残杯冷炙(zhì) …… 119
拨冗(rǒng) …… 116	不期然而然（不期而然）…… 117	残编断简（断编残简）…… 119
伯仲叔季 …… 116	不情之请 …… 117	残垣断壁（颓垣断壁、断壁残垣）…… 119
博闻强识（博闻强记）…… 116	不求甚解 …… 117	残照 …… 119
博弈 …… 116	不然 …… 117	残月 …… 119
博引 …… 116	不容置喙(huì) …… 117	惭怍(zuò) …… 119
薄物细故 …… 116	不胜 …… 117	惨怛(dá) …… 119
跛鳖千里 …… 116	不失为 …… 117	惨淡 …… 119
补苴(jū) …… 116	不识之无 …… 117	惨绝人寰 …… 119
补苴罅(xià)漏 …… 116	不速之客 …… 117	粲然 …… 119
补偏救弊 …… 116	不特 …… 117	伧俗 …… 119
捕风捉影 …… 116	不祧之祖 …… 117	苍苍 …… 119
不卑不亢(kàng)（不亢不卑）…… 116	不为已甚 …… 118	苍茫 …… 119

苍穹(qióng)(穹苍)……119	阐释……120	弛懈……122
苍润……119	阐扬……120	驰目……122
苍郁……119	昌言……120	驰驱……122
沧海桑田……119	长歌当哭……121	驰书……122
沧桑……119	尝鼎一脔(luán)……121	驰突……122
藏锋……119	超尘拔俗(超尘出俗)……121	驰誉……122
藏头露尾……119	超然物外……121	驰骤……122
藏掖(yē)……119	车水马龙……121	迟暮……122
草泽……119	车载斗量……121	迟滞……122
厕身……119	掣肘……121	持论……122
厕足(侧足)……119	尘缘……121	持守……122
侧目……119	沉鱼落雁……121	持正……122
恻然……119	陈陈相因……121	持之有故……122
恻隐……119	陈词滥调……121	踟蹰(踟躇)……122
策励……119	晨钟暮鼓(暮鼓晨钟)……121	尺短寸长……122
参错……120	谶纬……121	尺幅千里……122
岑寂……120	琤琤……121	尺牍……123
涔涔……120	琤玱……121	齿冷……123
层出叠见(层见叠出)……120	称孤道寡……121	齿录……123
层峦……120	瞠(chēng)乎其后……121	侈谈……123
曾经沧海……120	瞠目结舌……121	褫(chǐ)夺……123
蹭(cèng)蹬……120	成也萧何,败也萧何……121	叱咤风云……123
差池……120	伥(chēng)触……121	斥候……123
差强人意……120	诚笃(dǔ)……121	忡(chōng)忡……123
插科打诨……120	诚惶诚恐……121	憧憧……123
察察为明……120	诚朴……121	憧憬……123
察言观色……120	诚然……121	重蹈覆辙……123
姹紫嫣红……120	诚如……121	重峦叠嶂……123
侪(chái)辈……120	承乏……121	重温旧梦……123
谄佞(nìng)……120	城府……122	重修旧好……123
婵娟……120	城门失火,殃及池鱼……122	重足而立……123
婵媛……120	城下之盟……122	崇山峻岭……123
孱(chán)弱……120	程门立雪……122	宠辱不惊……123
缠绵……120	惩前毖后……122	抽肥补瘦……123
缠绵悱(fěi)恻……120	惩艾(yì)……122	紬(chōu)绎……123
潺湲(chányuán)……120	澄莹……122	俦(chóu)类……123
蟾宫……120	骋怀……122	惆怅……123
蟾宫折桂……120	骋目……122	绸缪(móu)……123
巉峻……120	池鱼之殃……122	畴昔……123
谄(chǎn)媚……120	弛缓……122	酬酢(zuò)……123
谄谀(yú)……120	弛禁……122	稠人广众(稠人广坐)……123

愁城 …… 123	垂爱 …… 125	忖摸 …… 126
愁楚 …… 123	垂怜 …… 125	搓手顿脚 …… 126
愁怀 …… 123	垂暮 …… 125	蹉(cuō)跌 …… 126
愁眉锁眼 …… 123	垂青 …… 125	蹉跎 …… 126
愁云惨雾 …… 123	垂询 …… 125	厝(cuò)火积薪(积薪厝火)…… 126
筹谋 …… 123	椎(chuí)心泣血 …… 125	
筹商 …… 123	春风化雨 …… 125	措置 …… 126
踌躇满志 …… 124	春风得意 …… 125	错叠 …… 126
丑诋(dǐ) …… 124	春兰秋菊 …… 125	**D**
出尔反尔 …… 124	春秋笔法 …… 125	达观 …… 126
出将入相 …… 124	椿(chūn)庭 …… 125	打憷 …… 126
出口成章 …… 124	椿萱 …… 125	大醇小疵 …… 126
出类拔萃(出类拔群,出群拔萃)…… 124	纯稚 …… 125	大而化之 …… 126
	唇焦舌敝(舌敝唇焦)…… 125	大而无当 …… 126
初生之犊 …… 124	淳厚(醇厚) …… 125	大放厥词 …… 126
刍荛 …… 124	淳朴 …… 125	大器晚成 …… 126
除恶务尽 …… 124	淳美 …… 125	大千世界 …… 127
除旧布新 …… 124	鹑衣 …… 125	大相径庭 …… 127
处变不惊 …… 124	踔(chuō)厉 …… 125	大智若愚 …… 127
处心积虑 …… 124	啜(chuò)泣 …… 125	殚(dān)精竭虑 …… 127
处之泰然 …… 124	惙惙 …… 125	箪食壶浆 …… 127
楚楚 …… 124	绰约 …… 125	淡然(澹然) …… 127
触景生情 …… 124	辍笔 …… 125	当仁不让 …… 127
触类旁通 …… 124	雌伏 …… 125	当头棒喝 …… 127
触目惊心(怵目惊心)…… 124	次韵 …… 126	党同伐异 …… 127
憷(chù)场(怵场)…… 124	枞(cōng)枞 …… 126	荡气回肠(回肠荡气)…… 127
憷头(怵头) …… 124	葱郁 …… 126	道貌岸然 …… 127
矗立 …… 124	从井救人 …… 126	得其所哉 …… 127
穿靴戴帽(穿鞋戴帽)…… 124	丛脞(cuǒ) …… 126	得陇望蜀 …… 127
穿云裂石 …… 124	丛谈 …… 126	得鱼忘筌 …… 127
穿针引线 …… 124	殂谢(cúxiè) …… 126	登堂入室(升堂入室)…… 127
舛(chuǎn)错 …… 124	蹙(cù)额 …… 126	等而下之 …… 127
舛讹 …… 124	攒(cuān)三聚五 …… 126	等量齐观 …… 127
舛误 …… 124	崔巍(wēi) …… 126	等因奉此 …… 127
串讲 …… 124	崔嵬(wéi) …… 126	低首下心 …… 127
幢(chuáng)幢 …… 125	摧眉折腰 …… 126	涤荡 …… 127
怆(chuàng)然 …… 125	萃聚 …… 126	底蕴 …… 127
吹灯拔蜡 …… 125	翠微 …… 126	牴牾(抵牾) …… 127
垂垂 …… 125	村夫俗子 …… 126	砥砺 …… 127
垂范 …… 125	存亡绝续 …… 126	砥柱中流(中流砥柱)…… 127
垂拱 …… 125	忖量 …… 126	谛视 …… 127

谛听 …… 128		恻恻 …… 130
掂掇(diānduo) …… 128	**E**	斐然 …… 130
掂斤播两(掂斤簸两) …… 128	讹舛(chuǎn) …… 129	吠形吠声(吠影吠声) …… 130
颠沛 …… 128	峨冠博带 …… 129	废然 …… 130
颠扑不破 …… 128	鹅行鸭步(鸭步鹅行) …… 129	沸反盈天 …… 130
涸敝 …… 128	尔虞我诈(尔诈我虞) …… 129	沸沸扬扬 …… 130
窎(diào)远 …… 128	耳濡目染 …… 129	分崩离析 …… 131
跌宕(跌荡) …… 128	耳熟能详 …… 129	分道扬镳 …… 131
叠床架屋 …… 128	耳提面命 …… 129	分庭抗礼 …… 131
叠嶂 …… 128	耳闻目睹 …… 129	纷披 …… 131
喋躞(xiè) …… 128	**F**	纷至沓来 …… 131
东鳞西爪(一鳞半爪) …… 128	发聋振聩(振聋发聩) …… 129	雰雰 …… 131
动辄得咎 …… 128	发扬踔厉(发扬蹈厉) …… 129	焚膏继晷(guǐ) …… 131
洞若观火 …… 128	发纵指示(发踪指示) …… 129	焚琴煮鹤(煮鹤焚琴) …… 131
洞烛其奸 …… 128	伐善 …… 129	奋袂(mèi) …… 131
兜头盖脸(兜头盖脑) …… 128	罚不当罪 …… 129	愤世嫉俗 …… 131
斗(dǒu)方名士 …… 128	翻云覆雨 …… 129	丰赡 …… 131
斗鸡走狗(斗鸡走马) …… 128	烦(繁)冗 …… 129	丰腴(yú) …… 131
豆蔻年华 …… 128	蕃(fán)息 …… 130	风驰电掣 …… 131
读(dòu) …… 128	樊篱 …… 130	风刀霜剑 …… 131
独具匠心 …… 128	繁缛(rù) …… 130	风花雪月 …… 131
独具只眼 …… 128	繁文缛节(繁文缛礼) …… 130	风流云散 …… 131
独辟蹊径 …… 128	繁征博引 …… 130	风起云涌 …… 131
独善其身 …… 128	反哺 …… 130	风骚 …… 131
独擅胜场 …… 128	反唇相讥 …… 130	风声鹤唳 …… 131
黩武 …… 128	犯怵(chù) …… 130	风调雨顺 …… 131
笃爱 …… 128	饭辙 …… 130	风雨同舟 …… 131
笃诚 …… 128	泛家浮宅(浮家泛宅) …… 130	风烛残年 …… 131
笃厚 …… 128	梵呗 …… 130	峰回路转 …… 131
笃实 …… 129	方枘圆凿(圆凿方枘) …… 130	锋镝 …… 131
笃学 …… 129	芳泽 …… 130	逢场作戏 …… 131
笃志 …… 129	防微杜渐 …… 130	凤毛麟角 …… 131
杜撰 …… 129	放浪形骸(hái) …… 130	奉为圭臬 …… 131
断喝 …… 129	放恣 …… 130	佛口蛇心 …… 132
敦促 …… 129	飞短流长(蜚短流长) …… 130	佛头着粪 …… 132
敦聘 …… 129	飞扬跋扈 …… 130	夫子自道 …… 132
多难兴邦 …… 129	菲菲 …… 130	扶桑 …… 132
多事之秋 …… 129	绯闻 …… 130	佛(fú)戾 …… 132
咄嗟(jiē)立办 …… 129	霏霏 …… 130	服膺 …… 132
度(duó)德量力 …… 129	霏微 …… 130	怫然 …… 132
朵颐 …… 129	匪夷所思 …… 130	
	菲酌 …… 130	浮光掠影 …… 132

| 桴鼓相应 … 132
| 辐辏 … 132
| 抚今追昔(抚今思昔) … 132
| 拊(fǔ)膺 … 132
| 俯仰由人 … 132
| 釜底抽薪 … 132
| 釜底游鱼 … 132
| 辅车相依 … 132
| 付诸东流 … 132
| 付梓 … 132
| 附骥 … 132
| 附丽 … 132
| 附庸风雅 … 132
| 腹诽(腹非) … 132
| 腹心 … 132
| 赙(fù)仪 … 132
| 覆盆之冤 … 132

G

| 改弦更张 … 132
| 改弦易辙 … 132
| 概莫能外 … 132
| 甘之如饴 … 133
| 感慨系之 … 133
| 感同身受 … 133
| 刚愎(bì)自用 … 133
| 刚直不阿 … 133
| 罡风(刚风) … 133
| 高风亮节 … 133
| 高山景行 … 133
| 高山流水 … 133
| 高视阔步 … 133
| 高屋建瓴(líng) … 133
| 高瞻远瞩(zhǔ) … 133
| 杲(gǎo)杲 … 133
| 槁(gǎo)木死灰 … 133
| 歌舞升平 … 133
| 革故鼎新 … 133
| 格物致知 … 133
| 隔岸观火 … 133
| 隔靴搔痒 … 133
| 更(gēng)仆难数(shǔ) … 133

… 133
| 耕云播雨 … 133
| 赓续 … 133
| 耿耿于怀 … 133
| 耿介 … 133
| 绠(gěng)短汲深 … 133
| 公诸同好(hào) … 133
| 功败垂成 … 133
| 功成不居 … 133
| 功成名就(功成名立,功成名遂) … 134
| 功亏一篑(kuì) … 134
| 功利主义 … 134
| 攻城略地 … 134
| 攻讦(jié) … 134
| 躬逢其盛 … 134
| 躬亲 … 134
| 勾魂摄魄 … 134
| 勾稽(钩稽) … 134
| 勾心斗角(钩心斗角) … 134
| 苟简 … 134
| 苟延残喘 … 134
| 勾当(gòudàng) … 134
| 诟(gòu)病 … 134
| 够戗(够呛) … 134
| 孤芳自赏 … 134
| 孤陋寡闻 … 134
| 姑妄听之 … 134
| 姑妄言之 … 134
| 姑息养奸 … 134
| 古道热肠 … 134
| 汩(gǔ)汩 … 134
| 骨鲠在喉 … 134
| 贾(gǔ)祸 … 134
| 鹄(gǔ)的 … 134
| 瞽(gǔ)言 … 134
| 固陋 … 134
| 固若金汤 … 134
| 故步自封(固步自封) … 134
| 故常 … 135
| 故态复萌 … 135

| 顾盼自雄 … 135
| 顾影自怜 … 135
| 瓜田李下 … 135
| 寡廉鲜耻 … 135
| 挂一漏万 … 135
| 乖舛(chuǎn) … 135
| 乖蹇(jiǎn) … 135
| 乖剌(là) … 135
| 乖戾(lì) … 135
| 乖谬(miù) … 135
| 乖张 … 135
| 乖违 … 135
| 怪诞 … 135
| 怪谲(jué) … 135
| 关张 … 135
| 冠冕堂皇 … 135
| 鳏寡孤独 … 135
| 管窥蠡测 … 135
| 管中窥豹 … 135
| 光风霁月(霁月光风) … 135
| 光怪陆离 … 135
| 衮衮诸公 … 135
| 聒(guō)噪 … 135
| 国殇(shāng) … 135
| 国是 … 135
| 果不其然 … 135
| 果腹 … 135
| 果决 … 135
| 裹挟 … 135
| 裹足不前 … 136
| 过从 … 136
| 过屠门而大嚼 … 136
| 过眼云烟 … 136
| 过犹不及 … 136

H

| 海市蜃楼 … 136
| 海晏河清(河清海晏) … 136
| 邯郸学步 … 136
| 含垢忍辱 … 136
| 含沙射影 … 136
| 含辛茹苦 … 136

含饴弄孙 …………… 136	怙恶不悛(hùè—bùquān)	浑金璞玉(璞玉浑金) …… 139
含英咀(jǔ)华 ………… 136	………… 137	火中取栗 …………… 139
寒来暑往 …………… 136	怙恃 ………………… 137	祸起萧墙 …………… 139
汗牛充栋 …………… 136	扈从 ………………… 137	霍然 ………………… 139
汗青 ………………… 136	花前月下 …………… 137	豁达 ………………… 139
汗颜 ………………… 136	花说柳说 …………… 138	豁然 ………………… 139
撼天动地 …………… 136	华而不实 …………… 138	
翰墨 ………………… 136	华翰 ………………… 138	**J**
瀚海 ………………… 136	哗众取宠 …………… 138	鸡口牛后 …………… 139
杭育 ………………… 136	画虎类狗(画虎类犬) … 138	鸡零狗碎 …………… 139
沆瀣一气 …………… 136	缓不济急 …………… 138	鸡鸣狗盗 …………… 139
毫无二致 …………… 136	涣涣 ………………… 138	鸡犬升天 …………… 139
好自为之 …………… 136	涣然 ………………… 138	积不相能 …………… 139
好善乐施 …………… 136	焕然 ………………… 138	积非成是 …………… 139
好为人师 …………… 136	皇天后土 …………… 138	积微成著 …………… 139
好逸恶劳 …………… 136	遑遑(皇皇) ………… 138	积羽沉舟 …………… 139
好整以暇 …………… 137	遑论 ………………… 138	积重难返 …………… 139
浩瀚 ………………… 137	惶遽(jù) …………… 138	积铢累寸(铢积寸累) … 139
浩渺(浩淼) ………… 137	惶悚(huángsǒng) … 138	赍恨 ………………… 139
浩然之气 …………… 137	煌煌 ………………… 138	赍赏 ………………… 139
浩如烟海 …………… 137	恢弘(恢宏) ………… 138	跻(jī)身 …………… 139
浩叹 ………………… 137	恢恢 ………………… 138	箕斗 ………………… 139
何啻(chì) ………… 137	恢廓 ………………… 138	箕踞 ………………… 139
和光同尘 …………… 137	回嗔(chēn)作喜 …… 138	激浊扬清(扬清激浊) … 139
和煦(xù) ………… 137	毁家纾难(nàn) …… 138	羁旅 ………………… 139
和易 ………………… 137	毁誉参半 …………… 138	吉光片羽 …………… 140
和衷共济 …………… 137	讳疾忌医 …………… 138	岌岌 ………………… 140
河汉 ………………… 137	讳莫如深 …………… 138	汲汲 ………………… 140
核减 ………………… 137	讳言 ………………… 138	佶屈聱牙(诘屈聱牙) … 140
涸(hé)辙之鲋 …… 137	荟萃 ………………… 138	岌岌 ………………… 140
烘云托月 …………… 137	诲(huì)淫诲盗 …… 138	急公好义 …………… 140
宏赡(shàn) ……… 137	绘声绘色(绘声绘影) … 138	急功近利 …………… 140
宏旨 ………………… 137	贿赂公行 …………… 138	疾恶如仇(嫉恶如仇) … 140
鸿鹄(hú) ………… 137	晦(huì)明 ………… 138	疾首蹙额 …………… 140
鸿篇巨制 …………… 137	晦暝(晦冥) ………… 138	疾言厉色 …………… 140
黉(hóng)门 ……… 137	晦涩 ………………… 138	集腋成裘 …………… 140
后顾之忧 …………… 137	晦朔(shuò) ……… 138	辑佚 ………………… 140
呼朋引类 …………… 137	秘语 ………………… 139	嫉贤妒能 …………… 140
狐死首丘 …………… 137	慧黠(xiá) ………… 139	家徒四壁(家徒壁立) … 140
湖光山色 …………… 137	昏聩(kuì) ………… 139	嘉言懿行 …………… 140
虎踞龙蟠(虎踞龙盘) … 137	浑浑噩噩 …………… 139	戛(jiá)然 ………… 140
		价值连城 …………… 140

驾轻就熟 …… 140	金城汤池 …… 142	开宗明义 …… 143
坚苦卓绝 …… 140	金刚努目（金刚怒目）…… 142	慨(kǎi)然 …… 143
坚忍不拔 …… 140	矜持 …… 142	可操左券 …… 143
肩摩毂击（摩肩击毂）…… 140	矜夸 …… 142	可丁可卯（可钉可铆）…… 143
肩摩踵接（摩肩接踵）…… 140	襟抱 …… 142	可歌可泣 …… 143
艰苦卓绝 …… 140	紧锣密鼓 …… 142	可圈可点 …… 143
兼容并包 …… 140	锦心绣腹（锦心绣口）…… 142	刻不容缓 …… 143
兼收并蓄（兼容并蓄）…… 140	锦衣玉食 …… 142	刻舟求剑 …… 143
兼桃(tiāo) …… 140	谨言慎行 …… 142	恪尽职守 …… 143
见风是雨 …… 140	泾渭分明 …… 142	恪守 …… 143
见仁见智 …… 140	经年累月 …… 142	肯綮(qìng) …… 143
见危授命 …… 140	荆棘载途 …… 142	溘(kè)然 …… 143
见微知著 …… 141	菁菁 …… 142	空谷足音 …… 143
见异思迁 …… 141	旌旗 …… 142	空穴来风 …… 143
剑拔弩张 …… 141	惊世骇(hài)俗（惊世震俗）…… 142	空中楼阁 …… 143
江河日下 …… 141		口若悬河 …… 143
江郎才尽 …… 141	径情直遂 …… 142	口血未干 …… 143
匠心独运 …… 141	径庭 …… 142	苦思冥想 …… 143
交相辉映 …… 141	敬谢不敏 …… 142	苦心孤诣 …… 144
骄奢淫逸 …… 141	静谧(mì) …… 142	夸父追日 …… 144
胶柱鼓瑟 …… 141	镜花水月 …… 142	脍炙人口 …… 144
佼佼 …… 141	鸠(jiū)形鹄(hú)面 …… 142	匡时 …… 144
矫枉过正 …… 141	鸠占鹊巢 …… 142	匡正 …… 144
矫揉造作 …… 141	酒酣耳热 …… 142	圹垠 …… 144
皎皎 …… 141	咎由自取 …… 142	旷代 …… 144
教学相长 …… 141	居安思危 …… 142	旷荡 …… 144
嗟(jiē)来之食 …… 141	居心叵测 …… 142	旷废 …… 144
街谈巷议 …… 141	矩矱(yuē) …… 142	旷日持久 …… 144
街头巷尾 …… 141	举案齐眉 …… 142	旷达 …… 144
洁身自好(hào) …… 141	举步维艰 …… 142	旷费 …… 144
桀骜 …… 141	举手投足 …… 142	旷古 …… 144
桀犬吠尧 …… 141	举重若轻 …… 142	旷职 …… 144
竭诚 …… 141	拒谏饰非 …… 143	旷远 …… 144
竭蹶 …… 141	遽(jù)然 …… 143	岿(kuī)然 …… 144
竭泽而渔 …… 141	隽(juàn)永 …… 143	岿巍(wēi) …… 144
解民倒悬 …… 141	隽语 …… 143	窥豹一斑 …… 144
解颐 …… 141	狷(juàn)急 …… 143	揆度(kuíduó) …… 144
戒惧 …… 141	狷介 …… 143	揆情度理 …… 144
芥蒂 …… 141	眷顾 …… 143	睽(kuí)隔 …… 144
界定 …… 141		睽睽 …… 144
	K	
借水行舟（借风使船）…… 142	开门揖盗 …… 143	睽异 …… 144

跬(kuǐ)步 …… 144	礼贤下士 …… 146	林薮 …… 147
匮竭 …… 144	礼义廉耻 …… 146	临渴掘井 …… 147
愦(kuì)乱 …… 144	李代桃僵 …… 146	临深履薄 …… 147
愧汗 …… 144	里出外进 …… 146	临危受命 …… 147
愧怍(zuò) …… 144	里勾外连(里勾外联) …… 146	临危授命 …… 147
廓落 …… 144	里急后重 …… 146	临渊羡鱼 …… 147
廓清 …… 144	俚(lǐ)语 …… 146	淋漓尽致 …… 147
L	理屈词穷 …… 146	琳琅 …… 147
岚烟 …… 144	理所当然 …… 146	嶙峋 …… 147
阑珊 …… 145	理喻 …… 146	遴选 …… 147
蓝青官话 …… 145	力不从心 …… 146	霖雨 …… 147
滥觞 …… 145	力透纸背 …… 146	鳞次栉比 …… 147
滥竽充数 …… 145	力挽狂澜 …… 146	麟凤龟龙 …… 147
狼奔豕突 …… 145	历陈 …… 146	凛(lǐn)凛 …… 147
榔槺 …… 145	历历 …… 146	伶仃(零丁) …… 147
稂莠(lángyǒu) …… 145	历年 …… 146	伶俜(pīng) …… 148
朗朗 …… 145	厉兵秣马 …… 146	泠(líng)泠 …… 148
阆苑(lángyuàn) …… 145	励精图治 …… 146	玲珑剔透 …… 148
劳师动众 …… 145	励志 …… 146	凌轹(lì)(陵轹) …… 148
劳燕分飞 …… 145	利钝 …… 146	凌夷 …… 148
老骥伏枥 …… 145	利令智昏 …… 146	聆教 …… 148
老谋深算 …… 145	利欲熏心 …… 146	令出法随 …… 148
老气横秋 …… 145	沥沥 …… 146	令闻 …… 148
老生常谈 …… 145	莅任 …… 146	流金铄(shuò)石(铄石流金)
老态龙钟 …… 145	连理 …… 146	…… 148
老于世故 …… 145	连篇累牍 …… 146	流光溢彩 …… 148
乐不思蜀 …… 145	涟洏(ér) …… 147	流星赶月 …… 148
乐此不疲(乐此不倦) …… 145	涟漪 …… 147	柳暗花明 …… 148
乐天知命 …… 145	练达 …… 147	六神无主 …… 148
勒掯(kèn) …… 145	悢(liàng)悢 …… 147	搂头盖脸 …… 148
雷厉风行 …… 145	谅察 …… 147	镂骨铭心 …… 148
耒耜(lěisì) …… 145	聊备一格 …… 147	炉火纯青 …… 148
磊落 …… 145	聊胜于无 …… 147	胪列 …… 148
冷眼旁观 …… 145	聊以自慰 …… 147	鲁鱼亥豕 …… 148
离经叛道 …… 145	聊以卒岁 …… 147	鲁直 …… 148
离弦走板 …… 145	寥廓 …… 147	陆离 …… 148
离辙 …… 146	寥落 …… 147	碌碌 …… 148
嫠(lí)妇 …… 146	寥若晨星 …… 147	簏簌(lùsù)(麗㯮) …… 148
罹难 …… 146	缭绕 …… 147	旅进旅退 …… 148
蠡测 …… 146	了如指掌 …… 147	缕陈 …… 148
礼尚往来 …… 146	林林总总 …… 147	缕析 …… 148

履险如夷 …… 148	靡靡 …… 150	目迷五色 …… 151
略识之无 …… 148	靡然 …… 150	目无全牛 …… 151
沦肌浃髓(jiāsuǐ) …… 148	秘而不宣 …… 150	目无余子 …… 151
论点 …… 149	密云不雨 …… 150	沐猴而冠(guàn) …… 151
论据 …… 149	绵亘(gèn) …… 150	暮景 …… 152
罗致 …… 149	勉为其难 …… 150	**N**
洛阳纸贵 …… 149	缅怀 …… 150	耐人寻味 …… 152
落井下石 …… 149	面面相觑(qù) …… 150	南辕北辙 …… 152
M	眄(miǎn)视 …… 150	难解难分 …… 152
马齿徒增 …… 149	苗而不秀 …… 150	难能可贵 …… 152
瞒天过海 …… 149	渺茫 …… 150	赧(nǎn)然 …… 152
满腹经纶 …… 149	灭此朝食 …… 150	赧颜 …… 152
蔓草难除 …… 149	名缰利锁 …… 150	难兄难弟(nánxiōng—nándì)
漫语 …… 149	名列前茅 …… 150	…… 152
慢条斯理 …… 149	名落孙山 …… 150	难言之隐 …… 152
芒刺在背(如芒在背) …… 149	名正言顺 …… 150	难兄难弟(nànxiōng—nàndì)
盲人瞎马 …… 149	明察秋毫 …… 150	…… 152
茫然若失 …… 149	明火执仗 …… 150	囊揣 …… 152
莽苍 …… 149	明日黄花 …… 151	譊(náo)譊 …… 152
毛举细故(毛举细务) …… 149	明效大验 …… 151	脑满肠肥 …… 152
耄耋(màodié) …… 149	明哲保身 …… 151	讷(nè)讷 …… 152
貌合神离 …… 149	明珠暗投 …… 151	泥牛入海 …… 152
眉高眼低 …… 149	冥思苦想(冥思苦索) …… 151	泥沙俱下 …… 152
每况愈下 …… 149	没齿不忘 …… 151	泥足巨人 …… 152
美不胜收 …… 149	莫可指数(shǔ) …… 151	拟于不伦 …… 152
美轮美奂 …… 149	莫名其妙(莫明其妙) …… 151	拟作 …… 152
媚悦 …… 149	莫须有 …… 151	匿(nì)影藏形(匿影潜形) ……
门可罗雀 …… 149	莫衷一是 …… 151	…… 152
门里出身 …… 149	漠然 …… 151	年高德劭 …… 152
门庭若市 …… 149	蓦然 …… 151	鸟尽弓藏 …… 152
孟浪 …… 150	墨守成规 …… 151	涅而不缁 …… 152
梦笔生花(生花之笔) …… 150	木雕泥塑(泥塑木雕) …… 151	涅槃 …… 152
梦幻泡影 …… 150	木本水源 …… 151	牛刀小试 …… 152
梦寐以求 …… 150	目不见睫 …… 151	牛溲马勃 …… 152
迷津 …… 150	目不交睫 …… 151	弄巧成拙 …… 152
靡费 …… 150	目不窥园 …… 151	奴颜婢膝 …… 152
米珠薪桂 …… 150	目不识丁 …… 151	奴颜媚骨 …… 153
弭谤 …… 150	目不暇给(目不暇接) …… 151	**O**
弭除 …… 150	目不转睛 …… 151	呕心沥血 …… 153
敉(mǐ)平 …… 150	目光如豆 …… 151	**P**
靡(mǐ)丽 …… 150	目光如炬 …… 151	排奡(ào) …… 153

攀龙附凤 …… 153	曝(pù) …… 154	怨尤 …… 155
盘根错节 …… 153	**Q**	钤(qián)记 …… 156
盘马弯弓 …… 153	凄恻 …… 154	钳口结舌 …… 156
盘陀(盘陁) …… 153	凄风苦雨(凄风冷雨) …… 154	潜移默化 …… 156
磐石 …… 153	凄迷 …… 154	潜踪 …… 156
判若鸿沟 …… 153	凄婉 …… 154	黔首 …… 156
判若天渊(判若云泥) …… 153	凄然 …… 154	浅尝辄止 …… 156
滂湃 …… 153	凄恫 …… 154	浅露 …… 156
滂沱 …… 153	期期艾艾 …… 154	浅陋 …… 156
旁征博引 …… 153	期颐 …… 154	谴谪(zhé) …… 156
抛砖引玉 …… 153	期许 …… 154	倩影 …… 156
袍笏(hù)登场 …… 153	欺世盗名 …… 154	戗(qiāng)风 …… 156
袍泽 …… 153	蹊跷(qīqiāo) …… 154	戗(qiāng)害 …… 156
盆满钵满 …… 153	齐东野语 …… 155	强弩之末 …… 156
朋比为奸 …… 153	奇光异彩 …… 155	强(qiǎng)词夺理 …… 156
蓬荜生辉(蓬荜增辉) …… 153	奇文共赏 …… 155	强(qiǎng)人所难 …… 156
蓬户瓮牖(yǒu) …… 153	歧路亡羊 …… 155	强(qiǎng)颜 …… 156
披肝沥胆 …… 153	歧义 …… 155	翘楚(qiáochǔ) …… 156
披坚执锐 …… 153	耆(qí)宿 …… 155	翘企 …… 156
披荆斩棘 …… 153	乞哀告怜 …… 155	翘望 …… 156
披靡 …… 153	企足而待 …… 155	谯楼 …… 156
披沙拣金 …… 153	起承转合 …… 155	巧取豪夺 …… 156
披星戴月 …… 153	绮(qǐ)丽 …… 155	巧舌如簧 …… 156
皮里阳秋 …… 153	气冲牛斗(气冲斗牛) …… 155	巧言令色 …… 156
疲于奔命 …… 154	气冲霄汉 …… 155	悄然 …… 156
否(pǐ)极泰来 …… 154	气贯长虹 …… 155	悄寂 …… 156
擗(pǐ)踊 …… 154	气急败坏 …… 155	诮(qiào)呵 …… 156
媲(pì)美 …… 154	气壮山河 …… 155	切磋琢磨 …… 156
偏利共栖(偏利共生) …… 154	弃甲曳兵 …… 155	切(qiè)肤之痛 …… 156
偏颇 …… 154	泣不成声 …… 155	切骨之仇 …… 157
骈(pián)拇枝指(略语:骈枝) …… 154	器宇 …… 155	惬(qiè)当 …… 157
	恰如其分 …… 155	惬怀 …… 157
骈阗(tián)(骈填、骈田) …… 154	千钧一发(一发千钧) …… 155	惬意 …… 157
谝(piǎn) …… 154	千载一时 …… 155	锲而不舍 …… 157
片纸只字(片言只字) …… 154	阡陌(mò) …… 155	亲和力 …… 157
平地楼台 …… 154	芊绵(芊眠) …… 155	亲痛仇快 …… 157
破釜沉舟 …… 154	芊芊 …… 155	亲炙(zhì) …… 157
剖腹藏珠 …… 154	牵强附会 …… 155	秦楼楚馆 …… 157
扑朔迷离 …… 154	悭(qiān)吝 …… 155	琴瑟 …… 157
铺张扬厉 …… 154	谦谦君子 …… 155	勤勤 …… 157
	愆(qiān)期 …… 155	沁人心脾 …… 157

青出于蓝 …… 157	诠释 …… 158	如影随形 …… 160
轻车简从(轻装简从) …… 157	犬儒 …… 158	如坐针毡 …… 160
轻车熟路 …… 157	犬牙交错 …… 158	茹毛饮血 …… 160
轻歌曼舞 …… 157	吠(quǎn)亩 …… 158	孺(rú)子可教 …… 160
轻口薄舌(轻嘴薄舌) …… 157	阙如 …… 159	入境问俗 …… 160
轻诺寡信 …… 157	阙疑 …… 159	入木三分 …… 160
倾箱倒箧 …… 157	鹊巢鸠(jiū)占 …… 159	入主出奴 …… 160
卿卿我我 …… 157	群策群力 …… 159	溽(rù)热 …… 160
清规戒律 …… 157	群轻折轴 …… 159	溽暑 …… 160
情不自禁 …… 157	群威群胆 …… 159	**S**
情窦初开 …… 157	麇(qún)集 …… 159	飒然 …… 160
情景交融 …… 157	**R**	飒飒 …… 160
情愫(情素) …… 157	燃眉之急 …… 159	飒爽 …… 160
情随事迁 …… 157	冉冉 …… 159	三缄(jiān)其口 …… 160
情投意合 …… 157	瀼(ráng)瀼 …… 159	三灾八难 …… 160
情有独钟 …… 157	穰穰 …… 159	桑榆暮景 …… 160
䁪(qíng)等 …… 157	攘臂 …… 159	桑田沧海(沧海桑田) …… 160
请君入瓮 …… 157	攘攘 …… 159	桑梓 …… 160
罄竹难书 …… 158	扰攘 …… 159	瑟瑟 …… 160
穷兵黩武 …… 158	人老珠黄 …… 159	杀鸡取卵 …… 160
穷极无聊 …… 158	人莫予(yú)毒 …… 159	杀身成仁 …… 160
穷奢极侈(穷奢极欲) …… 158	人情世故 …… 159	煞有介事(像煞有介事)
穷途潦(liáo)倒 …… 158	人声鼎沸 …… 159	…… 160
穷乡僻壤 …… 158	人为刀俎(zǔ),我为鱼肉	山高水低 …… 161
穷形尽相 …… 158	…… 159	删繁就简 …… 161
穷原竟委 …… 158	人云亦云 …… 159	擅扬 …… 161
穷源溯流 …… 158	忍俊不禁(jīn) …… 159	伤心惨目 …… 161
茕(qióng)茕 …… 158	忍辱含垢 …… 159	赏心悦目 …… 161
穹隆 …… 158	荏(rěn)苒 …… 159	上下其手 …… 161
穹庐 …… 158	稔(rěn)知 …… 159	稍纵即逝 …… 161
求全责备 …… 158	日就月将 …… 159	韶光 …… 161
求真务实 …… 158	日暮途穷 …… 159	韶秀 …… 161
遒劲 …… 158	日上三竿 …… 159	少安毋(wú)躁 …… 161
曲突徙薪 …… 158	融会贯通 …… 159	少不更事 …… 161
曲意逢迎 …… 158	如臂使指 …… 159	少年老成 …… 161
趋炎附势 …… 158	如法炮(páo)制 …… 159	舍本逐末 …… 161
趋之若鹜 …… 158	如火如荼 …… 160	舍近求远 …… 161
曲高和寡 …… 158	如泣如诉 …… 160	舍生取义 …… 161
曲终人散 …… 158	如日中天 …… 160	舍生忘死(舍死忘生) …… 161
取精用弘(取精用宏) …… 158	如汤沃雪 …… 160	慑服 …… 161
阒(qù)然 …… 158	如蚁附膻(shān) …… 160	申饬(chì) …… 161

参商 …… 161	拭目以待 …… 163	吮痈舐痔 …… 164
深闭固拒 …… 161	适逢其会 …… 163	顺风吹火 …… 164
深藏若虚 …… 161	适可而止 …… 163	硕大无朋 …… 164
深笃(dǔ) …… 161	恃才傲物 …… 163	耸(sǒng)人听闻 …… 164
深居简出 …… 161	舐(shì)犊情深 …… 163	耸峙 …… 164
深文周纳 …… 161	释怀 …… 163	悚(sǒng)然 …… 164
深恶(wù)痛绝 …… 161	释然 …… 163	搜索枯肠 …… 164
神不守舍 …… 161	嗜痂之癖 …… 163	绥靖 …… 164
哂(shěn)纳 …… 161	嗜欲 …… 163	随波逐流 …… 164
哂笑 …… 161	噬脐莫及 …… 163	**T**
升堂入室(登堂入室) …… 161	手到擒来 …… 163	他山攻错 …… 164
生杀予夺 …… 161	手疾眼快(眼疾手快) …… 163	獭祭 …… 164
生死攸关 …… 162	手不释卷 …… 163	阑懦(tànuò) …… 164
绳锯木断 …… 162	手眼通天 …… 163	阑茸(tǎróng) …… 164
绳墨 …… 162	手足无措 …… 163	太阿倒持 …… 165
圣经贤传(zhuàn) …… 162	守口如瓶 …… 163	泰斗 …… 165
盛馔(zhuàn) …… 162	守望相助 …… 163	泰然自若 …… 165
尸位素餐 …… 162	首日封 …… 163	贪赃枉法 …… 165
失之东隅,收之桑榆 …… 162	首善之区 …… 163	谈言微中(zhòng) …… 165
失之交臂 …… 162	首鼠两端 …… 163	弹冠(guān)相庆 …… 165
师心自用 …… 162	受宠若惊 …… 163	叹为观止 …… 165
十恶不赦 …… 162	瘦骨嶙峋 …… 163	探本穷源(探本溯源) …… 165
十目所视,十手所指 …… 162	殊途同归 …… 163	探骊得珠 …… 165
十三点 …… 162	倏(shū)地 …… 163	探赜(zé)索隐 …… 165
石破天惊 …… 162	倏忽 …… 163	唐突 …… 165
时不我待 …… 162	倏然 …… 163	堂而皇之 …… 165
时乖运蹇(jiǎn)(时乖命蹇) …… 162	熟视无睹 …… 164	堂客 …… 165
时过境迁 …… 162	蜀犬吠日 …… 164	棠棣(唐棣) …… 165
时来运转 …… 162	数典忘祖 …… 164	溏心 …… 165
实至名归(实至名随) …… 162	数米而炊 …… 164	螳臂当车(螳臂挡车) …… 165
拾人牙慧 …… 162	束手待毙 …… 164	傥来之物 …… 165
食不甘味 …… 162	束脩(xiū) …… 164	饕餮(tāotiè) …… 165
食古不化 …… 162	束之高阁 …… 164	提纲挈(qiè)领 …… 165
食亲财黑 …… 162	述而不作 …… 164	体大思精 …… 165
食言而肥 …… 162	率由旧章 …… 164	体例 …… 165
矢志 …… 162	水到渠成 …… 164	倜傥(俶傥) …… 165
始作俑者 …… 162	水滴石穿(滴水穿石) …… 164	倜然 …… 165
世态炎凉 …… 162	水米无交 …… 164	涕零 …… 165
事过境迁 …… 163	水磨(mò)工夫 …… 164	惕厉 …… 166
视若无睹 …… 163	水榭 …… 164	天荒地老(地老天荒) …… 166
	水性杨花 …… 164	天马行空 …… 166

天怒人怨 …… 166	兔脱 …… 167	妄下雌黄 …… 169
天网恢恢 …… 166	推本溯源 …… 167	妄自菲(fěi)薄 …… 169
天香国色(国色天香) …… 166	推波助澜 …… 167	望尘莫及 …… 169
天悬地隔 …… 166	推陈出新 …… 167	望穿秋水 …… 169
天造地设 …… 166	推诚相见 …… 167	望而却步 …… 169
天作之合 …… 166	推己及人 …… 167	望而生畏 …… 169
恬然 …… 166	推襟送抱 …… 167	望风捕影(望风扑影,望风捉影) …… 169
恬不知耻 …… 166	推心置腹 …… 167	
恬淡 …… 166	退避三舍 …… 167	望风披靡 …… 169
觍(tiǎn)颜 …… 166	吞云吐雾 …… 167	望梅止渴 …… 169
佻(tiāo)巧 …… 166	脱胎换骨 …… 167	望其项背 …… 169
佻㒓(tà) …… 166	脱颖而出 …… 167	望文生义 …… 169
调三窝四(调三斡四) …… 166	唾余 …… 168	望洋兴叹 …… 169
调嘴学舌(调嘴弄舌) …… 166	唾面自干 …… 168	危殆 …… 169
眺望 …… 166	唾手可得 …… 168	危笃(dǔ) …… 169
亭亭玉立 …… 166	**W**	危如累卵 …… 169
铤而走险 …… 166	瓦当 …… 168	危言耸听 …… 169
恫瘝(tōngguān)在抱 …… 166	瓦釜雷鸣 …… 168	危在旦夕 …… 169
通都大邑 …… 166	歪才 …… 168	危坐 …… 169
通情达理 …… 166	崴(wǎi)泥 …… 168	微言大义 …… 169
通衢(qú) …… 166	外圆内方 …… 168	巍峨 …… 169
通权达变 …… 166	剜(wān)肉医疮 …… 168	巍然 …… 169
同恶相济 …… 166	纨绔(纨袴)(wánkù) …… 168	巍巍 …… 169
同声相应,同气相求 …… 166	完璧归赵 …… 168	韦编三绝 …… 169
同室操戈 …… 166	玩火自焚 …… 168	唯命是听(惟命是从) …… 169
同舟共济 …… 166	玩世不恭 …… 168	唯我独尊(惟我独尊) …… 169
痛定思痛 …… 166	玩物丧志 …… 168	惟妙惟肖(xiào) …… 169
痛心疾首 …… 166	顽石点头 …… 168	巍(wéi)巍 …… 169
偷奸取巧 …… 167	宛然 …… 168	尾大不掉 …… 169
偷梁换柱 …… 167	宛若 …… 168	委顿 …… 170
偷天换日 …… 167	婉丽 …… 168	萎靡(委靡) …… 170
投畀(bì)豺虎 …… 167	婉约 …… 168	唯(wěi)唯诺诺 …… 170
投鞭断流 …… 167	万劫不复 …… 168	骫骳(wěibèi) …… 170
投井下石 …… 167	万籁俱寂 …… 168	猥(wěi)琐(委琐) …… 170
投桃报李 …… 167	万马齐喑(yīn) …… 168	猥獕(cuī) …… 170
投鼠忌器 …… 167	万念俱灰 …… 168	猥亵(xiè) …… 170
图穷匕见 …… 167	万人空巷 …… 168	为虎添翼(为虎傅翼) …… 170
徒托空言 …… 167	亡羊补牢 …… 168	为虎作伥(chāng) …… 170
涂炭 …… 167	枉驾 …… 168	为人作嫁 …… 170
兔死狗烹 …… 167	罔替 …… 169	为渊驱鱼,为丛驱雀 …… 170
兔死狐悲 …… 167	惘然 …… 169	未可厚非(无可厚非) …… 170

未能免俗 …… 170	无所措手足 …… 171	习非成是 …… 173
未雨绸缪(móu) …… 170	无所适从 …… 171	习焉不察 …… 173
味同嚼蜡 …… 170	无妄之灾 …… 171	习与性成 …… 173
畏首畏尾 …… 170	无以复加 …… 171	席不暇暖 …… 173
畏葸(xǐ) …… 170	毋宁(无宁) …… 171	檄(xí)文 …… 173
猬集 …… 170	毋庸(无庸) …… 171	洗心革面 …… 173
蔚起 …… 170	芜鄙 …… 171	徙倚(xǐyǐ) …… 173
蔚然成风 …… 170	芜杂 …… 171	戏谑(xuè) …… 173
蔚为大观 …… 170	吾侪(chái) …… 171	细针密缕(lǚ) …… 173
蔚然 …… 170	吴牛喘月 …… 172	侠肝义胆 …… 173
慰藉(jiè) …… 170	五方杂处 …… 172	遐迩 …… 173
温故知新 …… 170	五行八作 …… 172	遐思(遐想) …… 173
温情脉脉 …… 170	五日京兆 …… 172	瑕不掩瑜 …… 173
温文尔雅 …… 170	忤(wǔ)然 …… 172	瑕疵 …… 173
温馨 …… 170	舞文弄墨(舞文弄法) …… 172	瑕玷 …… 173
文不加点 …… 170	兀(wù)傲 …… 172	瑕瑜互见 …… 173
文从字顺 …… 170	兀立 …… 172	黠慧(xiáhuì) …… 173
文过饰非 …… 170	务正 …… 172	下车伊始 …… 173
文翰 …… 170	物阜民丰 …… 172	下里巴人 …… 173
文化沙漠 …… 170	物故 …… 172	罅(xià)漏 …… 173
文侩(kuài) …… 171	物换星移(星移物换) …… 172	罅隙 …… 173
文山会海 …… 171	物伤其类 …… 172	先河 …… 173
文恬武嬉 …… 171	物以类聚 …… 172	先声夺人 …… 173
文质彬彬 …… 171	**X**	先意承志 …… 173
闻鸡起舞 …… 171	希冀 …… 172	闲云野鹤 …… 173
闻人 …… 171	悻(xī)惶 …… 172	涎(xián)皮赖脸 …… 173
稳操胜券 …… 171	悻悻 …… 172	显豁 …… 173
问道于盲 …… 171	息事宁人 …… 172	险巇(xī)(崄巇) …… 173
问津 …… 171	息息相关(息息相通) …… 172	相得益彰 …… 174
蓊(wěng)郁 …… 171	息影 …… 172	相辅而行 …… 174
蜗居 …… 171	奚落 …… 172	相辅相成 …… 174
我行我素 …… 171	徯倖(奚幸) …… 172	相反相成 …… 174
乌飞兔走 …… 171	悉数(shù) …… 172	相忍为国 …… 174
污泥浊水 …… 171	浠(xī)沥 …… 172	相濡以沫 …… 174
污言秽语 …… 171	惜墨如金 …… 172	相提并论 …… 174
於菟(wūtú) …… 171	翕(xī)动 …… 172	相形见绌(chù) …… 174
无动于衷 …… 171	翕然 …… 172	相与 …… 174
无独有偶 …… 171	翕张 …… 173	相知 …… 174
无关宏旨 …… 171	蹊(xī)径 …… 173	相左 …… 174
无伤大雅 …… 171	豀壑(xīhè) …… 173	襄助 …… 174
无私有弊 …… 171	豀刻 …… 173	翔实(详实) …… 174

响遏行云 …… 174	挟持 …… 175	形单影只 …… 177
想入非非 …… 174	谐谑(xuè) …… 176	形格势禁 …… 177
向背 …… 174	颉颃(xiéháng) …… 176	形胜 …… 177
向壁虚构(向壁虚造) …… 174	亵渎(xièdú) …… 176	形影相吊 …… 177
向隅 …… 174	亵慢 …… 176	性命交关 …… 177
项背 …… 174	解(xiè)数 …… 176	悻然 …… 177
项庄舞剑,意在沛公 …… 174	懈气 …… 176	悻悻 …… 177
象牙之塔 …… 174	心安理得 …… 176	兄弟阋墙 …… 177
象征 …… 174	心不在焉 …… 176	胸无点墨 …… 177
橡皮图章 …… 174	心裁 …… 176	胸有成竹 …… 177
枵(xiāo)腹从公 …… 174	心驰神往 …… 176	雄才大略 …… 177
哓哓(xiāoxiāo) …… 174	心传(chuán) …… 176	羞赧(nǎn) …… 177
宵旰(gàn) …… 174	心扉 …… 176	羞与为伍 …… 177
宵小 …… 174	心旷神怡 …… 176	秀色可餐 …… 177
宵衣旰食 …… 174	心劳日拙(zhuō) …… 176	秀外慧中 …… 177
萧规曹随 …… 175	心力 …… 176	虚怀若谷 …… 177
萧墙 …… 175	心口如一 …… 176	虚位以待(虚席以待) …… 177
萧然 …… 175	心领神会 …… 176	虚无缥缈 …… 177
萧瑟 …… 175	心秀 …… 176	虚应故事 …… 177
萧飒 …… 175	心有余悸 …… 176	虚与委蛇 …… 177
萧森 …… 175	心余力绌 …… 176	虚张声势 …… 177
萧疏 …… 175	心猿意马 …… 176	嘘寒问暖 …… 178
萧索 …… 175	欣忭(biàn) …… 176	勖(xù)勉 …… 178
萧条 …… 175	欣幸 …… 176	絮聒(guō) …… 178
萧萧 …… 175	新禧 …… 176	轩然大波 …… 178
销声匿迹 …… 175	新雨 …… 176	轩轾(zhì) …… 178
销铄(shuò) …… 175	歆美(歆慕) …… 176	喧虺(huī) …… 178
潇潇 …… 175	薪尽火传 …… 176	喧阗(tián) …… 178
霄壤 …… 175	信而有征 …… 176	暄腾 …… 178
淆(xiáo)惑 …… 175	信口雌黄 …… 176	煊赫 …… 178
淆杂 …… 175	信口开河 …… 176	旋踵 …… 178
小肚鸡肠(鼠肚鸡肠) …… 175	信马由缰 …… 176	泫(xuàn)然 …… 178
小家碧玉 …… 175	信赏必罚 …… 177	绚(xuàn)烂 …… 178
小试锋芒 …… 175	信誓旦旦 …… 177	渲(xuàn)染 …… 178
小心翼翼 …… 175	星罗棋布 …… 177	削足适履 …… 178
晓畅 …… 175	星移斗转(斗转星移) …… 177	穴居野处(chǔ) …… 178
笑影 …… 175	星移物换(物换星移) …… 177	学富五车 …… 178
啸傲 …… 175	惺忪(xīngsōng) …… 177	噱(xué)头 …… 178
啸鸣 …… 175	惺惺 …… 177	雪泥鸿爪 …… 178
些微 …… 175	惺惺作态 …… 177	血雨腥风(腥风血雨) …… 178
胁肩谄笑 …… 175	行尸走肉 …… 177	薰莸(yóu)不同器(薰莸异器) …… 178

寻章摘句 …… 178	扬榷(què) …… 180	一日之雅 …… 181
循规蹈矩 …… 178	扬汤止沸 …… 180	一文不名 …… 181
循名责实 …… 178	洋洋洒洒 …… 180	一叶蔽目(一叶障目) …… 181
循循善诱 …… 178	仰人鼻息 …… 180	一叶知秋 …… 181
Y	仰仗 …… 180	一衣带水 …… 181
睚(yá)眦 …… 178	养痈成患(养痈遗患) …… 180	一隅三反 …… 181
睚眦必报 …… 178	怏然 …… 180	一字千金 …… 181
哑然 …… 178	怏怏 …… 180	伊于胡底 …… 181
雅正 …… 178	吆五喝六 …… 180	依然故我 …… 181
揠苗助长(拔苗助长) …… 179	要挟(xié) …… 180	漪(yī)澜 …… 181
烟霭 …… 179	尧天舜日 …… 180	怡悦 …… 181
淹博 …… 179	肴馔(yáozhuàn) …… 180	宜人 …… 181
延颈企踵 …… 179	摇唇鼓舌 …… 180	贻害 …… 181
言必有中(zhòng) …… 179	谣诼(zhuó) …… 180	贻人口实 …… 182
言不及义 …… 179	遥相呼应 …… 180	贻误 …… 182
言不尽意 …… 179	杳渺(yǎomiǎo)(杳眇) …… 180	贻笑大方 …… 182
言不由衷 …… 179	杳然 …… 180	移花接木 …… 182
言出法随 …… 179	杳如黄鹤 …… 180	移樽就教 …… 182
言近旨远 …… 179	窈窕(yǎotiǎo) …… 180	遗憾 …… 182
言简意赅 …… 179	要津 …… 180	颐指气使 …… 182
言人人殊 …… 179	要言不烦 …… 180	以暴易暴 …… 182
言为心声 …… 179	崾崄(yàoxiǎn) …… 180	以德报怨 …… 182
言喻 …… 179	冶游 …… 180	以讹传讹 …… 182
言状 …… 179	一倡百和(一唱百和) …… 180	以己度(duó)人 …… 182
妍媸(chī) …… 179	一尘不染 …… 180	以儆效尤 …… 182
炎凉 …… 179	一蹴而就 …… 180	以邻为壑 …… 182
奄奄 …… 179	一旦 …… 181	以卵击石 …… 182
俨然 …… 179	一得之功 …… 181	以人废言 …… 182
俨如 …… 179	一得之愚 …… 181	以汤沃雪 …… 182
衍文 …… 179	一定之规 …… 181	迤(yǐ)逦 …… 182
弇(yǎn)陋 …… 179	一概而论 …… 181	倚马可待(倚马千言) …… 182
掩映 …… 179	一鼓作气 …… 181	倚仗 …… 182
眼高手低 …… 179	一国三公 …… 181	龃龉(yǐhé) …… 182
眼明手快 …… 179	一家之言 …… 181	亿万斯年 …… 182
偃旗息鼓 …… 179	一鳞半爪(东鳞西爪) …… 181	义愤填膺(yīng) …… 182
偃武修文 …… 179	一木难支 …… 181	义无反顾(义无返顾) …… 182
演绎 …… 179	一诺千金 …… 181	义形于色 …… 182
宴安鸩(zhèn)毒 …… 180	一片冰心 …… 181	义正词严(义正辞严) …… 182
宴尔(燕尔) …… 180	一曝(pù)十寒 …… 181	屹立 …… 182
雁过拔毛 …… 180	一仍旧贯 …… 181	屹然 …… 182
餍(yàn)足 …… 180		亦步亦趋 …… 182

亦庄亦谐 …… 183	鹦鹉学舌 …… 184	嵎(yú)嵎 …… 185
异曲同工(同工异曲) …… 183	臆选 …… 184	与虎谋皮 …… 185
异想天开 …… 183	萦怀 …… 184	予(yú)人口实 …… 185
抑扬顿挫 …… 183	萦回 …… 184	羽化 …… 185
易如反掌 …… 183	萦系 …… 184	语调 …… 185
奕奕(yì) …… 183	萦纡(yū) …… 184	语气 …… 186
挹(yì)注 …… 183	蝇营狗苟 …… 184	语无伦次 …… 186
逸豫 …… 183	潆洄 …… 184	语焉不详 …… 186
意气风发 …… 183	潆绕 …… 184	语重心长 …… 186
意气用事 …… 183	瀛寰 …… 184	瘐(yǔ)死 …… 186
溢于言表 …… 183	颖慧 …… 184	与(yù)会(预会) …… 186
熠(yì)熠 …… 183	颖悟 …… 184	与闻(预闻) …… 186
臆测(臆度) …… 183	颖异 …… 184	玉帛 …… 186
臆断 …… 183	影影绰(chuò)绰 …… 184	郁悒 …… 186
臆造 …… 183	应接不暇 …… 184	郁郁葱葱(郁郁苍苍) …… 186
翼翼 …… 183	应运而生 …… 184	欲盖弥彰 …… 186
因人成事 …… 183	硬着陆 …… 184	遇事生风 …… 186
因势利导 …… 183	庸中佼佼 …… 184	喻世 …… 186
因袭 …… 183	雍容 …… 184	喻义 …… 186
因噎废食 …… 183	饔飧(yōngsūn)不继 …… 184	裕如 …… 186
因应 …… 183	用舍行藏(用行舍藏) …… 185	渊薮(sǒu) …… 186
阴鸷(zhì) …… 183	忧心忡(chōng)忡 …… 185	圆颅方趾 …… 186
阴骘(zhì) …… 183	忧心如焚 …… 185	缘木求鱼 …… 186
荫翳(yì)(阴翳) …… 183	忧悒 …… 185	源远流长 …… 186
姻亲 …… 183	幽眇(miǎo) …… 185	怨天尤人 …… 186
姻娅(姻亚) …… 183	幽明 …… 185	怨声载道 …… 186
殷鉴 …… 183	幽冥 …… 185	怨艾 …… 186
殷殷 …… 183	幽趣 …… 185	约定俗成 …… 186
殷忧 …… 183	悠忽 …… 185	月华 …… 186
吟风弄月(吟风咏月) …… 183	悠谬(悠缪) …… 185	月杪(miǎo) …… 186
寅吃卯粮(寅支卯粮) …… 184	悠悠 …… 185	越俎(zǔ)代庖 …… 186
龂(yín)龂 …… 184	悠游 …… 185	云汉 …… 186
夤(yín)夜 …… 184	悠远 …… 185	云谲(jué)波诡(guǐ) …… 186
夤缘 …… 184	尤物 …… 185	云泥之别 …… 187
引而不发 …… 184	犹然 …… 185	云散风流(风流云散) …… 187
引吭(háng)高歌 …… 184	纡徐 …… 185	云山雾罩 …… 187
引经据典 …… 184	予(yú)取予求 …… 185	云翳 …… 187
引咎 …… 184	余沥 …… 185	云蒸霞蔚(云兴霞蔚) …… 187
引玉之砖 …… 184	余音绕梁 …… 185	芸芸众生 …… 187
饮鸩(zhèn)止渴 …… 184	余勇可贾(gǔ) …… 185	运筹帷幄 …… 187
隐恶扬善 …… 184	揄(yú)扬 …… 185	运斤成风 …… 187

韵致	187
蕴涵	187
蕴藉	187

Z

杂乱无章	187
再衰三竭	187
牂(zāng)牁	187
臧否(zāngpǐ)	187
蕤枘(ruì)	187
凿凿	187
藻饰	187
造诣	187
责无旁贷	187
责有攸归	187
择善而从	187
泽国	187
啧有烦言	187
锃(zèng)光瓦亮	187
鲊(zhǎ)肉	187
沾沾自喜	188
谵(zhān)语	188
瞻顾	188
瞻前顾后	188
辗转反侧	188
张冠李戴	188
张口结舌	188
彰明较著	188
彰善瘅(shàn)恶	188
仗义执言	188
招摇过市	188
昭然	188
昭昭	188
朝乾夕惕	188
朝三暮四	188
朝秦暮楚	188
朝思暮想	188
照本宣科	188
肇端	188
肇始	188
肇因	188
折箩	188

折腾	188
折(zhé)冲樽俎	188
折中主义	188
蛰伏	188
针砭	188
珍馐(xiū)	188
真谛	189
桢干	189
箴言	189
枕藉	189
轸(zhēn)念	189
畛域	189
缜密	189
振拔	189
振聋发聩(kuì)	189
振振有词(振振有辞)	189
震古烁(shuò)今	189
怔忡(zhēngchōng)	189
怔营	189
怔忪	189
整饬(chì)	189
正本清源	189
正颜厉色	189
怔怔	189
诤言	189
诤友	189
政通人和	189
之乎者也	189
支绌(chù)	189
直言不讳(huì)	189
摭拾(zhíshí)	189
旨趣	189
抵(zhǐ)掌	189
纸醉金迷	189
指不胜屈	189
指鹿为马	189
指日可待	189
指桑骂槐	189
咫尺天涯	190
趾高气扬	190
至理名言	190

志大才疏	190
炙手可热	190
治丝益棼(fén)	190
栉比鳞次(鳞次栉比)	190
栉风沐雨	190
桎梏(zhìgù)	190
致使	190
掷地有声	190
窒碍	190
置若罔闻	190
置喙	190
置信	190
置业	190
置之度外	190
中辍	190
中流砥柱	190
中庸	190
忠贞	190
终南捷径	190
钟灵毓秀	190
钟鸣鼎食	190
衷肠	190
踵(zhǒng)事增华	190
踵武	190
众口铄(shuò)金	190
众目睽睽	190
众目昭彰	190
众擎易举	191
众望所归	191
众矢之的(dì)	191
众所周知	191
众星捧月	191
众志成城	191
舟车	191
周而复始	191
周延	191
周恤(xù)	191
周章	191
肘腋之患	191
诛心之论	191
珠联璧合	191

珠圆玉润 …… 191	缀文 …… 192	自律 …… 193
铢积寸累 …… 191	赘疣 …… 192	自我作古 …… 193
铢两悉称 …… 191	谆(zhūn)谆 …… 192	自行其是 …… 193
蛛丝马迹 …… 191	拙涩 …… 192	自圆其说 …… 193
竹枝词 …… 191	捉刀 …… 192	字斟句酌 …… 193
烛照 …… 191	捉襟见肘 …… 192	恣(zì)肆 …… 193
煮豆燃萁 …… 191	卓尔不群 …… 192	恣睢(suī) …… 193
属垣有耳 …… 191	卓然 …… 192	恣意 …… 193
瞩目 …… 191	浊世 …… 192	宗祧(tiāo) …… 193
瞩望 …… 191	着手成春 …… 192	罪不容诛 …… 193
伫(zhù)候 …… 191	着意 …… 192	罪愆 …… 193
伫立 …… 191	斫(zhuó)轮老手 …… 192	醉生梦死 …… 193
助桀为虐(助纣为虐) …… 191	斫丧 …… 192	左右逢源 …… 193
杼轴(zhùzhóu) …… 191	擢(zhuó)发难数 …… 192	左支右绌(chù) …… 193
驻跸(bì) …… 191	擢用 …… 192	作壁上观 …… 193
驻足 …… 192	濯濯 …… 192	作法自毙 …… 193
筑室道谋 …… 192	孜孜 …… 192	作奸犯科 …… 193
抓耳挠腮 …… 192	孜孜矻(kū)矻 …… 193	作威作福 …… 193
专心致志 …… 192	资质 …… 193	作秀 …… 193
转圜 …… 192	锱铢(zīzhū) …… 193	作俑 …… 194
装腔作势 …… 192	梓里 …… 193	坐而论道 …… 194
装置 …… 192	訾(zǐ)议 …… 193	坐观成败 …… 194
追奔逐北(追亡逐北) …… 192	自惭形秽 …… 193	坐井观天 …… 194
追根溯源(追本穷源) …… 192	自出机杼(zhù) …… 193	坐蜡 …… 194
锥处囊中 …… 192	自咎(jiù) …… 193	座右铭 …… 194
缀(zhuì)合 …… 192	自郐(kuài)以下 …… 193	

参考文献 …… 194

上篇

多音字

阿

ā〈方〉

前缀。

1.用在排行、小名或姓的前面,有亲昵的意味:阿大、阿宝、阿唐。

2.用在某些亲属名称的前面:阿婆、阿爹、阿哥。

a（啊、呵、阿）

助词。

1.用在句末表示赞叹、疑问的语气:"多好的天气啊!"

2.用在句末表示肯定、辩解、催促、嘱咐等语气:"这话说得是啊。""我没去是因为有事啊。""快去啊。""你可要小心啊。"

3.用在句末表示疑问的语气:"你这说的是真的啊?"

4.用在句中稍作停顿,让人注意下面的话:"自从一解放啊,咱们的日子越过越好啦。"

5.用在列举的事项之后:"书啊,杂志啊,摆满了一书架子。"

注意: "啊"用在句末或句中,常受到前一字韵母或韵尾的影响而发生不同的变音,也可以写成不同的字。

ē

1.迎合;偏袒:阿附;阿谀;刚正不阿;阿其所好。

2.地名,指山东东阿县;阿胶。

啊

ā

叹词。

表示惊异或赞叹:"啊,出彩虹了!""啊,今年的庄稼长得真好哇!"

á

叹词。

表示追问:"啊？你明天到底去不去呀?""啊？你说什么?"

ǎ

叹词。

表示惊疑:"啊！这是怎么回事啊?"

à

叹词。

表示承诺(音较短):"啊,好吧。"

表示明白过来(音较长):"啊,原来是你,怪不得看着面熟哇!"

表示惊异或赞叹(音较长):"啊,伟大的祖国!"

挨

āi〈哀〉

1.顺着(次序);逐一:挨门挨户地检查卫生。

2.靠近;紧接着:他家挨着工厂;学生一个挨一个地走进教室。

ái〈皑〉

1.遭受;忍受:挨打;挨饿。

2.困难地度过(时光)。

3.拖延:挨时间。

唉

āi〈哀〉

1.答应的声音。

2.叹息的声音:唉声叹气。

ài〈艾〉

叹词,表示伤感或惋惜:"唉,病了好几天,把工作都耽误了。""唉,好好的一套书弄丢了两本。"

欸

āi〈哀〉

同"唉"。

ǎi〈矮〉

欸乃。象声词,形容摇橹的声音;划船时歌唱的声音。

嗌

ài〈艾〉

古书上指咽喉痛。

yì〈义〉

咽喉。

艾

ài〈爱〉

1.多年生草本植物,叶子有香气,可入药,内服可作止血剂,又供灸法上用。艾燃烧的烟能驱蚊蝇。也叫艾蒿或蕲(qí)艾。

2.姓。

3.停止:方兴未艾。
4.美好;漂亮:少艾(年轻漂亮的人)。

yì(义)
1.同"义"。
2.惩治:惩艾。

嗳

ài(艾)
叹词,表示悔恨、懊恼:"嗳,早知如此,我就不去了。"

ǎi(矮)
1.叹词,表示不同意或否定:"嗳,不是这样的!""嗳,别那样说了!"
2.嗳气:胃里的气体从嘴里出来,并发出声音,俗称打嗝儿。

厂

ān(安)
同"庵"(小草屋;佛寺)(多用于人名)。

chǎng(敞)
1.工厂:钢铁厂。
2.厂子:煤厂。

广

ān(安)
同"庵",多用于人名。

guǎng(犷)
1.(面积、范围)宽阔(跟"狭"相对):广场;地广人稀。
2.多:大庭广众。
3.扩大;扩充:推广;以广流传。
4.指广东、广州:广货。
注意:广西简称"广",只限于"两广"(广东和广西)。
5.姓。

暗

àn(按)
同"暗"。

yǎn(眼)
阴暗不明。

熬

áo(鏖)
1.把粮食等放在水里,煮成糊状:熬粥。
2.为了提取有效成分或去掉所含水分、杂质,把东西放在容器里久煮:熬盐;熬药。
3.忍受(疼痛或艰苦的生活等):熬苦日子。

āo
烹调方法,把蔬菜等放在水里煮:熬豆腐。

嚣

áo(鏖)
同"隞",商朝的都城,在今河南省郑州市西北。

xiāo(消)
吵闹;喧哗;叫嚣;喧嚣。

拗

ǎo(袄)
〈方〉弄弯使折;折:把竹竿拗断了。

ào(奥)
不顺;不顺从:拗口;违拗。

扒

bā(八)
1.抓着可依附的东西:扒墙头;孩子扒着窗户看风景;猴子扒着树枝儿摘果子吃。
2.刨;挖;折:扒土;扒堤;扒房。
3.拨动:扒开草棵。
4.脱掉;剥(bāo):把鞋袜一扒,光着脚蹚水;把兔子皮扒下来。

pá(爬)
1.用手或耙子一类的工具使东西聚拢或散开。
2.〈方〉用手搔;挠:扒痒。
3.一种煨烂的烹调法:扒羊肉;扒白菜。

吧

bā(八)
1.象声词。"吧的一声,把树枝折断了。"
2.〈方〉抽(烟):"他吧了一口烟,才接着说话。"

ba 　助词
1.在句末表示商量、提议、请求、命令:"咱们走吧!""帮帮他吧!""你好好想想吧!""同志们前进吧!"

2.在句末表示同意或认可:"好吧,我答应你了。""就这样吧,明天继续干。"

3.在句末表示疑问,带有揣测的意味:"他大概出事了吧?""他不会不知道吧?"

4.在句末表示不敢肯定(不要求回答):"大概是前天吧,他到我这儿来了。""是吧,他好像是这么说的。"

5.在句末表示停顿,带假设的语气,常常对举,有两难的意味:"走吧,不好;不走吧,也不好。"

把

bǎ(靶)

1.用手握住:把舵;两手把着冲锋枪。

2.从后面托起小孩儿的两腿,让他大小便:把尿。

3.把持;把揽:要信任群众,不要把一切工作都把着不放手。

4.看守;把守:把大门。

5.〈口〉紧靠:把墙角儿站着;把着胡同口儿有个小饭馆。

6.约束住使不裂开:用铁叶子把住裂缝。

7.〈方〉给(gěi)。

8.车把。

9.(把儿)把东西扎在一起的捆子:草把。

10.量词。

a.用于有把手的器具:一把刀;一把扇子。

b.(把儿)一手抓起的数量:一把米。

c.用于某些抽象的事物:一把年纪;他可真有把力气;加把劲;一把好手。

d.用于手的动作:帮他一把。

11.介词。

a.宾语是后面动词的受事者,整个格式有处置的意思:把头一扭;把衣服洗洗。

b.后面的动词,是"忙、累、急、气"等加上表示结果的补语,整个格式有致使的意思:把他乐坏了;差点把他急疯了。

c.宾语是后面动词的施事者,整个格式表示不如意的事情:在这节骨眼上,偏偏把老张病了。

注意:

①a、b"把"的宾语都是确定的;

②用"把"的句子,动词后面有附加成分或补语,或前边有"一"等特种补语。

③用"把"的句子,动词后面一般不带宾语,但有时带。

④用"把"的句子,有时候后面不说出具体的动作,这种句子多半用在骂人的场合:"我把你个糊涂虫啊!"

⑤现代汉语里"把"曾经有过"拿"的意思。现代方言里还有这种用法:"那个人不住地把眼睛看我。"

12.加在"百、千、万"和"里、丈、顷、斤、个"等量词后头,表示数量近于这个单位数(前头不能再加数词):个把月;百把块钱。

13.指拜把子的关系:把兄;把嫂。

bà(罢)

1.器具上便于用手拿的部分:缸子把儿。

2.花、叶果实的柄:花把儿。

罢

bà(霸)

1.停止:罢工;欲罢不能。

2.免去;解除:罢免;罢职。

3.〈方〉完了;完毕:吃罢晚饭,说罢,他就走了。

4.〈古〉又同"疲"(pí)。

ba(吧)

同"吧"。

鲌

bà(罢)

同"鲃":鲃鱼。

bó(脖)

鱼类的一种。

掰

bāi

同"掰":用手把东西分开或折断。

bò(簸)

〈书〉大拇指:巨擘。

柏

bǎi(摆)

1.柏树。

2.姓。

bó(脖)

柏林,德国城市名。

bò(檗)

黄柏(黄檗)。茎可制黄色染料,树皮可入药,有清热、解毒作用。

伯

bǎi(摆)

丈夫的哥哥:大伯子。

bó(脖)

1.伯父:大伯;表伯;姻伯。
2.在兄弟排行的次序里代表老大:伯兄。
3.封建五等爵位的第三等:伯爵。

呗

bài(败)

(梵呗)佛教徒念经的声音。

bei(臂) 助词。

1.表示事实或道理明显,很容易了解:"不懂,就好好学呗。"
2.表示勉强同意或勉强让步的语气:"去就去呗。"

扳

bān(班)

使位置固定的东西改变方向或转动:扳闸;扳着指头算。

pān(潘)

同"攀":

1.抓住东西向上爬:攀登;攀树。
2.指跟地位高的人结亲或拉关系:高攀;攀龙附凤。
3.设法接触;牵扯:攀谈;攀扯。

般

bān(班)

1.种,样:这般。
2.同"搬"。

bō(玻)

般若:智慧(佛经用语)。

pán(盘)

欢乐:般乐。

榜

bǎng

1.张贴的名单:光荣榜。
2.古代指文告:榜文。

bàng(棒)

摇橹使船前进;划船。

péng(彭)

同"搒"(péng)。

膀

bǎng(榜)

1.肩膀:膀阔腰圆。
2.膀儿:鸟类的翅膀。

bàng(棒)

吊膀子:〈方〉调情。也说吊膀。

pāng(乓)

(大片的皮肉)浮肿:膀肿;"他的心脏病不轻,脸都膀了。"

páng(旁)

膀胱。

磅

bàng(棒)

1.英美制重量单位,一磅合0.907 2市斤。
2.磅秤。
3.用磅秤称轻重:磅体重。

páng(旁)

磅礴。

搒

bàng(磅)

摇橹使船前进;划船。

péng(彭)

用棍子或竹板子打。

蚌

bàng(棒)

软体动物,有两个椭圆形外壳。可以开闭。

bèng(蹦)

蚌埠,安徽省市名。

炮

炮

bāo(包)

1. 烹调方法,用锅或铛在旺火上炒,迅速搅拌。
2. 烘焙:湿衣服搁在热炕上,一会儿就炮干了。

pào(泡)

1. 口径在 2cm 以上,能发射炮弹的重型射击武器。
2. 爆竹;鞭炮。
3. 爆破土石等,在凿眼里装上炸药后叫作"炮"。

páo(袍)

炮制中药的一种方法,把生药放在热铁锅里炒,使它焦黄爆裂。

剥

bāo(包)

去掉外面的皮或壳。

bō(波)

义同"剥"(bāo),专用于合成词或成语,如剥夺、生吞活剥。

薄

báo(雹)

1. 扁平物上下两面之间的距离小(跟"厚"相对):薄板;薄被。
2. (感情)冷淡;不深:待他的情分不薄。
3. 不浓;淡:味道很薄。
4. 不肥沃:变薄地为肥田。

bó(脖)

1. 轻微;少:薄技;单薄。
2. 不厚道;不庄重:薄待;刻薄;轻薄。
3. 看不起;轻视;慢待:菲薄;鄙薄;厚今薄古。
4. 姓。
5. 迫近:日薄西山;薄海(本指达到海边;泛指广大地区)同欢。

堡

bǎo(宝)

堡垒;碉堡;地堡。

bǔ(补)

堡子(多用于地名)。

pù(铺)

多用于地名。五里铺、十里铺等的"铺"字,有的地区写作"堡"。

暴

bào(报)

1. 突然而且猛烈:暴雨;暴病;暴怒;暴饮暴食。
2. 凶狠;残酷:暴徒;暴行。
3. 急躁:脾气暴。
4. 姓。
5. 鼓起来;突出:急得头上的青筋都暴出来了。
6. 糟蹋:自暴自弃。

pù(铺)

同"曝"。

趵

bào(报)

跳跃:趵突泉(在济南)。

bō(波)

踢。

刨

bào(报)

1. 刨子或刨床。
2. 用刨子或刨床刮平木料或钢材等。

páo(泡)

1. 挖掘:刨土;刨坑。
2. 从原有的事物中除去;减去:十五天刨去五天,就剩下十天了。
3. 刨根儿:比喻追究底细。

背

bēi(杯)

1. (人)用背驮。
2. 负担:"这个责任我还背得起。"

bèi(倍)

1. 躯干的一部分,部位跟胸和腹相对。
2. 某些物件的反面或后部:手背;刀背;纸背;墨透纸背。
3. 背部对着(跟"向"相对):背山面海;背水一战;人心向背。
4. 离开:背井离乡。

5. 躲避;瞒:光明正大,没做什么背人的事。
6. 背诵。
7. 违背;违反:背约;背信弃义。
8. 偏僻:背街小巷。
9. 不顺利;倒霉:手气背。
10. 听觉不灵:耳背。

桮

bēi(杯)

桮柹:古书上说的一种柿子,果实小,青黑色。

pí(枇)

古时一种椭圆形的酒器。

陂

bēi(杯)

1. 池塘:陂塘;陂地。
2. 水边;岸。
3. 山坡。

pí(枇)

黄陂:地名,在湖北。

pō(坡)

陂陀:不平坦。

孛

bèi(倍)

古书上指光芒四射的彗星。

bó

同"勃"。

臂

bei(倍)

胳臂:胳膊。

bì(闭)

1. 胳膊:肩膀以下手腕以上的部分。
2. 人体解剖学上多指上臂。

奔

bēn

1. 奔走;急跑:狂奔;奔驰。
2. 紧赶;赶忙或赶急事:奔命;奔丧。
3. 逃跑:东奔西窜。

bèn(笨)

1. 向目的地走去:投奔。

2. 介词,朝;向:渔轮奔渔场开去。
3. 年纪接近:他是奔六十岁的人了。
4. 为某事奔走:你们生产上还缺什么材料?我去奔。

坋

bèn(笨)

尘埃。

fèn(奋)

地名,古坋,在福建。

绷

bēng(崩)

1. 拉紧。
2. 衣服、布、绸等张紧:小褂紧绷在身上不舒服。
3. 物体猛然弹起:弹簧绷飞了。
4. 缝纫方法,稀疏地缝住或用针别上:红布上绷着金字。
5. 〈方〉勉强支持;硬撑:绷场面。
6. 〈方〉骗(财物)坑绷拐骗。

běng

1. 板着:绷脸。
2. 勉强支撑:咬住牙绷住劲。

bèng(泵)

1. 裂开:绷了一道缝儿。
2. 〈口〉用在"硬、直、亮"一类形容词的前面,表示程度深:绷硬;绷直;绷亮。

贲

bì(闭)

装饰得很美。

bēn(犇)

虎贲:古时指勇士;武士。

裨

bì(闭)

益处:无裨于事(对事情没有益处)。

pí(枇)

辅佐的;副:偏裨;裨将。

扁

biǎn(贬)

图形或字体上下的距离比左右的距离小;物

体的厚度比长度、宽度小。
piān(篇)
　　扁舟:小船。"一叶扁舟"。

便
biàn(遍)
　　1.方便;便利:听便;近便;旅客称便。
　　2.方便的时候或顺便的机会:便中;得便;便车。
　　3.非正式的;简单平常的:便饭;便条。
　　4.屎或尿;粪便。
　　5.排泄屎或尿。
　　6.副词,就:没有共产党,便没有新中国;不是刮风,便是下雨。
　　7.连词,表示假设的让步:只要依靠群众,便是再大的困难,也能克服。"便"是保留在书面语中的近代汉语,其意义和用法基本上跟"就"相同。
pián
　　便宜:
　　1.价钱低。
　　2.不应得的利益:占便宜。
　　3.使得到便宜:便宜了你。

缏
biàn(遍)
　　草帽缏:用麦秆一类东西编成的扁平带子,是做草帽、提篮、扇子等的材料。同"草帽辫。"
pián
　　〈方〉用针缝。

摽
biāo(镖)
　　1.挥之便去。
　　2.抛弃。
biào(鳔)
　　1.落
　　2.打;击。

骠
biāo(镖)
　　黄骠马:一种黄毛夹杂着白点子的马。
piào(票)
　　1.形容马快跑。
　　2.勇猛:骠勇。

瘪
biē(憋)
　　瘪三:上海人称城市中无正当职业而以乞讨或偷窃为生的游民为"瘪三",他们通常是极瘦的。
biě
　　物体表面凹下去;不饱满:干瘪。

别
bié
　　1.分离:告别;久别重逢。
　　2.另外:别人;别有用心。
　　3.〈方〉转动;转交:她把头别了过去;这个人的脾气一时别不过来。
　　4.姓。
　　5.区分;区别;辨别;分门别类。
　　6.差别:天渊之别。
　　7.类别;性别;职别;派别。
　　8.用别针等把另一样东西附着或固定在纸、布等物体上:胸前别着一朵红花;把两张发票别在一起。
　　9.揿住;用东西卡住:皮带上别着一支枪;把门别上。
　　10.表示禁止或劝阻,跟"不要"的意思相同:"你别走,在这儿住两天吧。"
　　11.表示揣测,通常跟"是"字合用(所揣测的事情,往往是自己所不愿意的):"约定的时间都过了,别是他不来了吧?"
biè
　　〈方〉改变别人坚持的意见或习性(多用于"别不过"):"我想不依他,可又别不住他。"

彬
bīn(彬)
　　玉名。
fēn(分)
　　赛璐玢:玻璃纸的一种,无色,透明,有光泽,多用于包装。

并
bīng(冰)
　　山西太原市的别称:并州。
bìng(病)
　　1.合在一处:归并;合并。

2.两种或两种以上的事物并排着:并肩;并蒂莲。

3.副词,表示不同的事物同时存在,不同的事情同时进行:两说并存;相提并论。

4.副词,用在否定词前面加强否定的语气,略带反驳的意味:你以为他糊涂,他并不糊涂;所谓团结,并非一团和气。

5.连词,并且:"我完全同意,并拥护党委的决议。"

6.用语法跟"连"相同(常跟"而""亦"呼应):并此而不知;并此浅近原理亦不能明。

摒

bìng(病)
排除。

bǐng(屏)
同"屏"。

泊

bó(搏)
1.船靠岸;停船:停泊;船泊港外。
2.停留:漂泊。

pō(坡)
湖(多用于湖名):湖泊;梁山泊;罗布泊。

簸

bǒ(坡)
用簸箕(盛粮食等)上下颠动,扬去糠秕、尘土等杂物:簸谷。

bò
义同"簸",只用于"簸箕"。

卜

bo(啵)
萝卜。

bǔ(补)
1.占卜:卜卦;求签问卜。
2.预料:存亡未卜;胜数可卜。
3.选择(处所):卜宅;卜邻;卜筑(择地建屋)。
4.姓。

埔

bù(部)
大埔:县名,在广东。

pǔ(普)
地名用字:黄埔,在广东。

嚓

cā(擦)
象声词:摩托车嚓的一声停住了。

chā(差)
象形词:咔嚓;啪嚓。

偲

cāi(猜)
多才。

sī(斯)
偲偲:相互切磋,互相督促。

采

cǎi(踩)
1.摘:采茶。
2.开采:采煤;采矿。
3.搜集:采矿样。
4.选取:采购;采取。
5.精神、神色:兴高采烈。
6.同"彩"。

cài(蔡)
采地:古代诸侯分封给卿大夫的田地(包括耕种土地的奴隶)。也叫采邑。

宷

cǎi
古代指官。

cài
同"采"。

参

cān(餐)
1.加入;参加:参战。
2.参考;参看;参阅。
3.进见;谒见:参谒;参拜。
4.封建时代指弹劾:参他一本("本"指奏章)。
5.探究并领会(道理、意义等):参破;参透。

cēn
1.参差(cēncī):
长短、高低、大小不齐;不一致:水平参差不齐。
大约;几乎:参差十万人家。

错过；蹉跎：佳期参差。
2. 参错
参差交错。
错误脱漏。
shēn(申)
　　1. 人参、党参等的统称。
　　2. 二十八宿之一：参商。

篸
　　1. 人参、党参等的统称。
　　2. 二十八宿之一：参商。
cǎn(惨)
　　一种簸箕。
zān(簪)
　　同"簪"。

掺
càn(灿)
　　古代一种鼓曲：渔阳掺（即渔阳三挝）。
chān(搀)
　　同"搀"：掺扶。
shǎn(闪)
　　持；握：掺手。

孱
chán(蝉)
　　瘦弱；软弱。
càn(灿)
　　义同"孱(chàn)"，用于"孱头"：〈方〉软弱无能的人（骂人的话）。

伧
cāng(仓)
　　粗野：伧俗（粗俗鄙陋）。
chen
　　寒伧(寒碜)：
　　1. 丑陋；难看。
　　2. 丢脸；不体面："就我不及格，真寒伧！"
　　3. 讥笑；揭人短处，使失去体面：叫人寒伧了一顿。

藏
cáng
　　1. 躲藏；隐藏：藏龙卧虎；包藏。
　　2. 收存；储藏；收藏；藏书。
zàng(葬)
　　1. 储存大量东西的地方：宝藏。
　　2. 佛教或道教的经典的总称：道藏；大藏经。
　　3. 指西藏：藏族。

侧
cè(侧)
　　1. 旁边（跟"正"相对）：侧面。
　　2. 向旁边歪斜：侧耳细听。
zè(仄)
　　同"仄"(指仄声)，平仄也作"平侧"。
zhāi(斋)
　　〈方〉倾斜；不正。

噌
cēng
　　1. 象形词：麻雀噌的一声飞上房。
　　2. 叱责。
chēng(撑)
　　噌吰(chēnghóng)：形容钟鼓的声音。

曾
céng(层)
　　曾经：曾几何时；曾经沧海。
zēng(增)
　　1. 指中间隔两代的亲属关系：曾祖；曾孙。
　　2. 姓。

差
chā(杈)
　　1. 差别；差异。
　　2. 甲数减去乙数剩余的数，也叫差数。
　　3. 稍微；较；尚：天气差暖；差可告慰。
chà(岔)
　　1. 不相同；不相合：差得远。
　　2. 错误：说差了。
　　3. 缺欠：差点；还差一个人。
　　4. 不好；不够标准：质量差。
chāi(钗)
　　1. 派遣（去做事）：差遣。
　　2. 被派遣去做的事；公务；职务：兼差；出差。
　　3. 差役：封建统治者强迫人民从事的无偿劳动；旧社会称在衙门中当差的人。

cī(疵)
参差。

碴
chā
胡子拉碴。

chá(茶)
〈方〉碎片碴破皮肉。

zhǎ
道碴:铺在铁路路基上面的石子儿。

喳
chā
喳喳,小声说话的声音:嘁嘁喳喳。
喳喳(chācha),小声说话:打喳;"他在老张的耳朵边喳了两句。"

zhā(咋)
1.旧时仆役对主人的应诺声。
2.象形词:喜鹊喳喳地叫。

杈
chā
一种农具,一端有两个以上的弯齿,一端有长柄,用于挑柴草等。

chà(岔)
杈子。植物的分枝:树杈;打杈。

瘥
chài
病愈。

cuó(矬)
病。

单
chán(禅)
单于:匈奴君主的称号。

dān(耽)
1.一个(跟"双"相对):单扇门。
2.奇数。
3.单独;单身;单干;单枪匹马。
4.只;光:干工作不能单靠个人。
5.项目或种类少;不复杂:简单;单纯;单调。
6.薄弱:单薄。
7.只有一层的(衣服):单衣。
8.(单儿)单子:被单儿;床单。
9.(单儿)单子:名单;传单。

shàn(善)
1.单县,在山东。
2.姓。

禅
chán(蝉)
1.佛教用语,指静坐:坐禅。
2.泛指佛教的圣物:禅林;禅杖。

shàn(扇)
禅让:受禅;禅位。

镡
chán(蝉)
姓。

tán(谈)
姓。

xìn
1.古代剑柄的顶端部分。
2.古代兵器,形似剑而小。

啴
chǎn(产)
宽缓:啴缓。

tān(贪)
啴啴:形容牲畜喘息。

刬
chǎn(产)
同"铲",划除。

chàn(颤)
一刬:〈方〉一概,一概都是新的。

颤
chàn(忏)
颤动;发抖:颤抖。

zhàn(占)
发抖。

裳
cháng(常)
古代指裙子。

shang
衣裳。

倘

cháng(嫦)
倘佯(倘佯):闲游;安闲自在地步行。

tǎng(躺)
倘若:倘有困难,当再设法。

长

cháng
1. 两点之间的距离大(跟"短"相对):
指空间:这条路很长;长长的柳条垂到地面。
指时间:长寿;夏季昼长夜短。
2. 长度。
3. 长处;特长;取长补短;一技之长。
4. 对某事做的特别好:他长于写作。

zhǎng(掌)
1. 年纪较大:年长。
2. 排行最大:长兄;长子。
3. 辈分大:师长;长亲;叔叔比子侄长一辈。
4. 领导人:首长;部长;校长。

场

cháng(肠)
1. 平坦的雪地,多用来翻晒粮食,碾压谷物。
2. 〈方〉集;市集;赶场。
3. 量词,用于事情的经过:一场透雨;一场大战。

chǎng(厂)
1. (场儿)适应某种需要的比较大的地方:会场;操场;市场;广场。
2. 戏剧中较小的段落,每场表演故事的一个片段。
3. 舞台:上场;下场。
4. 量词,用于文体活动:三场球赛。
5. 电视接收机中,电子束对一幅画面的奇数行或偶数行完成一次隔行扫描,叫作一场。奇数场和偶数场合为一幅完整的画面。
6. 物质存在的一种基本的形式,具有能量、动量和质量,能传递实物间的相互作用,如电场、磁场、引力场等。

玚

chàng(畅)
古代祭祀用的一种圭。也叫玚圭。

yáng(羊)
古代的一种玉。

焯

chāo(超)
把蔬菜放在开水里略微一煮就拿出来:焯菠菜。

zhuō(捉)
明显;明白。

绰

chāo(超)
1. 抓取:绰起一根棍子;绰起活儿就干。
2. 同"焯"(chāo)。

chuò(辍)
宽绰:绰有余裕。

吵

chāo(超)
吵吵:许多人乱说话。

chǎo
1. 声音杂乱扰人:吵得慌。
2. 争吵:"不要吵了,好好说。"

剿

chāo(超)
抄取;抄袭。

jiǎo(狡)
剿灭;讨伐;围剿;剿匪。

朝

cháo(潮)
1. 朝廷(跟"野"相对):在朝党(执政党)。
2. 朝代:改朝换代。
3. 指一个君主的统治时期:康熙朝。
4. 朝见;朝拜;朝觐。
5. 面对面;向:坐东朝西。
6. 姓。

zhāo(招)
1. 早晨:一朝一夕;朝令夕改;朝晖;朝不保夕。
2. 日;天:今朝;一朝有事。

嘲

cháo(旧读 zhāo,潮)
嘲笑;冷嘲热讽;嘲弄。

zhāo(招)

嘲哳(zhāozhā)：形容声音繁杂细碎。

车

chē
1. 陆地上有轮子的运输工具。
2. 利用轮轴旋转的工具：纺车；滑车；水车。
3. 机器：开车；车间。
4. 用车床切削东西：车圆；车光。
5. 用水车取水：车水。
6. 〈方〉转动（多指身体）：车过身来。
7. 姓。

jū(居)
象棋棋子的一种。

尺

chě(扯)
我国民族音乐音阶上的一级，乐谱上用作记音符号，相当于简谱的"2"。

chǐ(齿)
1. 长度单位，现用市尺，1市尺合1/3米。
2. 量长度的器具。
3. 画图的器具：丁字尺；放大尺。
4. 像尺的东西：镇尺；计算尺。

瘛

chì(赤)
瘛疭(chìzòng)同瘈疭(chìzòng)：中医指痉挛的症状。

zhì(治)
疯狂。

冲

chōng(充)
1. 用开水等浇：冲茶；冲鸡蛋；用酒冲服。
2. 冲洗；冲击：用水把碗冲干净；大水再也冲不了河堤了。
3. 互相抵销：冲账。
4. 〈方〉山区的平地：冲田；韶山冲。

chòng(铳)
1. 劲头足，力量大：他干活真冲；水流得很冲。
2. 气味浓烈刺鼻：酒味儿很冲。
3. 向着或对着：他扭过头来冲我笑了笑。

涌

chōng(充)
〈方〉河汊(chà)(多用于地名)：虾涌(在广东)。

yǒng(勇)
1. 水或云气冒出：泪如泉涌；风起云涌。
2. 从水或云气中冒出：雨过天晴，涌出一轮明月；脸上涌出了笑容。

种

chóng(虫)
姓。

zhǒng(肿)
1. 物种的简称：猫是哺乳动物，猫科猫属的一种。
2. 人种：黄种；白种；黑种。
3. (种儿)生物传代繁殖的物质：麦种；传种；配种。
4. 指胆量或骨气(跟"有""没有"连用)。
5. 量词，表示种类，用于人或任何事物：两种人；三种布；各种情况。
6. 姓。

zhòng(仲)
种植：种田；种麦子；种棉花；种牛痘。

重

chóng(崇)
1. 重复。
2. 再；久别重逢；旧地重游。
3. 层：云山万重；突破一重又一重的困难。

zhòng(众)
1. 重量；分量：举重。
2. 重量大；比重大(跟"轻"相对)：体积相等时，铁比木头重；话说得太重了。
3. 程度深：情意深重；受了重伤；病势很重；不负重托。
4. 重视；敬重；尊重；看重；器重。
5. 重要；军事重地；身负重托；重男轻女。
6. 不轻率：自重；慎重；老成持重。

绌

chōu(抽)

　　引出;编辑。紬绎:引出头绪,也作抽绎。

chóu(稠)

　　同"绸"。

帱

chóu(筹)

　　1.帐子。

　　2.车帷。

dào(道)

　　覆盖。

仇

chóu(绸)

　　1.仇敌:疾恶如仇;同仇敌忾。

　　2.仇恨:"牢记阶级苦,不忘血泪仇。"

qiú(囚)

　　姓。

绸

chóu(绸)

　　绸子:纺绸;绸缎。

　　绸缪:缠绵(情意绸缪)。

chōu(抽)

　　见"紬"。

偢

chǒu(丑)

　　同"瞅":看(没偢见他)。

qiào(俏)

　　〈方〉傻。

杻

chǒu(丑)

　　古代刑具,手铐之类。

niǔ(纽)

　　古书上说的一种树木。

臭

chòu

　　1.(气味)难闻(跟"香"相对):臭气;臭味。

　　2.惹人厌恶的:臭名远扬。

　　3.狠狠地:臭骂。

　　4.〈方〉(子弹)坏;失效:臭弹。

xiù(秀)

　　1.气味;无声无臭;乳臭未干。

　　2.同"嗅"。

鉏(耝)

chú(除)

　　鉏同"锄"。

jǔ(举)

　　鉏铻(yǔ):同"龃龉"。

褚

chǔ(楚)

　　姓。

zhǔ(主)

　　1.丝绵衣服。

　　2.在衣服里铺丝绵。

　　3.口袋。

处

chǔ(楚)

　　1.居住:野居穴处。

　　2.跟别人一起生活;交往:处得来;相处。

　　3.存;居:处心积虑;设身处地。

　　4.处罚:处以极刑。

chù

　　1.地方:住处;心灵深处。

　　2.机关或机关里的一个部门;财务处。

畜

chù(触)

　　禽兽,多指家畜;牲畜;六畜兴旺。

xù(序)

　　畜养:畜牧;畜产。

滀

chù(触)

　　(水)聚积。

xù(序)

　　滀仕:越南地名。

俶

chù(触)

　　开始。

tì(替)
　倜傥(倜傥,tìtǎng):洒脱;不拘束;风流倜傥。

欻
chuā
　象声词:一队队的民兵走起来欻欻的,非常整齐。
xū(须)
　忽然。

揣
chuāi
　藏在衣服里:揣手。
chuǎi
　1.估计;忖度:揣测;揣度;不揣冒昧。
　2.姓。
chuài
　1.囊揣(nāngchuài):
　a.虚弱;懦弱(多见于早期白话)。
　b.同"囊膪(chuài)":猪胸腹部肥而松的肉。
　2.挣揣(zhèngchuài):挣扎。

嘬
chuài
　咬;吃。
zuō(作)
　〈口〉吸吮:嘬奶。

踹
chuài
　姓。

啜
chuò(辍)
　1.喝:啜茗(喝茶)。
　2.抽噎的样子:啜泣。

传
chuán(船)
　1.由一方交给另一方;由上代交给下代:流传。
　2.传授:师传。
　3.传播:宣传。
　4.传导:传电;传热。
　5.表达:传神;传情。
　6.发出命令叫人来:传呼;把他传来。
　7.传染。
zhuàn(赚)
　1.解释经文的著作:经传。
　2.传记:列传;别传;外传;自传。
　3.叙述历史故事的作品(多用为小说名称):《水浒传》。

创
chuāng(窗)
　创伤:予以重创;创巨痛深(比喻遭受重大的损失)。
chuàng
　开始(做);(初次)做:创办;首创;创新。

幢
chuáng(床)
　1.古代旗子一类的东西。
　2.刻着佛号(佛的名字)或经咒的石柱子:经幢;石幢。
zhuàng(壮)
　量词,房屋一座叫一幢。

椎
chuí(垂)
　1.同"槌"。
　2.同"捶"。
zhuī(追)
　椎骨:脊椎;颈椎;胸椎。

圌
chuí(槌)
　圌山,山名,在江苏镇江东。
chuán(船)
　同"篅":〈方〉一种盛粮食的器物,类似囤。

錞
chún(纯)
　錞于:古代一种铜制乐器。
duì(对)
　矛戟柄末的平底金属套。

啅
chuò(辍)
　不顺。

ruò(若)
婼羌(Ruòqiāng)：县名，在新疆。

刺

cī(疵)
象声词：刺的一声，滑了一个跟头。

cì(次)
1. 尖的东西进入或穿过物体：刺伤；刺绣。
2. 刺激：刺耳。
3. 暗杀：被刺。
4. 侦探；打听：刺探。
5. 讽刺：讥刺。
6. (刺儿)尖锐像针的东西：鱼刺；话里带刺儿。
7. 名片。

呲

cī(疵)
〈口〉(呲儿)申斥；斥责。

zī(资)
同"龇"。〈口〉露(牙)：呲着牙。

兹

cí(慈)
龟兹：古代西域国名，在今新疆库车一带。

zī(资)
1. 这个：兹事体大(这是件大事情)；念兹在兹(念念不忘某件事)。
2. 现在：兹订于九月一日上午九时在本校举行开学典礼。
3. 年：今兹；来兹。

茈

cí(词)
凫(fú,服)茈：古书上指荸荠。

zǐ(紫)
茈湖口：地名，在湖南。

跐

cǐ(此)
1. 为了支持身体用脚踩；踏：跐着门槛儿。
2. 脚尖着地，抬起脚后跟：跐着脚往前看。

cī(疵)
脚下滑动；脚一跐，摔倒了；蹬跐了，掉下来了。

枞

cōng(匆)
冷杉。

zōng(宗)
枞阳：县名，在安徽。

蹴

cù(醋)
1. 踢：蹴鞠(踢球)。
2. 踏：一蹴而就。

jiu
圪蹴(gējiu)：〈方〉蹲。

猝

cù(醋)
同"猝"。

zú(足)
1. 兵：小卒；士卒；马前卒。
2. 差役：走卒。
3. 完毕；结束：卒业。
4. 到底；终于：卒底于成。
5. 死：病卒；生卒年月。

酢

cù(醋)
同"醋"。

zuò(坐)
酬酢：宾主相互敬酒(酬，向客人敬酒；酢，向主人敬酒)。

攒

cuán
聚在一起；拼凑：攒钱。

zǎn
积聚；储蓄：积攒。

衰

cuī(催)
1. 同"缞"(cuī)。
2. 等衰：等次。

shuāi(摔)
衰弱；盛衰；年老力衰；风势渐衰。

蹲

cún(存)
　　脚猛然落地,因震动而受伤:蹲了腿。
dūn(敦)
　　1.两腿尽量弯曲,像坐的样子,但臀部不着地。
　　2.比喻待着或闲居:蹲在家里。

撮
cuō(搓)
　　1.聚合;聚拢。
　　2.用簸箕等把东西聚在一起:撮了一簸箕土。
　　3.〈方〉用手指捏住细碎的东西后拿起来:撮药;撮了点儿盐。
　　4.摘取(要点):撮要。
　　5.容量单位:十撮等于一勺。现用市撮,一市撮合一毫升。
　　6.量词:
　　a.〈方〉用于手所撮取的东西:一撮盐;一撮芝麻。
　　b.借用于极少的坏人或事物:一小撮反动分子。
zuǒ(左)
　　(撮儿)量词,用于成丛的毛发:一撮胡子。

酇
cuó(矬)
　　酇城:地名,在河南永城。
zàn(暂)
　　〈方〉古地名,在今湖北老河口一带。

答
dā(搭)
　　义同"答"(dá),专用于"答应、答理"等词。
dá(达)
　　1.回答;对答:一问一答;答非所问。
　　2.受了别人的好处,还报别人:答谢;报答。
　　3.姓。

沓
dá(达)
　　(沓儿)量词,用于重叠起来的纸张和其他薄的东西(一般不很厚):一沓信纸。
tà(踏)
　　多而重复:杂沓;纷至沓来。

打
dǎ
　　1.用手或器具撞击物体:打门;打鼓;打铁。
　　2.器皿、蛋类等因撞击而破碎:鸡飞蛋打。
　　3.殴打;攻打:打架;打援。
　　4.发生与人交涉的行为:打官司;打交道。
　　5.建造;修筑:打坝;打墙。
　　6.制造(器皿、食品):打刀;打烧饼。
　　7.搅拌:打卤;打糨子。
　　8.捆:打包裹;打铺盖卷儿;打裹腿。
　　9.编织:打毛衣;打草鞋。
　　10.涂抹;画;印:打蜡;打个问号;打墨线;打格子;打籤子;打图样儿。
　　11.揭;凿开:打开盖子;打冰;打井;打眼儿。
　　12.举;提:打旗子;打灯笼;打伞;打起精神来。
　　13.放射;发出:打雷;打炮;打信号;打电话。
　　14.〈方〉付给或领取(证件):打介绍信。
　　15.除去:打旁杈。
　　16.舀取:打水;打粥。
　　17.买:打油;打酒;打车票。
　　18.捉(禽兽等):打鸟;打鱼。
　　19.用割、砍等动作来收集:打柴;打草。
　　20.定出;计算:打草稿;打主意;成本打二百块钱。
　　21.做;从事:打杂儿;打游击;打埋伏;打前站。
　　22.做某种游戏:打球;打扑克;打秋千。
　　23.表示身体上的某些动作:打手势;打哈欠;打嗝儿;打趔趄;打前失;打滚儿;打晃儿。
　　24.采取某种方式:打官腔;打比喻;打马虎眼。
　　25.从:打这儿往西,再走三四里就到了;打今儿起,每天晚上学习一小时;他打门缝里往外看。
dá(答)
　　量词,十二个为一打:一打铅笔;两打毛巾。

大
dà
　　1.在体积、面积、数量、力量、强度等方面超过一般或超过所比较的对象(跟"小"相对):房子大;年纪大;声音大。
　　2.大小:那间屋子有这间的两个大;"你的孩子现在多大了?"
　　3.程度深:真相大白;大吃一惊;病已经大好了。

4.用于"不"后,合起来表示程度浅或次数少:不大爱说话;还不大会走路;不大出行。

5.排行第一的:老大;大哥。

6.年纪大的人:一家大小。

7.敬辞,称与对方有关的事物:尊姓大名;大作;大礼。

8.用在时令或节日前,表示强调:大热天;大年初一。

9.姓。

10.〈方〉

a.父亲:"俺大叫我来看看你。"

b.伯父或叔父:三大是一个劳动英雄。

〈古〉又同"太""泰",如"大子""大山"。

11.大夫(dàfū):古代官职,位于卿之下、士之上。

12.大王(dàwáng):

指资本主义社会中垄断某种经济事业的财阀:钢铁大王;煤油大王;汽车大王。

指长于某种事情的人:足球大王;爆破大王。

dài(代)

义同"大"(dà),用于"大城、大夫、大黄、大王"。

大城:县名,在河北。

大夫:医生。

大黄:多年生草本植物,可做泻药,并有消炎、健胃等功能。也叫川军。

大王:戏曲、旧小说中对国王或强盗首领的称呼。

疸

da

疙疸(疙瘩)。

dǎn(胆)

黄疸;黑疸。

呆

dāi(待)

1.(头脑)迟钝;不灵敏。

2.脸上表情死板;发愣:发呆。

3.同"待(dāi)"。

ái(癌)

义同"呆(dāi)",专用于"呆板"。

咄

dāi(待)

叹词,突然大喝一声,使人注意(多见于早期白话)。

tāi

〈方〉说话带外地口音。

待

dāi

停留,也作呆。

dài(带)

1.对待:优待;以礼相待。

2.招待:待客。

3.等待:严阵以待;有待改进。

4.需要:自不待言。

5.要;打算:待说不说;待要上前招呼,又怕认错人。

逮

dǎi(歹)

捉:猫逮老鼠。

dài(代)

1.义同"逮(dǎi)",只用于"逮捕"。

2.到;及:力有未逮。

瘅

dān(耽)

瘅疟:中医指疟疾的一种,主要症状是发高烧,不打寒战,烦躁,口渴,呕吐等。

dàn(惮)

1.由于劳累而得的病。

2.憎恨:彰善瘅恶。

掸

dǎn(胆)

用掸子或别的东西轻轻地抽或扫,去掉灰尘等。

shàn(善)

1.我国史书上对傣族的一种称呼。

2.缅甸民族之一,大部分居住在掸邦(自治邦名)。

宣

亶

dǎn(胆)

实在;诚然。

dàn(淡)

古同"但"。

澹

dàn(淡)

安静。

tán(谭)

澹台:姓。

弹

dàn

1.(弹儿)弹子:弹丸。

2.枪弹;炮弹;炸弹。

3.同"蛋"。

tán

1.由于一物的弹性作用使另一物射出去。

2.利用机械使纤维变得松软:弹棉花。

3.一个指头被另一个指头压住,然后用力挣开,借这个力量触物使动:把帽子上的土弹去。

4.用手指、器具拨弄或敲打,使物体振动:弹钢琴;弹琵琶。

5.有弹性:弹簧。

6.抨击:讥弹;弹劾。

石

dàn(旦)

容量单位,十斗等于一石。

shí(十)

1.构成地壳的坚硬物质,是由矿物质集合而成的:花岗石;石灰石;石碑;石板;石器。

2.指石刻:金石。

3.姓。

担

dàn

1.担子:货郎担;勇挑重担。

2.重量单位,一百斤等于一担。

3.量词,用于成担的东西:一担水;两担煤。

dān(单)

1.用肩膀挑:担水。

2.担负;承当:把任务担起来;"你叫我师傅,我可担不起(不敢当)。"

dǎn(胆)

同"掸"。

当

dāng

1.相称:相当;门当户对。

2.应当:能省的就省,当用的还是得用。

3.介词。

 a.面对着;向着:当面;首当其冲。

 b.正在(那时候,那地方):当今;当场。

4.担任;充当:选他当代表。

5.承当;承受:敢作敢当;当之无愧;"我可当不起这样的夸奖。"

6.掌管;主持:当家;当权。

7.顶端:瓦当。

8.象声词,撞击金属器物的声音。

dàng(宕)

1.合宜;合适:恰当;得当;用例不当。

2.抵得上:一个人当两个人用;以一当十。

3.作为;当作:把集体的事当自己的事。

4.以为;认为:我当大家都回去了,原来还在这儿。

5.指事情发生的时间:当时;当天。

6.同一个;自己方面的:当村;当家子。

7.用实物做抵押向当铺借钱:典当。

8.押在当铺里的实物:当当;赎当。

铛

dāng

象声词,撞击金属器具的声音。

chēng(撑)

烙饼用的平底锅。

挡

dǎng(党)

1.挡住;抵挡:兵来将挡,水来土掩(用合适的方法对付)。

2.遮蔽:山高挡不住太阳。

3.(挡儿)挡子:炉挡儿。

4.排挡的简称。

5.某些仪器和测量装置用来表明光、电、热等量的等级。

dàng(荡)

摒挡(bìngdàng)：料理；收拾。

搭档(搭挡)：协作；协作的人。

叨

dāo(刀)

1.叨叨：没完没了地说；唠叨。

2.叨登：

a.翻腾：把衣服叨登出来晒晒。

b.重提旧事。

3.叨唠：〈口〉叨叨。

4.叨念：〈口〉念叨。

dáo

叨咕：小声絮叨。

tāo(滔)

受到好处：叨光；叨教。

倒

dǎo(岛)

1.(人或竖直的东西)横躺下来。

2.(事业)失败；垮台；倒闭；倒台。

3.戏剧演员的嗓子变低或变哑：他的嗓子倒了。

4.转移；转换：倒车；倒班；倒手。

5.腾挪：地方太小，倒不开身。

6.出倒：铺子倒出去了。

dào(盗)

1.上下或前后颠倒：倒影；倒数。

2.反面的；相反的：倒算；倒找钱。

3.使向相反的方向移动或颠倒：倒车。

4.反转或倾倒容器使里面的东西出来；倾倒：倒一杯茶；倒垃圾。

5.副词。

a.表示跟意料相反：

①相反的意思较明显：本想省事，没想到倒费了事；你太客气，倒显得见外了。

②相反的意思较轻微：屋子不宽绰，收拾的倒还干净(没想到)；你有什么理由，我倒要听听(我以为你没有什么可说了)；说起他来，我倒想起一件事了(你不说我不会想起这事)。

注意：①类可以改用"反倒"；②类不能。

b.表示事情不是那样，有反说的语气：你说得倒容易，可做起来并不容易。

c.表示让步：我跟他认识倒认识，就是不太熟。

d.表示催促或追问，有不耐烦的语气："你倒说呀！""你倒去不去呀？"

嘚

dē

象声词，形容马蹄踏地的声音。

dēi

(嘚儿)赶驴、骡前进的吆喝声。

得

děi

1.需要：这个工程得三个月才能完。

2.表示意志上或事实上的必要：咱们绝不能落后，得把工作赶上去；要取得好成绩，就得努力学习。

注意："得"的否定是"无须"或"不用"，不说"不得"。

3.表示揣测的必然：快下大雨了，要不快走，就得挨淋。

4.〈方〉舒服；满意：这个沙发坐着真得。

dé(德)

1.得到(跟"失"相对)：取得；得益。

2.演算产生结果：二三得六。

3.适合：得用；得体。

4.得意：扬扬自得。

5.〈口〉完成：饭得了；衣服还没有做得。

6.〈口〉用于结束谈话的时候，表示同意或禁止：得，就这么办；得了，别说了。

7.〈口〉用于情况变坏的时候，表示无可奈何：得，这一张又画坏了！

8.用在别的动词前，表示许可(多用于法令和公文)：这笔钱非经批准不得动用。

9.〈方〉用在别的动词前，表示不能这样(多用于否定式)：水渠昨天刚动手挖，没有三天不得完。

de

1.用在动词后面，表示可能：她去得，我也去得；对于帝国主义我们一步也退让不得。

注意：否定式是"不得"：哭不得，笑不得。

2.用在动词和补语中间，表示可能：拿得动；办得到；回得来；过得去。

注意：否定式是把"得"换成"不"：拿不动，办不到，回不来，过不去。

3.用在动词或形容词后面，连接表示结果或程度的补语：写得非常好，天气热得很。

注意：a."写得好"的否定式是"写得不好"。

b.动宾结构带这类补语时，要重复动词："写字写得很好"，不说"写字得很好"。

4.用在动词后面，表示动作已经完成（多用于早期白话）：出得门来。

底

de

同"的"(de)。

dǐ(抵)

1.(底儿)物体的最下部分：锅底儿；海底。

2.(底儿)事情的根源或内情：摸底儿；刨根问底。

3.底子：底本；底稿，留个底儿。

4.(年和月的)末尾：年底，月底。

5.花纹图案的衬托面：白底红花。

6.达到：终底于成；伊于胡底(到什么底部为止)？

7.姓。

的

de

1.用在定语后面。

a.定语和中心词之间是一般修饰关系：铁的纪律；幸福的生活。

b.定语和中心词之间是领属关系：我的母亲，无产阶级的党。

注意：b类的"的"也有写作"底"的。

c.定语是人名或人称代词，中心词是表示职务或身份的名词，意思是这个人担任这个职务或取得这个身份：今天开会是你的主席；谁的介绍人？

d.定语是指人的名词或人称代词，中心词和前边的动词合起来表示一种动作，意思是这个人是所说的动作的受事：开他的玩笑；找我的麻烦。

2.用来造成没有中心词的"的"字结构。

a.代替上文所说的人或物：这是我的，那才是你的；菊花开了，有红的，有黄的。

b.指某一种人或物：男的；送报的；我爱吃辣的。

c.表示某种情况："大星期天的，你怎么不出去玩玩儿？""无缘无故的，你着什么急？"

d.用跟主语相同的人称代词加"的"字作宾语，表示别的事跟这个人无关，或这事儿跟别人无关：这里用不着你，你只管睡你的去。

e."的"前后用相同的动词、形容词等，连用这样的结构，表示有这样的，有那样的：推的推、拉的拉；说的说，笑的笑；大的大，小的小。

3.用在谓语动词后面，强调这动作的实施者或时间、地点、方式等：谁买的书？他是昨天进的城；我是在车站打的票。

注意：这个用法限于过去的事情。

4.用在陈述句的末尾，表示肯定的语气：这件事儿我知道的。

5.用在两个同类的词或词组之后，表示"等等"之类的意思：破铜烂铁的，他捡来一大筐；老乡们沏茶倒水的，待我们很亲热。

6.用在两个数量词中间。

a.〈口〉表示相乘：这间屋子是五米的三米，等于十五平方米。

b.〈方〉表示相加：两个的三个，一共五个。

dī

的士，又泛指营运的车：打的。

dí(笛)

真实；实在：的确。

dì(地)

箭靶的中心：目的；无的放矢；众矢之的。

蹬

dēng(灯)

同"登"：

1.腿和脚向脚底的方向用力：蹬水车。

2.踩；踏：蹬在窗台儿上擦玻璃。

3.〈方〉穿(鞋、裤等)：蹬上长筒靴。

蹬

dèng(邓)
　　蹭蹬(cèngdèng):遭遇挫折。

澄

dèng(邓)
　　使液体里的杂质沉下去:澄清。
chéng(承)
　　1.(水)很清。
　　2.澄清:
　　a.清亮:湖水碧绿澄清。
　　b.肃清(混乱局面)。
　　c.弄清楚(认识、问题等)。

乘

chéng(承)
　　1.用交通工具或牲畜代替步行;坐:乘车;乘船。
　　2.利用(机会等):乘势;乘胜直追。
　　注意:口语里多说"趁"(chèn)。
　　3.佛教的教义:大乘;小乘;上乘。
　　4.姓。
　　5.在数与数之间或其他运算对象间进行乘法运算。
shèng(胜)
　　1.春秋时晋国的史书叫"乘",后来通称一般史书:史乘;野乘。
　　2.古代称四匹马拉的车一辆为一乘:千乘之国。

晟

chéng(成)
　　姓。
shèng(胜)
　　1.光明。
　　2.旺盛;兴盛。

盛

chéng(承)
　　1.把东西放在器具里,特指把饭菜放在碗里、盘里:盛饭。
　　2.容纳:这间屋子小,盛不了这么多东西。
shèng(胜)
　　1.兴盛;繁盛;全盛时期;桃花盛开。

　　2.强烈;旺盛:年轻气盛;火势很盛。
　　3.盛大;隆重:盛会;盛宴。
　　4.深厚:盛情;盛意。
　　5.盛行;盛传;风气很盛。
　　6.用力大;程度深:盛赞;盛夸。
　　7.姓。

裎

chéng(呈)
　　光着身子。
chěng(逞)
　　古代的一种对襟单衣。

裎

chéng(呈)

㴐

chēn(郴)
　　1.止。
　　2.善。
lín(林)
　　㴐俪:盛装的样子。

称

chèn(趁)
　　适合;相当:称体;称心。
chēng(撑)
　　1.叫;叫作:自称。
　　2.名称;简称;俗称。
　　3.说:称快;称便;连声称好。
　　4.赞扬:称许。
　　5.测量重量:把这包米称一称。
　　6.举:称觞祝寿。
chèng(秤)
　　测量物体重量的器具,同"秤"。

撑

chēng(撑)
　　同"撑"。
chèng(秤)
　　1.斜柱。
　　2.(棖儿)桌椅等腿中间的横木。

匙

匙

chí(持)
　匙子；汤匙；茶匙。

shi
　钥匙。

骀

dài(怠)
　骀荡：
　1.使人舒畅（多用来形容春天的景物）：春风骀荡。
　2.放荡。

tái(台)
　劣马：驽骀（劣马，比喻庸才）。

嘀

dī(滴)
　嘀嗒（滴答）。

dí(敌)
　嘀咕。
　1.小声说；私下里说。
　2.猜疑；犹疑。

镝

dī(滴)
　金属元素，符号Dy，是稀土元素之一。

dí(敌)
　箭头：锋镝；鸣镝。

提

tí(题)
　1.垂手拿着（有提梁、绳索之类的东西）：提壶水来，提心吊胆。
　2.使事物由下往上移：提高；提升；提神。
　3.把预定的期限往前挪：提前；提早。
　4.指出或举出：提醒；提意见；提问题。
　5.提取；提炼；提款；提货。
　6.把犯人从关押的地方带出来：提讯；提犯人。
　7.谈（起、到）：旧事重提。
　8.舀油、酒的器具：油提；酒提。
　9.汉字的笔画，即挑(tiāo)。
　10.姓。

dī(滴)
　用于以下各条。
　提防：小心防备。
　提溜：〈方〉手里提溜着一条鱼。

翟

dí(狄)
　1.古书上指长尾的野鸡。
　2.姓。

zhái(宅)
　姓。

氐

dī(底)
　根本。

dī(滴)
　1.二十八宿之一。
　2.我国古代民族，居住在今西北一带，东晋时建立过前秦（在今黄河流域）、后凉（在今西北）。

地

dì(弟)
　1.地球；地壳；天地；地层；地质。
　2.陆地；地面；地势；高地；山地；地下水。
　3.土地；田地；荒地；下地干活儿。
　4.地面：水泥地。
　5.地区；内地；外地；各地。
　6.地点；目的地；所在地。
　7.地位：易地以处。
　8.地步：预为之地。
　9.（地儿）花纹或文字的衬托面：白地红花儿的大碗；白地黑字的木牌。
　10.路程（用于里数、站数后）：二十里地；两站地。

de
　助词。表示它前边的词或词组是状语：天渐渐地凉了；合理地安排和使用劳动力；实事求是地处理问题。

杕

dì(弟)
　形容树木孤立。

duò(舵)
　同"舵"。

踮(跕)

diǎn(点)
　抬起脚后跟用脚尖站着：他人矮，得踮着脚才能看见。也作点。

爹

diē(爹)

　　跌:跌倒;降落。

钿

diàn(甸)

　　用金片做成的花朵形的装饰品,或木器上和漆器上用螺壳镶嵌的花纹:金钿;螺钿。

tián(田)

　　〈方〉

　　1.硬币:铜钿(铜钱,也泛指款子,钱财)。

　　2.钱,货币:几钿(多少钱)?

　　3.钱,费用:车钿。

佃

diàn

　　农民向地主租种土地。

tián

　　1.耕种田地。

　　2.同"畋"(tián):打猎。

鸟

diǎo

　　同"屌"(男性生殖器),旧小说中用作骂人的话。

niǎo(裊)

　　脊椎动物的一种,能飞行。

调

diào(掉)

　　1.调动;分派:对调;调职;调兵遣将。

　　2.(调儿)腔调:南腔北调。

　　3.(调儿)改调。

　　4.乐曲以什么音做 do,就叫做什么调:C 调;F 调。

　　5.(调儿)音乐上高低、长短配合的成组的音:这个调很好听。

　　6.指语音上的声调。

tiáo(条)

　　1.配合得均匀合适:风调雨顺;饮食失调。

　　2.使配合得均匀合适:调味;调配。

　　3.调解;调停;调处;调人。

　　4.挑逗;调笑;调戏。

　　5.挑拨;调词架讼(挑拨别人诉讼)。

铫

diào(吊)

　　铫子:药铫儿;沙铫儿。

yáo(姚)

　　1.古代的一种大锄。

　　2.姓。

揲

dié(蝶)

　　折叠。

shé(蛇)

　　古代用蓍草占卦时,数蓍草的数目,把它分成几份。

喋

dié

　　喋喋。说话没完了:喋喋不休。

　　喋血。血流满地(形容杀人很多)。

zhá

　　唼喋(shàzhá):形容成群的鱼、水鸟等吃东西的声音。

昳

dié

　　太阳偏西。

yì(意)

　　昳丽:容貌美丽。

丁

dīng(钉)

　　1.成年男子:成丁;壮丁。

　　2.指人口:丁口;人丁。

　　3.称从事某些职业的人:园丁。

　　4.姓。

　　5.天干的第四位。

　　6.蔬菜、肉类切成的小块:黄瓜丁;辣子炒鸡丁。

　　7.遭遇;碰到:丁忧;丁兹盛世。

zhēng(征)

　　丁丁。象形词,形容伐木、下棋、弹琴等声音:伐木丁丁;流水丁丁。

酊

dīng

　　酊剂的简称。

dǐng(顶)

酩酊(mǐngdǐng)：形容大醉。

钉

dìng(定)

1. 把钉子捶打进别的东西。
2. 用针线把袋子、纽扣等缝住：钉扣子。

dīng(丁)

1. 钉子：螺丝钉。
2. 紧跟着不放松。
3. 督促；催问："你要经常钉住他点儿，免得他忘了。"
4. 旧同"盯"。

恫

dòng(洞)

恐惧：恫恐。

tōng(通)

病痛：恫瘝(guān)在抱（把人民的疾苦放在心上）。

垌

dòng

〈方〉田地（多用于地名）：合伞垌（在贵州）；儒垌（在广东）。

tóng(同)

垌冢(zhǒng)：地名，在湖北。

峒

dòng

山洞（多用于地名）：吉峒坪（在湖南）；峒中（在广西）。

tóng

崆(kōng)峒，山名，在甘肃。又岛名，在山东。

侗

dòng

侗族。

tóng(童)

幼稚；无知。

tǒng(统)

倥侗：同"笼统"。

都

dōu(兜)

副词。

1. 表示总括，所总括的成分在前：全家都在工厂干活；他无论干什么都很带劲儿。
2. 跟"是"字合并，说明理由：都是昨天这场暴雨，害得我们耽误了一天工。
3. 表示"甚至"：你待我比亲姐姐都好；今天一点都不冷；一动都不动。
4. 表示"已经"：饭都凉了，快吃吧。

dū(督)

1. 首都：建都。
2. 大城市：都市；钢都；通都大邑。
3. 旧时某些地区县与乡之间的政权机关。
4. 姓。

斗

dǒu(抖)

1. 容量单位：十升等于一斗，十斗等于一石。
2. 量粮食的器具，容量是一斗。
3. 斗儿，形状像斗的东西：漏斗；风斗儿；烟斗。
4. 圆形的指纹。
5. 二十八宿之一，统称南斗。
6. 北斗星的简称：斗柄。

dòu(豆)

1. 对打：械斗；拳斗。
2. 斗争：斗地主。
3. 使动物斗（旧时常用来赌博）：斗牛。
4. 比赛争胜：斗智；斗嘴；斗不过他。
5. 往一块儿凑；凑在一块儿：斗眼；斗榫儿；这件小袄儿是用各色花布斗起来的。

读

dòu(豆)

语句中的停顿。古代诵读文章，分句和读，极短的停顿叫读，稍长的停顿叫句，后来把"读"写成"逗"。现在所用逗号就是取这个意义，但分别句读的标准不同。

dú(独)

1. 看着文字发出声音：朗读；宣读；读报。
2. 阅读；看（文章）；读者；默读。
3. 指上学。
4. 字的念法：读音；破读；读破。

阇

dū(督)

城门上的台。

shé(蛇)
    阇梨:高僧,泛指僧。

顿

dú(独)
    冒顿(mòdú):汉初匈奴族的单于。

dùn(顿)
    1. 稍停。
    2. 书法上指用力使笔着纸而暂不移动:一横的两头都要顿一顿。
    3. (头)叩地;(脚)踩地;顿首;顿足。
    4. 处理;安置;整顿;安顿。
    5. 立刻;忽然;顿然;顿悟。
    6. 量词,用于吃饭、斥责、劝说、打骂等行为的次数:一天三顿饭;被他说了一顿。
    7. 姓。
    8. 疲乏:劳顿;困顿。

肚

dǔ(堵)
    (肚儿)肚子:羊肚儿;拌肚丝儿。

dù(度)
    (肚儿)肚子(dùzi):
    1. 腹的通称。
    2. 物体圆而突起像肚子的部分:腿肚。

度

dù(杜)
    1. 计量长短:度量衡。
    2. 表明物质有关性质所达到的程度,如硬度、热度、浓度、湿度等。
    3. 计量单位名称:
    a. 弧或角,把圆周分为360等份所成的弧叫1度弧,1度弧所对的圆心角叫1度角。1度等于60分。
    b. 经度或者纬度,如北纬38度。
    c. 电量,1度即1千瓦小时。
    4. 程度;极度;高度的政治觉悟。
    5. 限度;劳累过度;以能熔化为度。
    6. 哲学上指一定事物保持自己质的数量界限。在这个界限内,量的增减不改变事物的质,超过这个限度,就要引起质变。
    7. 对人对事宽容的程度:度量;气度。
    8. 所打算或计较的:生死早已置之度外。
    9. 量词,次:再度声明;一年一度。
    10. 过(指时间):欢度节日;光阴没有虚度。
    11. 僧、尼、道士劝人出家。
    12. 姓。

duó(夺)
    推测;估计;揣度;测度;度德量力(衡量自己的品德能否服人,估计自己的能力能否胜任);审时度势。

耑

duān(端)
    同"端"。

zhuān(砖)
    同"专"。

敦

duì(兑)
    古代盛黍稷的器具。

dūn(吨)
    1. 诚恳:敦厚;敦促;敦聘;敦请。
    2. 姓。

镦

duì
    同"錞"。

dūn
    1. 冲压金属板,使其变形,不加热叫冷镦,加热叫热镦。
    2. 同"墩"。

沌

dùn(炖)
    混沌。

zhuàn(撰)
    沌河,水名,在湖北;沌口,地名,在湖北。

囤

dùn(盾)
    用竹篾、荆条、稻草编成的或用席箔等围成的盛粮食的器具:粮囤;大囤满,小囤流。

囤

tún(屯)
　　储存:囤货;囤粮。

楯

dùn
　　同"盾"。

shǔn(吮)
　　栏杆:桥两侧或凉台、看台等上起拦挡作用的东西。

垛

duǒ(躲)
　　垛子:城墙垛口。

duò(舵)
　　1.整齐地堆:垛好捆好。
　　2.整齐地堆起的堆:麦垛;柴火垛。

驮

duò
　　驮子:
　　a.牲口驮着的货物。
　　b.量词,用于牲口驮着的货物。

tuó(沱)
　　用背部承受物体的重量:驮运。

蛾

é(额)
　　蛾子。

yǐ(椅)
　　同"蚁"。

恶

è(厄)
　　1.很坏的行为;犯罪的事情(跟"善"相对):无恶不作;罪大恶极。
　　2.凶恶;凶狠;凶猛;恶霸;恶骂。
　　3.恶劣;坏:恶习;恶感;恶意;恶行。

ě
　　恶心:
　　a.有要呕吐的感觉。
　　b.使人厌恶。
　　c.〈方〉揭人短处,使难堪。

wū(巫)
　　1.同"乌"。

　　2.叹词,表示惊讶:恶,是何言也(啊,这是什么话)!

wù(误)
　　讨厌;憎恶(跟"好"hào 相对):好恶;深恶痛绝。

呃

è
　　表示感叹、提醒等:呃,你还在这儿!
　　呃逆:由于膈肌痉挛,急促吸气后,声门突然关闭,发出声音。通称打嗝儿。

e
　　助词,用在句末,表示赞叹或惊异的语气:"红霞映山崖呃!"

儿

ér
　　1.小孩子。
　　2.年轻的人(多指青年男子):男儿;健儿;儿女英雄。
　　3.儿子:生儿育女。
　　4.雄性的:儿马。
　　5.后缀。
　　a.名词后缀,主要有以下几种作用:
　　①表示微小:盆儿;棍儿;窟窿儿。
　　②表示词性的变化:吃儿、唱儿、逗笑儿(动词名词化);亮儿、热闹儿、零碎儿(形容词名词化)。
　　③表示具体事物抽象化:门儿、根儿、油水儿。
　　④区别不同事物,如:白面——白面儿(海洛因);老家——老家儿(父母和家中其他长辈)。
　　b.少数动词的后缀:玩儿、火儿。

ní(尼)
　　1.兒,周朝国名,在今山东滕县东南。
　　2.兒姓,同"倪"。

佴

èr(二)
　　停留;置。

nài(耐)
　　姓。

发

fā
　　1.送出;交付:发货;分发。

2. 发射：发炮；百发百中。
3. 产生：发生；发芽；发电。
4. 表达：发言；发命令。
5. 扩大；开展：发扬；发育。
6. 因得到大量的财物而兴旺：发家；暴发户。
7. 食物因发酵或水浸泡而膨胀：面发了。
8. 放散；散开：发散；挥发；蒸发。
9. 揭露；打开：发现；揭发；发掘。
10. 因变化而显现、散发：发黄；发潮；发臭。
11. 流露(感情)：发怒；发笑。
12. 感到(多指不愉快的情况)：发麻；发痒；嘴里发苦。
13. 起程：出发；朝发夕至。
14. 开始行动：发起；奋发。
15. 引起；启发：发人深省。
16. 量词(颗)，用于枪弹、炮弹：一发子弹；数百发炮弹。

fà(珐)
头发；毛发；白发；理发。

番

fān(翻)
1. 指外国或外族：番茄；番薯。
2. 量词：
   a. 种：别有一番滋味；别有一番天地。
   b. 回；次：三番五次；翻了一番(加倍)。

pān(潘)
番禺：县名，在广东。

蕃

fān
同"番"(fān)。

fán(烦)
1. 草木茂盛：蕃茂；蕃昌。
2. 繁殖：蕃息(滋生众多)。

bō(玻)
吐蕃：我国古代民族，在今青藏高原。

幡

fān
同"翻"：翻译。

fán(反)
幡帨：

a. 风吹摆动的样子。
b. 乱取。

繁

fán(凡)
1. 繁多；复杂(跟"简"相对)：纷繁；繁杂；繁星。
2. 繁殖(牲畜)：自繁自养。

pó(婆)
姓。

氾

fán(凡)
姓。

fàn(范)
同"泛"。

坊

fāng(方)
1. 里巷，多用于街巷名：白纸坊(在北京)。
2. 牌坊：形状像牌样的建筑物，旧时用来宣扬封建礼教所谓的忠孝节义的人物。

fáng(防)
小手工业者的工作场所：作坊；油坊；染坊；磨坊；粉坊；豆腐坊。

彷

fǎng(仿)
彷佛(仿佛)。
1. 似乎；好像。
2. 像；类似。

páng(旁)
彷徨。走来走去，犹疑不决，不知往哪个方向去：彷徨歧途。也作旁皇。

菲

fēi(非)
1. 形容花草美，香味浓：芳菲。
2. 碳氢化合物一类，分子式 $C_{14}H_{10}$。

fěi(匪)
1. 古书上指萝卜一类的菜。
2. 菲薄(多用于谦辞)：菲礼；菲韵；菲才。

蜚

fēi(非)
同"飞"。

fěi(匪)

古书上指一种草虫。

芾

fèi(肺)

蔽(bì)芾:形容树干树叶微小。

fú(福)

1. 草木茂盛。
2. 同"黻"。宋朝书画家米芾也作米黻(fú)。

分

fēn(芬)

1. 使整体事物变成几部分或使联在一起的事物离开(跟"合"相对):分裂;分散;分离。
2. 分配。
3. 辨别:分清敌我;不分皂白。
4. 分支;部分;分会;分局;分册。
5. 分数:约分;通分。
6. 表示分数:二分之一;百分之五。
7. (某些计量单位的)十分之一:分米;分升。
8. 计量单位名称。

　a. 长度,十厘等于一分,十分等于一寸。

　b. 地积,十厘等于一分,十分等于一亩。

　c. 重量,十厘等于一分,十分等于一钱。

　d. 货币,十分等于一角。

　e. 时间,六十秒等于一分,六十分等于一小时。

　f. 弧或角,六十秒等于一分,六十分等于一度。

　g. 经度或纬度,六十秒等于一分,六十分等于一度。

　h. 利率,年制一分按十分之一计算,月制一分按百分之一计算。

　i. (分儿)评定成绩等。

fèn(奋)

1. 成分;水分;盐分。
2. 职责和权利的限度:本分;过分;恰如其分。
3. 同"份"。
4. 料想:自分不能肩此重任。

葑

fēng(蜂)

古书上指芜菁。

fèng(奉)

古书上指一种植物的根。

冯

féng(逢)

姓。

píng(平)

1. 古时同"凭"。
2. 暴虎冯河(bào hǔ píng hé):比喻有勇无谋,冒险蛮干。暴虎:空着手打老虎;冯河:徒步涉河。

缝

féng

用针线将原来不在一起或开了口的东西连上。

fèng(奉)

1. 接合的地方:无缝钢管。
2. 缝隙:见缝插针。

佛

fó(佛)

1. 佛陀。
2. 佛教徒称修行圆满的人:立地成佛。
3. 佛教;佛家;佛老(佛和老子,也指佛教和道教)。
4. 佛像。

fú(伏)

同"拂"。

否

fǒu

1. 否定;否决;否认。
2. 表示不同意,相当于口语的"不"。
3. 用在句尾表示疑问:知其事否?
4. "是否,能否,可否"等表示"是不是,能不能,可不可"等意思。

pǐ(痞)

1. 坏;恶:否极泰来。
2. 贬斥:臧否人物(评论人物的优劣)。

夫

fū(肤)

1. 丈夫。
2. 成年男子:匹夫;一夫守关,万夫莫开。
3. 指从事某种体力劳动的人:渔夫;轿夫。
4. 旧时称服劳役的人,特指被统治阶级强迫去做苦工的人:夫役;拉夫。

fú(伏)
1.指示词。那;这:"独不见夫螳螂乎?"
2.代词。他:"使夫往而学焉。"
3.助词。
　a.用在一句话的开始:"夫战,勇气也";"夫学须志也,才须学也"。
　b.用在一句话的末尾或句中停顿的地方表示感叹:"人定胜天,信夫?""逝者如斯夫,不舍昼夜。"

莩

fú(伏)
　芦苇秆子里面的薄膜。
piǎo(瞟)
　同"殍"(piǎo)。

枹

fú
　鼓槌。
bāo(包)
　枹。枹树,落叶乔木。

服

fú(符)
1.衣裳:衣服。
2.丧服:有服在身。
3.穿(衣服):服丧。
4.吃(药):服药;内服。
5.担任(职务);承当(义务或刑罚):服役;服刑。
6.服从;信服:心服口服。
7.使信服:以理服人。
8.适应:不服水土。
9.姓。
fù(复)
　量词,用于中药;剂:五服药。

脯

fǔ(腑)
1.肉干:兔脯;鹿脯。
2.蜜饯果干:桃脯;杏脯。
pú(菩)
　指胸脯。

父

fǔ(抚)
1.老年人:田父;渔父。
2.同"甫":古代加在男子名字下面的美称,如孔丘字仲尼,也称尼甫,后来指人的表字。
3.姓。
fù(富)
1.父亲:父子;老父。
2.家族或亲戚中的长辈男子:祖父;伯父;舅父。

俛

fǔ(斧)
　同"俯"。
miǎn(免)
　俛(mǐn)俛,同"黾(mǐn)勉"。

洑

fù(赋)
　在水里游:洑过河去。
fú(伏)
1.水流回流的样子。
2.漩涡。
3.姓。

嘎

gā(咖)
　形容短促而响亮的声音。
gá(轧)
　嘎嘎(尕尕)(gága)。
1.一种儿童玩具,两头尖,中间大。也叫尕儿。
2.像尕尕的:嘎枣;嘎汤(用玉米等做的食品)。
gǎ(尕)
　同"玍"(gǎ)。
1.(方)乖僻;脾气不好。
2.调皮。

呷

gā
　呷呷,同"嘎嘎"。
xiā(瞎)
　同"喝"。

胳

gā
　胳肢窝。

胳

gē(哥)
　　胳膊;胳臂;胳膊腕子;胳膊肘子。

gé(葛)
　　胳肢:在别人身上抓挠,使发痒。

咖

gā
　　咖喱。

kā(咔)
　　咖啡;咖啡碱。

卡

kǎ
　　1.卡片:资料卡。
　　2.磁卡;银行卡。
　　3.热量单位"卡路里"的简称。
　　4.卡车。

qiǎ
　　1.夹在中间,不能活动:鱼刺卡在嗓子里。
　　2.卡子:发卡;税卡。
　　3.姓。

伽

gā
　　伽马射线。

jiā(家)
　　伽倻琴:朝鲜的弦乐器,有点像我国的筝。

qié(切)
　　1.伽蓝:佛寺。
　　2.伽南香(沉香)。

轧

gá
　　1.挤。
　　2.结交:轧朋友。
　　3.核算;查对:轧账。

yà(亚)
　　1.碾;滚压:轧棉花。
　　2.排挤;倾轧。
　　3.姓。
　　4.象形词,形容机器开动时发出的声音:机声轧轧。

zhá(札)
　　压(钢坯):轧钢。

盖

gài(丐)
　　1.器物上部有遮盖作用的东西:锅盖;茶壶盖;膝盖;天灵盖。
　　2.动物背部的甲壳:螃蟹盖;乌龟盖。
　　3.古代把伞叫盖(现在方言还有把伞叫雨盖的):华盖。
　　4.由上而下地遮掩;蒙上;遮盖:盖被子。
　　5.打上(印):盖钢印;盖图章。
　　6.超过;压倒:他的嗓门很大,把别人的声音都盖过去了。
　　7.建筑(房屋):翻盖楼房。
　　8.耧(lào)。
　　9.姓。
　　10.大概:此书之印行盖在1902年。
　　11.承上文申说理由或原因:"屈平之作《离骚》,盖自怨生也。"

gě(葛)
　　姓。

干

gān(肝)
　　1.古代指盾。
　　2.姓。
　　3.冒犯:干犯。
　　4.牵连;涉及:干连;干涉。
　　5.追求(职位、俸禄等):干禄;干进。
　　6.水边:江干;河干。
　　7.天干:干支。
　　8.没有水分或水分很少(跟"湿"相对):干燥;干柴。
　　9.不用水的:干洗;干馏法。
　　10.加工制成干的食品:饼干;葡萄干;豆腐干。
　　11.空虚;空无所有:外强中干。
　　12.只具形式的:干笑;干号。
　　13.指拜认的亲属关系:干亲;干妈;
　　14.徒然;白:干瞪眼;干打雷不下雨。
　　15.形容说话太直太粗(不委婉):你说话不要那么干,要不,他会生气的。
　　16.当面说气话或抱怨话使人难堪:我又干了他一顿。

17. 慢待；置之不理：主人走了，把咱们干起来了。

gàn(淦)
1. 事物的主体或重要部分：树干；骨干。
2. 指干部：干群关系。
3. 做(事)：实干；干活；干才。
4. 能干；有能力的：干练；干才。
5. 担任；从事：他干过队长。
5. 事情变坏；糟：要干；干了。

杆
gān
　　杆子：旗杆。
gǎn(赶)
1. 器物的像棍子的细长部分(包括中空的)：钢笔杆；秤杆；枪杆；烟袋杆。
2. 量词，用于有杆的器物：一杆秤；一杆枪。

擀(扦)
gǎn
1. 用棍棒来回碾(使东西延展变平、变薄或变得细碎)：擀面；擀毡子；擀饺子皮儿；把盐擀一擀。
2. 来回细擦：先用水把玻璃擦净，然后再擀一过儿。

hàn(汗)
扦：
　　a. 同"捍"。
　　b. 扦格。互相抵触：扦格不入。

杠
gāng(缸)
1. 桥。
2. 旗杆。
gàng
1. 较粗的棍子。
2. 锻炼身体的器械：单杠；双杠；高低杠。
3. 机床上的棍状零件：丝杠。
4. 出殡时抬送灵柩的工具。
5. 批改文字或阅读中作为标记所画的粗直线。
6. 把不通的文字或错别字用直线划去或标出。

扛
gāng(钢)
1. 用双手举(重物)：力能扛鼎。
2. 抬东西。
káng
　　用肩膀承担物体：扛枪。

钢
gāng
　　铁和碳的合金，含碳量低于1.7%。
gàng(杠)
1. 把刀放在布、皮、石头上磨，使它快些：钢刀布；把刀钢一钢。
2. 在刀口上加点儿钢，重新打造，使更锋利：这口铡刀该钢了。

岗
gǎng(港)
1. 岗子：黄土岗儿。
2. 岗子：眉毛脱了，只剩下两道肉岗儿。
3. 岗位；岗哨；站岗；门岗。
4. 职位：岗位；在岗；岗龄。
5. 姓。
gāng
　　同"冈"，较低而平的山脊。
gàng
　　岗尖：〈方〉状态词，形容极满。
　　岗口儿甜：〈方〉状态词，形容极甜。

膏
gāo
1. 脂肪；油：膏火；春雨如膏。
2. 很稠的糊状物：膏药；梨膏；牙膏；雪花膏。
gào(告)
1. 在轴承或机器等经常转动发生摩擦的部分加润滑油：膏车；赶快在轴上膏点油吧！
2. 把毛笔蘸上墨，在砚台上掭(tiàn)匀：膏笔；膏墨。

杲
gǎo(搞)
　　白。
hào(耗)
　　同"皓"。

镐
gǎo
　　刨土用的工具：十字镐。

镐

hào(昊)

周朝初年的国都,在今西安市西南。

纥

gē(鸽)

纥繨:同"疙瘩"(小土丘),多用于纱、线、织物等。

hé(何)

回纥:我国古代民族,主要分布在今鄂尔浑河流域。唐时曾建立回纥政权。也叫回鹘。

搁

gē(鸽)

1. 放。
2. 搁置。

gé(格)

禁受。

格

gē

格格:象形词。
1. 形容笑声。
2. 形容机关枪的射击声。
3. 某些鸟的叫声。也作咯咯。

gé(阁)

1. 格子:方格纸;四格儿的书架。
2. 规格:格式;品格;规格;格律;合格;别具一格。
3. 阻碍;限制:格于成例。
4. 姓。
5. 某些语言中名词(有的包括代词、形容词)的语法范畴,用词尾变化而表示它和别的词之间的语法关系。如俄语的名词、代词、形容词都有六个格。

革

gé

1. 去了毛并且加过工的兽皮:皮革;制革。
2. 姓。
3. 改变:革新;变革。
4. 开除;撤除(职务):开革;革职。

jí(及)

(病)危急。

葛

gé(格)

1. 多年生草本植物,葛根可制淀粉,也供药用,能发汗、解热。
2. 表面有花纹的纺织品,用丝做经,棉线或麻线做纬。

gě

姓。

鬲

gé(格)

1. 鬲津,水名,发源于河北,流入山东。
2. 胶鬲:殷末周初人。

lì(吏)

古代炊具,样子像鼎,足部中空。

颌

gé(格)

口。

hé(合)

构成口腔上部和下部的骨头和肌肉组织叫作颌。上部叫上颌,下部叫下颌。

蛤

gé(格)

蛤蜊、文蛤等双壳类软体动物。

há

1. 蛤蟆(虾蟆):青蛙和蟾蜍的统称。
2. 蛤蟆镜:镜片较大,略呈蛤蟆眼睛形状的太阳镜。

合

gě(舸)

1. 容量单位。十勺等于一合,十合等于一升。
2. 量粮食的器具,容量是一合,方形或圆筒形,多用木头或竹筒制成。

hé(何)

1. 闭;合拢:合上眼。
2. 结合到一起;凑到一起;共同(跟"分"相对):合办;同心合力。
3. 全:合村;合家团聚。
4. 符合:合情合理;正合心意。
5. 折合;共计:一公顷合十五市亩;这件衣服连工带料合多少钱?
6. 应当;应该;理合声明。

7.量词,旧小说中指交战的回合。
8.在太阳系中,当行星运行到与太阳、地球成一直线,并且地球不在太阳与该行星之间的位置时,叫作合。
9.姓。
10.我国民族音阶上的一级,乐谱上用作记音符号,相当于简谱的"5"。

个

gě(葛)
自个儿(自各儿):自己。

gè
1.量词。
a.用于没有专用量词的名词(有些名词除了用专用量词之外也用"个"):三个苹果;一个理想;两个星期。
b.用于约数的前面:哥儿俩也不差个两三岁。
c.用于带宾语的动词后面,有表示动词的作用(原来不能用"个"的地方也用"个"):见个面儿;说个话儿。
d.用于动词和补语的中间,使补语略带宾语的性质(有时跟"得"连用):吃个饱;玩个痛快;笑个不停;雨下个不停;学了个八九不离十;扫得个干干净净。
2.单独的:个别;个人;个体。
3.量词"些"的后缀:那些个花儿;这么些个书哪看得完;有一些个鼓舞人的消息。
4.加在"昨儿、今儿、明儿"等时间词后面,跟"某日里"的意思相近。

各

gè
1.指示词。
a.表示不止一个:世界各国;各位来宾。
b.表示不止一个并且彼此不同:各种原材料都备齐了;各人回各人的家。
2.副词,表示不止一人或一物同做某事或同有某种属性:左右各有一扇门;三种办法各有优点,也各有缺点;双方各执一词。

gě
特别(含贬义):这个人很各。

gè
触着突起的东西觉得不舒服或受到损伤:硌牙;褥子没铺平,躺在上面硌得难受。

luò(洛)
山上的大石。

给

gěi
1.使对方得到某些东西或某种遭遇:叔叔给他一支笔;杭州给我的印象很好;给敌人一个沉重打击。
2.用在动词后面,表示交与,付出:送给他;贡献给祖国。
注意:动词本身有给予意义的,后面可以用"给",也可以不用"给";本身没有给予意义的,后面必须用"给",如:送(给)我一支笔;捎给他一个包裹;留给你钥匙。
3.为(wèi):他给我们当翻译;医生给他们种牛痘。
4.引进动作的对象,跟"向"相同:小朋友给老师行礼。
注意:这种用法,普通话有一定限制,有的说法方言里有,普通话里没有,如:"车走远了,她还在给我们招手",应该用"向"或"跟"。
5.叫;让。
a.表示是对方做某件事:队里拨出一块地来给他们做试验。
b.表示容许对方做某种动作:那封信他收着不给看。
c.表示某种遭遇:羊给狼吃了。
6.助词,直接用在表示被动、处置等意思的句子的谓语动词前面,以加强语气:裤腿都叫露水给湿透了;弟子把花瓶给打了;我记性很不好,保不住就给忘了。

jǐ(己)
给水,给养,给予。
1.供给;供应:补给;自给自足。
2.家裕充足:家给户足。

艮

gěn
1.(性子)直;(说话)生硬:这个人真艮;他说的

话太艮。
2.(食物)坚韧而不脆:发艮;艮萝卜不好吃。

gèn(亘)
1.(空间上或时间上)延续不断:横亘;绵亘;亘古未有(从古到今所没有)。
2.八卦之一,卦形是"☷",代表山。
3.姓。

更

gēng(庚)
1.改变;改换:变更;更改;除旧更新。
2.经历:少不更事。
3.旧时一夜分五更,每更大约两小时:打更;三更半夜。

gèng
1.更加:刮了一夜北风,天更冷了。
2.再;又:更上一层楼。

颈

gěng(梗)
脖子。
脖颈(脖梗):脖子的后部。

jǐng(井)
1.颈项:长颈鹿;曲颈甑(zèng)。
2.器物上像脖子的部分:瓶颈。

红

gōng(功)
女红(女工):就是指女子所做的纺织、缝纫、刺绣等工作和这些工作的成品。

hóng(虹)
1.像鲜血和石榴花的颜色。
2.象征喜庆的红布:披红;挂红。
3.象征顺利、成功或者受人重视、欢迎:红色;开门红;满门红。
4.象征革命或政治觉悟高:红军;红五月;又红又紫。
5.红利:分红。

供

gōng(公)
1.供给;供应:供不应求。
2.提供某种利用的条件(给对方利用):供读者参考;供旅客休息。

gòng(共)
1.把香烛等放在神佛或先辈的像(或牌位)前面表示敬奉;祭祀时摆设祭品:遗像前供着鲜花。
2.陈列着表示虔敬的东西:供品;蜜供;上供。
3.受审者陈述案情:供认。
4.口供;供词:问不出供来。

唝

gòng
唝吥(bù):柬埔寨地名。

hǒng(哄)
罗唝曲:词牌名。

句

gōu(沟)
高句丽:古国名。又人名用字,句践。

jù(巨)
1.句子:语句;词句;造句。
2.量词,用于语言:三句话不离本行;写了两句诗。

据

jù(剧)
1.占据;盘踞;据为己有。
2.凭借;依靠:据点;据险固守。
3.按照;依据:据理力争;据实报告。
4.可以用作证明的事务:凭借;证据;收据;字据;单据;论据;票据;契据;事出有因,查无实据。

jū(狙)
拮据。缺少钱,境况窘迫:手头拮据。

勾

gōu(沟)
1.用笔画出钩型符号,表示删除或截取:勾销。
2.(腰或手)弯曲成钩形:勾着腰;勾着手。
3.画出形象的边缘;描画:用铅笔勾一个轮廓。
4.用灰、水泥等涂抹砖石建筑物的缝:勾墙缝。
5.调和使黏:勾芡。
6.招引;引:勾引;这件事勾起了我的回忆。
7.结合:勾搭;勾通。
8.姓。
9.我国古代称不等腰直角三角形中较短的直角边。

gòu(够)
　　姓。

枸

gǒu(苟)
　　枸杞:中药,有滋补作用。

gōu(勾)
　　枸橘。

jǔ(举)
　　枸橼(yuán)。
　　1.常绿小乔木或大灌木,供观赏,果皮可入药。
　　2.这种植物的果实。亦称"香橼"。

毂

gū(辜)
　　毂辘,同"轱辘"。

gǔ(股)
　　车轮的中心部分。

蛄

gū
　　蟪蛄:蝉的一种。

gǔ
　　蝲蛄:甲壳动物。

估

gū
　　估计:揣测。

gù(故)
　　估衣:出售的旧衣物或原料较次、加工较粗的新衣服。

骨

gū
　　骨朵儿:没有开放的花朵。
　　骨碌:滚动。

gǔ(古)
　　1.骨头。
　　2.比喻在物体内部支撑的架子:钢骨水泥;船的龙骨。
　　3.品质;气概:骨气;媚骨;傲骨;侠骨;仙风道骨。

呱

gū(菇)
　　呱呱。小儿哭声:呱呱而泣。

guā(瓜)
　　1.葫芦科植物,果实可吃。
　　2.这种植物的果实。

guǎ(剐)
　　拉呱儿:闲谈。

冠

guān(官)
　　1.帽子:怒发冲冠。
　　2.形状像帽子或在顶上的东西:鸡冠;树冠。

guàn(贯)
　　1.把帽子戴在头上。
　　2.在前面加上某种名号或文字。
　　3.居第一位:冠军。
　　4.姓。

莞

guān(关)
　　指水葱一类的植物。

guǎn(管)
　　东莞:市名,在广东。

wǎn(皖)
　　莞尔:形容微笑。不觉莞尔;莞尔而笑。

观

guān(关)
　　1.看:走马观花;坐井观天。
　　2.景象或样子:奇观;改观。
　　3.对事物的认识或看法:乐观;悲观;世界观。

guàn(灌)
　　1.道教的庙宇:白云观。
　　2.姓。

矜

guān(关)
　　1.同"鳏"。
　　2.同"瘝"。

jīn(津)
　　1.怜悯:矜怜。
　　2.自尊自大;自夸:毫无骄矜之气。
　　3.慎重;拘谨:矜持。

qín(秦)
　　古代指矛戟等的柄。

给

纶

guān（关）

纶巾：古代配有青丝带的头巾。

lún（轮）

1. 青丝带子。
2. 钓鱼用的丝线。
3. 指某些合成纤维：锦纶；涤纶。

桄

guāng（光）

桄榔。
1. 常绿乔木。
2. 这种植物的果实。

guàng（逛）

1. 把线绕在桄子上：把线桄上。
2. 在桄子或拐子上绕好后取下来的成圈的线：线桄。
3. 量词，用于线：一桄线。

廆

guī（龟）

廆山：古山名。

wěi（伟）

用于人名：慕容廆，西晋末年鲜卑族的首领。

龟

guī

一种爬行动物：乌龟；海龟。

jūn（军）

龟裂。
1. 同"皲（jūn）裂"。
2. 裂开许多缝子，呈现出许多裂纹：天久不雨，田地龟裂。

qiū（秋）

龟兹，古代西域国名，在今新疆库车县一带。

氿

guǐ（轨）

氿泉，从侧面喷出的泉。

jiǔ（久）

东氿，西氿，湖名，都在江苏宜兴。

柜

guì（贵）

1. 收藏衣物、文件等用的器具：衣柜；碗柜；书柜。
2. 柜房，也指商店：现款都交柜了。

jǔ（举）

柜柳。

宄

guǐ（贵）

姓。

jiǒng（窘）

日光。

炔

guì（贵）

姓。

quē（缺）

有机化合物的一类，是分子中含有一个三键的不饱和的烃类。这类化合物分子中的氢原子较烯更缺乏，例如，乙炔 C_2H_2。

桧

guì

常绿乔木，圆柏，也叫刺柏。

huì（卉）

用于人名：秦桧，南宋奸臣。

过

guō（锅）

姓。

guò

1. 从一个地点或时间移到另一个地点或时间：过来；过去；过河；过年过节。
2. 从甲方转移到乙方：过户；过账。
3. 使经过（某种处理）：过罗；过筛子；过滤；过油肉。
4. 超过（某个范围和限度）：过分；过期；过犹不及。
5. 分子结构中有过氧基（—O—O—）结构的：过硫酸根（SO_5^-）；过氧化氢（H_2O_2）。
6. 过失（跟"功"相对）：过错；记过。
7. 用在动词加"得"的后面，表示胜过或通过的意思：一台拖拉机抵得过几十个人；我完全信得过他。

guo

1. 用于动词后，表示完毕：吃过饭再走；杏花和碧桃都已经开过了。

　　2.用于动词后,表示某种行为或变化曾经发生,但未继续到现在:他去年来过北京;我们吃过亏,上过当,有了经验了。

哈

hā
　　1.张口呼气:哈了一口气。
　　2.象声词,形容笑声(大多叠用):哈哈大笑。
　　3.叹词,表示得意或满意(大多叠用):"哈哈,我猜着了。"

hǎ
　　1.〈方〉斥责:哈他一顿。
　　2.姓。

hà
　　1.哈巴:走路时两膝向外弯曲。
　　2.哈什蚂:蛙的一种,雌性的腹内有脂肪状物质,叫哈什蚂油,中医用作强壮剂。哈什蚂是我国特产之一,主要产于东北各省。

虾

há
　　虾蟆(蛤蟆):青蛙和蟾蜍的统称。

xiā
　　节肢动物:青虾;龙虾;对虾。

奤

hǎ
　　奤夿屯(hǎbātún):地名,在北京市。

tǎi
　　呔:〈方〉说话带外地口音。

嗨

hāi(咳)
　　嗨哟:叹词,做体力劳动(大多集体操作)时呼喊的声音:"加油干呐,嗨哟!"

hēi(黑)
　　同"嘿",叹词。

咳

hāi(嗨)
　　叹词。表示伤感、后悔或惊异:"咳!我怎么这么糊涂!""咳!真有这种怪事儿!"

ké(壳)
　　咳嗽:百日咳。

还

hái(孩)
　　副词。
　　1.表示现象继续存在或动作继续进行;仍旧:半夜了,他还在工作。
　　2.表示在某种程度上有所增加或在某种范围之外有所补充:今天比昨天还冷。
　　3.用在形容词前,表示程度上过得去,一般是往好的方面说的:屋子不大,收拾得倒还干净。
　　4.用在上半句话里,表示陪衬,下半句进而推论,多用反问的语气:尚且:你还搬不动,何况我呢?
　　5.表示对某种事物,没想到如此,而居然如此:他还真有办法。
　　6.表示早已如此:还在几年前,我们就研究了这个方案。

huán(桓)
　　1.返回原来的地方或恢复原来的状态:还家;还乡;还原;还俗。
　　2.归还:偿还。
　　3.回报别人对自己的行动:还嘴;还手;还击;还价;还礼;以牙还牙;以眼还眼。
　　4.姓。

汗

hán(含)
　　可汗的简称。

hàn(旱)
　　人或高等动物从皮肤排泄出来的液体,是皮肤散热的主要方式。

吭

háng(杭)
　　喉咙:引吭高歌。

kēng(坑)
　　吭声。

行

háng(杭)
　　1.行列:杨柳成行。
　　2.排行:"您行几?""我行三。"
　　3.行业:内行;同行;在行;懂行;改行;各行各业;干一行,爱一行。
　　4.某些营业机构:商行;银行。

5.量词,用于成行的东西:一行字;四行诗句;几行冬青树;两行眼泪。

háng(沆)

树行子:排成行列的树木;小树林。

héng(衡)

道行:僧道修行的功夫,比喻技能本领。

xíng(形)

1.走:行车;行船;步行;人行道;日行千里。
2.古代指道路:"千里之行,始于足下。"
3.跟旅行有关的:行装;行程;行踪。
4.流动性的;临时性的:行营;行灶;行商。
5.流通;推行:行销;发行;风行一时。
6.做;办;举行;执行;实行:行医;行礼;行窃;行不通;行之有效。
7.表示进行某项活动(多用于双音动词前):另行通知;即行查复。
8.(旧读 xìng)行为:品行;言行;罪行;兽行。
9.可以。
10.能干。
11.将要:行将;行及半岁。
12.吃了药之后使药性发散,发挥效力:行药。
13.姓。

号

háo(毫)

1.拖长声音大声叫唤:呼号;号叫;北风怒号。
2.大声哭:哀号。

hào(耗)

1.名称:国号;年号。
2.原指名和字以外另起的别号,后来也指名以外另起的字:苏轼字子瞻,号东坡;孔明是诸葛亮的号。
3.商店:商号;银号;分号;宝号。
4.标志;信号;记号;问号;加减号;暗号;击掌为号。
5.排定的次第;挂号;编号。
6.表示等级:大号;中号;小号;五号铅字。
7.表示次序(多放在数字后)。
 a.一般的:第三号简报;门牌二号。
 b.特指一个月里的日子:5月4号是中国青年节。
8.量词。

 a.用于人数:今天有一百多号人出工。
 b.用于成交的次数:一会儿工夫就做好几号买卖。
9.标上记号:号房子;把这些东西都号一号。
10.切(脉搏):号脉。
11.号令:发号施令。
12.号角。
13.军队或乐队里所用的西式喇叭。
14.〈方〉用号吹出的表示一定意义的声音:起床号;集合号;冲锋号。
15.姓。

巷

hàng(沆)

巷道。

xiàng(项)

1.较窄的街道:深巷;陋巷;一条小巷;街头巷尾;街谈巷议。
2.姓。

好

hǎo

1.优点多的;使人满意的(跟"坏"相对):好人;好事;好东西。
2.用在动词前,表示使人满意的性质在哪方面:好看;好听;好吃。
3.友爱;和睦:友好。
4.(身体)健康;(疾病)痊愈。
5.用于套语:好睡;您好走。
6.用在动词后头,表示完成或达到完善的地步:计划订好了;坐好吧,要开会了。
7.表示赞许、同意或结束等语气。
8.反话,表示不满意:好,这下可麻烦了。
9.容易:这个问题很好回答。
10.便于:地整平了,好种庄稼。
11.应该;可以:"我好进来吗?"
12.用在数量词、时间词前面,表示多或久:好多;好久;好几个人;好一会儿;好大半天。
13.用在形容词、动词前,表示程度深,并带感叹语气:好冷;好香;好漂亮;好面熟;好大的工程。
14.〈方〉用在形容词前面问数量或程度,用法跟"多"相同:哈尔滨离北京好远?

hào(皓)
1.喜爱(跟"恶"wù相对):嗜好;好学。
2.常容易(发生某种事情):刚会骑车的人好摔跤。

喝
hē
1.把液体咽下去:喝水;喝茶;喝酒;喝风。
2.特指喝酒:爱喝;喝醉了。
3.同"嗬"。

hè(赫)
大声喊叫:吆喝;喝问;大喝一声。

核
hé(劾)
1.核果中心的坚硬部分,里面有果仁:桃核;杏核。
2.物体中像核的部分,如细胞核、矿物结晶的中心部分等。
3.指原子核、核能、核武器等:核装置;核讹诈。
4.仔细地对照考察:审核;核算;核实;核准。

hú(葫)
核儿:用于某些口语词,如梨核儿、煤核儿、冰核儿。

荷
hé(何)
1.莲。
2.指荷兰。

hè(褐)
1.背(bēi)或扛:荷锄;荷枪实弹。
2.负担:肩负重荷。
3.承受恩惠(多用于书信里表示客气):感荷;为荷。

吓(嚇)
hè
1.恐吓;恫吓。
2.叹词,表示不满:"吓,怎么能这样呢?"

xià(下)
使害怕:吓了一跳。

和
hè
1.和谐地跟着唱:曲高和寡;一唱百和。

2.依照别人的诗词的题材和体裁作诗词:奉和一首。

hé(禾)
1.平和;和缓:温和;柔和;和颜悦色。
2.和谐;和睦:和衷共济;弟兄不和。
3.结束战争或争执:讲和;媾和。
4.(下棋或赛球)不分胜负:和棋;和局。
5.姓。
6.连带:和衣而卧(不脱衣服睡觉)。
7.介词,表示相关、比较等:柜台和我一样高。
8.连词,表示联合,跟;与:工人和农民都是国家的主人。
9.和数:两数之和。
10.指日本(日本古代叫作"倭国","和"就是"倭")。

hú
打麻将或斗纸牌时某一家的牌合乎规定的要求,取得胜利。

huó
在粉状物中加液体搅拌或揉弄使有黏性:和面;和泥。

huò
1.动词。把粉状或粒状物掺和在一起,或加水搅拌使成较稀的东西:和药。
2.量词。用于洗东西换水的次数或一剂药煎的次数:衣裳洗了三和;三和药。

哼
hēng
1.鼻子发出的声:痛得哼了几声。
2.低声唱或吟哦:这几首是在马背上哼出来的。

hng
(h跟单纯的舌根鼻音拼合的音)表示不满意或不相信:"哼,你信他的!"

貉
hé(盒)
哺乳动物,是一种重要的毛皮兽,通称貉子,也叫狸。

háo(毫)
义同"貉(hé)",专用于"貉绒,貉子"。

mò(貊)
　　同"貊":我国古代称东北方的民族。

哼
hēng(亨)
　　叹词,表示禁止。
hèng
　　发狠的声音。

横
héng
　　1.跟地面平行的(跟"竖、直"相对):横额;横梁。
　　2.地理上东西向的(跟"纵"相对):黄河横贯本省。
　　3.从左到右或从右到左的(跟"竖、直、纵"相对):横写;一队飞机横过我们的头顶。
　　4.跟物体的长的一边垂直的(跟"竖、直、纵"相对):横剖面;人行横道。
　　5.使物体成横向:把扁担横过来。
　　6.纵横杂乱:蔓草横生;老泪纵横。
　　7.蛮横;凶恶;横加阻拦;横行霸道。
　　注意:与"横(hèng)"义相近,但只用于成语或文言词中。
　　8.(横儿)汉字的笔画,平的由左至右,形状是"一"。
　　9.〈方〉横竖;反正:我横不那么办;事情是你干的,我横没问过。
　　10.〈方〉横是:今天下雨,他横是不来了。
hèng
　　1.粗暴;凶暴;蛮横;强横;横话。
　　2.不吉利的;意外的:横事;横祸。

夯
hāng
　　1.砸实地基用的工具或机械:打夯。
　　2.用夯砸:夯实;夯地;夯土(夯过的土)。
　　3.〈方〉用力打:举起拳头向下夯。
　　4.〈方〉用力扛。
bèn(笨)
　　同"笨"。

哄
hōng(烘)
　　1.拟声词,形容许多人的大笑声或喧哗声。
　　2.许多人同时发出声音:哄传。
hǒng
　　1.哄骗。
　　2.用言语或行动引人高兴,特指看小孩儿,或带小孩儿。
hòng
　　吵闹;开玩笑;起哄;一哄而散。

虹
hóng(红)
　　大气中一种光的现象,也叫彩虹。
jiàng(降)
　　〈口〉义同"虹",限于单用。

蕻
hóng
　　雪里蕻。
hòng
　　1.茂盛。
　　2.(方)某些蔬菜的长茎:菜蕻。

侯
hóu(喉)
　　1.封建五等爵位的第二等:侯爵;公侯。
　　2.泛指达官贵人:侯门如海。
hòu(厚)
　　闽侯:县名,在福建。

糊
hū(呼)
　　用较浓的糊状物涂抹缝子、窟窿或平面:糊上一层泥。
hú(胡)
　　1.用黏性物把纸、布等粘起来或粘在别的器物上:糊信封;糊墙;糊顶棚;糊风筝;
　　2.同"煳":食品经火变焦发黑;衣服等经火变黄变黑。
hù(户)
　　样子像粥的食物:面糊;辣椒糊。

鹘
hú(胡)
　　隼(sǔn,损):鸟类的一种,飞得很快,善于袭击其他鸟类。

gǔ(谷)
鹄鹔(gǔzhōu):古书上说的一种鸟。

鹄

hú(胡)
天鹅。

gǔ(古)
射箭的目标;箭靶子;中鹄。

浒

hǔ(虎)
水边。

xǔ(许)
浒墅关:地名,在江苏。
浒湾:地名,在江西。

楛

hù
古书上指荆一类的植物,茎可制箭杆。

kǔ(苦)
粗劣;不坚固;不精致。

化

huā
同"花"。

huà(话)
1. 变化;使变化;化名;化装;顽固不化;泥古不化;化整为零;化险为夷。
2. 感化;教化;潜移默化。
3. 熔化;融化;化冻;化铁炉。
4. 消化;消除;化食;化痰止咳;食古不化。
5. 烧化;焚化;火化。
6. (僧道)死:坐化;羽化。
7. 化学的简称:理化;化工;化肥。
8. 后缀,加在名词或形容词之后构成动词,表示转变成某种性质或状态:绿化;美化;恶化;电气化;机械化;水利化。
9. (僧道)向人求布施:募化;化缘;化斋。
10. 姓。

哗

huā(花)
象声词:流水哗哗地响。

huá(华)
喧哗;喧闹;哗然;哗笑;哗变;寂静无哗。

豁

huá
豁拳:划拳。

huō
1. 裂开:豁了一个口子;纽襻儿豁了。
2. 狠心付出很高的代价;舍弃:豁出三天工夫也要把它做好。

huò(祸)
1. 开阔;开通;通达:豁然;豁达;显豁。
2. 免除:豁免。

划

huá(华)
1. 拨水前进:划船;划桨。
2. 合算:划得来;划得着。
3. 用尖锐的东西把别的东西分开或在表面上划过去、擦过去:划玻璃;划根火柴;手上划了一个口子。

huà(画)
1. 划分;划界。
2. 划拨;划付;划款;划账。
3. 计划;筹划;策划。
4. 同"画"。

华

huá
1. 光彩;光辉:华美;华丽;华灯;光华。
2. 出现在太阳或月亮周围的带颜色的光环,有光线透过云层中的小水滴或冰粒时发生衍射而形成:日华;月华。
3. 繁盛:繁华;荣华。
4. 精华:英华;才华。
5. 奢侈:浮华;奢华。
6. (头发)花白:华发。
7. 敬辞,用于跟对方有关的事物:华翰(称人书信);华宗(称人同姓);华诞(称人生日)。
8. 〈古〉又称"花",春华秋实。
9. 泉水中的矿物由于沉积而形成的物质:钙华;砂华。
10. 指中国:华夏。

11. 汉(语):华俄词典。
12. 姓(应读 huà,近年也有读 huá 的)。

huà(话)
1. 华山:山名,在陕西。
2. 姓。

辕

huán(环)
辕辕(yuán),关名,在河南辕辕山。

huàn(患)
古代用车分裂人体的一种酷刑。

圜

huán
转圜。
1. 挽回。
2. 从中调停。

yuán(元)
同"圆"。

郇

huán(环)
姓。

xún(旬)
1. 周朝国名,在今山西省临猗县西。
2. 姓。

晃

huǎng(谎)
1. (光芒)闪耀:太阳晃得眼睛睁不开。
2. 很快地闪过:虚晃一刀;窗外有个人影一晃就不见了。

huàng
1. 摇动;摆动:摇头晃脑。
2. 晃县,旧县名,在湖南。

珲

huī(灰)
瑷珲:县名,在黑龙江。

hún(魂)
珲春,地名,在吉林。

虺

huī
虺尵(tuí)、虺隤(tuí):疲劳生病(多用于马)。

huǐ(悔)
古书上说的一种毒蛇。

徊

huí(回)
低回(低徊)。
1. 徘徊(huái)。
2. 留恋。

huái(淮)
徘徊。
1. 在一个地方来回地走。
2. 比喻犹豫不决。

哕

huì(卉)
鸟鸣声。

yuě
1. 象声词,呕吐时嘴里发出的声音。
2. 呕吐:干哕(要呕吐而吐不出)。

会

huì(卉)
1. 聚合;合在一起:会合;会齐;会诊;会审。
2. 见面:会见;会面;会客。
3. 有一定目的的集会:晚会;舞会;开会;报告会。
4. 某些团体:工会;妇女联合会。
5. 庙会:赶会。
6. 民间朝山进香或酬神求年成时所组织的集会迷信活动,如香会、迎神赛会等。
7. 民间一种小规模经济互助组织,入会成员按期平均交款,分期轮流使用。
8. 主要的城市:都会;省会。
9. 时机;机会:适逢其会;恰巧;正好:会有客来。
10. 理解;懂得:体会;误会;心领神会;只可意会,不可言传。
11. 熟悉;通晓:会英文;会两出京戏。
12. 表示懂得怎样做或有能力做(多半指需要学习的事情):我不会溜冰。
13. 表示擅长:能说会道。
14. 表示有可能实现:他不会不来。
15. 付账:我会过了。

16.会儿。指很短的一段时间:一会儿;这会儿;等会儿;用不了多大一会儿。

kuài(快)

　　总计:会计。

荤

hūn(昏)

　　1.指鸡鸭鱼肉等食物(跟"素"相对):荤菜;三荤一素。

　　2.佛教徒称葱蒜等有特殊气味的菜:五荤。

xūn(勋)

　　荤粥(yù)(獯鬻 xūnyù):我国古代北方的一个民族。

混

hún(浑)

　　同"浑"。

　　1.浑浊。

　　2.糊涂。

hùn(浑)

　　1.掺杂:混合;混为一谈。

　　2.蒙混:混充;鱼目混珠。

　　3.苟且地生活:混日子;混了半辈子。

　　4.胡乱:混出主意。

嚄

huō(豁)

　　叹词,表示惊讶:"嚄!好大的鱼!"

huò(祸)

　　1.大呼;大笑。

　　2.叹词,表示惊讶。

ǒ

　　叹词,表示惊讶。

期

jī(基)

　　一周年;一整月:期年;期月。

qī(七)

　　1.预定的时日:定期;限期;到期;过期。

　　2.一段时间:学期;假期;潜伏期。

　　3.量词,用于分期的事物。

　　4.约定时日:不期而遇。

　　5.等候所约的人,泛指等待或盼望:期待;期望。

缉

jī(鸡)

　　缉拿;缉私;通缉。

qī(妻)

　　缝纫方法,用相连的针脚密密地缝:缉边儿;缉鞋口。

奇

jī(基)

　　1.单的,不成对的(跟"偶"相对):奇数;奇偶。

　　2.零数:五十有奇。

qí(岐)

　　1.罕见的;特殊的;非常的:奇事;奇闻;奇志;奇勋;奇耻大辱。

　　2.出人意料的;令人难测的:奇兵;奇袭;出奇制胜。

　　3.惊异:惊奇;不足为奇。

　　4.姓。

几

jī(羁)

　　1.几儿。小桌子:茶几儿;窗明几净。

　　2.几乎,近乎:歼灭敌军,几三千人。

jǐ(挤)

　　1.询问数目(估计数目不太大):来了几个人?你在家能住几天?

　　2.表示大于一而小于十的不定的数目:几本书;十几岁;有几人。

脊

jī(吉)

　　义同"脊(jǐ)",用于"脊梁""脊檩"。

jǐ(挤)

　　1.人或动物背上中间的骨头:脊柱;脊髓;脊椎。

　　2.物体上形状像脊柱的部分:山脊;屋脊;书脊。

诘

jí(吉)

　　诘屈聱(áo)牙,同"佶屈聱牙":(文章)读起来不顺口(佶屈:曲折;聱牙:拗口)。

jié(洁)

　　诘问:盘诘;反诘。

藉

jí

　　1.〈书〉践踏;污辱。

　　2.姓。

jiè(介)

　　1.垫在下面的东西。

　　2.垫;衬:枕藉。

　　3.同"借":假托;凭借,利用;引进动作行为所利用或凭借的时机、事物等。

亟

jí(即)

　　急迫地:亟待解决;亟须纠正。

qì(气)

　　屡次:亟来问讯。

纪

jǐ(挤)

　　姓(近年也有读 jì 的)。

jì(计)

　　1.纪律:军纪;风纪;违法乱纪。

　　2.义同"记",主要用于"纪念、纪年、纪元、纪传"等,别的地方用"记"。

　　3.古时以十二年为一纪,今指更长的时间:世纪;中世纪。

　　4.地质年代分期的第二级。

济

jǐ(寂)

　　1.过河;渡。同舟共济。

　　2.救;救济;接济;缓不济急。

　　3.(对事情)有益;成:无济于事。

jǐ(挤)

　　济水,古水名,发源于今河南,流经山东入渤海。现在黄河下游的河道就是原来济水的河道。今河南济源,山东济南、济宁、济阳,都从济水得名。

齐

jǐ(寂)

　　1.调味品。

　　2.合金(此义今多读 qí)。

qí(其)

　　1.整齐。

　　2.达到同样的高度:水涨得齐了岸。

　　3.同样;一致:齐名;人心齐,泰山移。

　　4.一块儿;同时:百花齐放,并驾齐驱。

　　5.完备;全:东西预备齐了;人还没有来齐。

　　6.跟某一点或某一直线取齐:齐着边儿画一道线。

　　7.(旧读 jì)指合金:锰镍铜齐。

　　8.周朝国名,在今山东北部和河北东南部。

　　9.指南齐。

　　10.指北齐。

　　11.唐宋农民起义军领袖黄巢所建国号。

　　12.姓。

荠

jì(季)

　　指荠菜:其甘如荠。

qí(祁)

　　荸荠。

　　1.多年生草本植物,通常栽培在水田里。

　　2.这种植物的地下茎,有的地区叫地梨或地栗。

偈

jì

　　佛经中的唱词(佛陀之省,梵颂)。

jié(结)

　　勇武。

祭

jì(季)

　　1.祭祀:祭坛;祭祖宗。

　　2.祭奠:公祭死难烈士。

　　3.使用(法宝)。

zhài(寨)

　　姓。

系

jì(际)

　　打结;扣;系鞋带;系着围裙。

xì(隙)

　　1.系统;派系;水系;语系;世系;直系亲属。

　　2.高等学校中按学科所分的教学行政单位:哲

学系;电子系。

3.地层系统分类的第二级,小于界,相当于地质年代的纪。

4.联结:联系(多用于抽象事物);维系;名誉所系;观瞻所系;成败系于此举。

5.牵挂;系恋;系念。

6.把人或东西捆住后往上提或往下送:把窖里的白薯系上来。

7.拴;绑;系马;系缚。

8.拘禁;系狱。

9.是:鲁迅系浙江绍兴人;确系实情。

家

jiā

1.家庭;人家。

2.家庭的住所:我的家在东北。

3.借指部队或机关中某个成员工作的处所:"我找到营部,刚好营长不在家。"

4.经营某种行业的人家或具有某种身份的人:农家;厂家;渔家;东家;行家。

5.掌握某种专业学识或从事某种专门活动的人:水稻专家;科学家。

6.学术流派;儒家;法家;百家争鸣;一家之言。

7.谦辞,用于对别人称自己的辈分高或年纪大的亲属:家父;家母;家兄。

8.饲养的(跟"野"相对);家畜;家禽;家兔。

9.饲养后驯服:这只小鸟已经养家了,放了它也不会飞走。

10.量词,用来计算家庭或企业:一家人家;两家饭馆;三家商店。

11.姓。

jia

后缀。

1.用在某些名词后面,表示属于那一类人:女人家;孩子家;姑娘家;学生家。

2.用在男人的名字或排行后面,指他的妻子:秋生家;老三家。

jie

同"价",如整天家、成年家。

茄

jiā(加)

雪茄。

qié

茄子。

夹

jiá(荚)

双层的(衣被等);夹袄;夹被。

jiā(家)

1.从两个相对的方面加压力,使物体固定不动。

2.夹在胳膊底下:夹着书包。

3.夹杂;掺杂;夹在人群里;风里夹着雨声。

4.夹子;卷夹。

gā

夹肢窝(胳肢窝)。

贾

jiǎ

姓。古又同"价"。

gǔ(古)

1.商人(古时候"贾"指坐商,"商"指行商):商贾;书贾。

2.做买卖:多财善贾。

3.买。

4.招致;招引;贾祸。

5.卖;余勇可贾。

假

jiǎ(甲)

1.虚伪的,不真实的;伪造的;人造的(跟"真"相对):假话;假发;假山;假证件;假仁假义。

2.假定;假设;假说。

3.假如;假若;假使。

4.借用:久假不归(长期借去不还);不假思索(用不着想)。

5.姓。

jià(价)

按照规定或经过批准暂时不工作或不学习的时间:请假;暑假;病假。

价

jià(嫁)

1.价格:物价;物美价廉。

2.价值:等价交换。

3.化合价;氢是一价的元素。

4. 姓。

jiè(介)
称被派遣传送东西或传达事情的人。

jie
1. 〈方〉助词,用在否定副词后面加强语气:不价;甭价;别价。
注意:跟否定副词单独成句,后面不再跟别的成分。
2. 某些副词的后缀:成天价忙;震天价响。

间

jiān(肩)
1. 中间:同志之间。
2. 一定的空间或时间里:田间;人间;晚间。
3. 一间屋子;房间;里间;车间;衣帽间。
4. 量词,房屋的最小单位:一间卧室;三间门面。
5. 姓。

jiàn(箭)
1. (间儿)空隙;乘间;当间儿;团结无间。
2. 隔开;不连接;相间;间隔。
3. 挑拨使人不和;离间;反间计。
4. 拔去或锄去(多余的幼苗);间苗。

浅

jiān(肩)
浅浅:流水声。

qiǎn(遣)
1. 从上到下或从里到外的距离小(跟"深"相对)。
2. 浅显:浅易。
3. 浅薄:功夫浅。
4. (感情)不深厚:交情浅。
5. (颜色)淡:浅红;浅绿。
6. (时间)短:年代浅;相处的日子还浅。

渐

jiān(肩)
1. 浸:渐染。
2. 流入:东渐于海。

jiàn(箭)
1. 逐步;逐渐:歌声渐远。

2. 姓。

监

jiān(肩)
1. 从旁察看;监视;监考;监察。
2. 牢狱:收监。

jiàn(荐)
1. 古代官府名:钦天监;国子监。
2. 姓。

犍

jiān(坚)
指犍牛:老犍。

qián(前)
犍为(wéi):县名,在四川。

锏

jiǎn(剪)
古代兵器,金属制成,长条形,有四棱,无刃,上端略小,下端有柄。

jiàn(贱)
嵌在车轴上的辐条,可以保护车轴并减少摩擦。

槛

jiàn(见)
1. 栏杆。
2. 关禽兽的木笼;囚笼;兽槛;槛车(古代运送囚犯的车)。

kǎn(砍)
门槛:门限。

见

jiàn
1. 看到:眼见是实;所见所闻;喜闻乐见;见多识广。
2. 接触;遇到:这种药怕见光;冰见热就化。
3. 看得出;显现出:见效;病已见好。
4. 指明出处或需要参看的地方:见上;见下;见《史记·项羽本纪》。
5. 会见;会面:接见。
6. 对于事物的看法;意见;主见;成见;见解;固执己见。

7. 姓。

8. 助词。

a. 用在动词前面表示被动：见重于当时；见笑于人。

b. 用在动词前面表示对我怎么样：见告；见示；见教；见谅。

xiàn

同"现"："风吹草低见牛羊。"

将

jiāng(浆)

1. 搀扶；领；带："爷娘闻女来，出郭相扶将。"

2. 保养：将养；将息。

3. 〈方〉(牲畜)繁殖；生：将羔。

4. 做(事)慎重将事。

5. 下象棋时攻击对方的"将"或"帅"。

6. 用语言刺激：他做事稳重，你将他没用。

7. 介词，拿(多用于成语或方言)：将功折罪；将鸡蛋碰石头。

8. 介词，把：将他请来；将门关好。

9. 将要：船将起碇。

10. 又；且(叠用)：将信将疑。

11. 〈方〉助词，用在动词和"进来、出去"等表示趋向的补语中间：走将进去；打将起来。

12. 姓。

jiàng(匠)

1. 将官。

2. 带兵："韩信将兵，多多益善。"

qiāng(腔)

愿；请。

浆

jiāng(江)

1. 较浓的液体：豆浆；泥浆；纸浆；粉浆；牛痘浆。

2. 用粉浆或米汤浸纱、布或衣服，使干后发硬发挺：浆洗；浆纱。

jiàng(匠)

同"糨"(jiàng)。

降

jiàng

1. 落下(跟"升"相对)：降落；降雨；温度下降。

2. 使落下；降低(跟"升高"相对)：降价；降级。

3. 姓。

xiáng(祥)

1. 投降。

2. 降服；使驯服：降龙伏虎；一物降一物。

强

jiàng(酱)

强硬不屈；固执：倔强。

qiáng(墙)

1. 力量大(跟"弱"相对)：强国；富强；身强力壮。

2. 感情或意志要求达到的程度高：坚强；要强；责任心强，工作就做得好。

3. 使用强力；强迫：强制；强渡；强占；强索财物。

4. 优越；好(多用于比较)：今年比去年更强。

5. 接在分数或小数后面，表示略多于此数(跟"弱"相对)：实际产量超过原定计划百分之十二强。

6. 姓。

qiǎng(抢)

勉强；强笑；强辩；强不知以为知。

教

jiāo(交)

把知识或技能传给人：教唱歌。

jiào(窖)

1. 教导；教育：管教；请教；受教；因材施教。

2. 宗教：佛教；信教。

3. 姓。

4. 使；令，让。

嚼

jiáo

上下牙嚼。

jiào

倒嚼(倒噍)；反刍的通称。

jué(决)

义同"嚼"(jiáo)，用于某些复合词和成语：咀嚼；过屠门而大嚼。

峤

jiào(轿)
　　山道。

qiáo(乔)
　　山尖而高。

徼

jiào
　　1.边界。
　　2.巡查。

jiǎo
　　1.求。
　　2.徼幸(侥幸):心存侥幸。

缴

jiǎo(搅)
　　1.交出(指履行义务或被迫):上缴;缴费;缴枪不杀。
　　2.迫使交出(多指武器):缴了敌人的枪。

zhuó(酌)
　　系在箭口上的丝绳,射鸟用。

角

jiǎo
　　1.牛、羊、鹿等头上长出的坚硬的东西,一般细长而弯曲,上端较尖:牛角;鹿角。
　　2.古时军中吹的乐器:号角。
　　3.形状像角的东西:皂角;菱角。
　　4.岬角。多用于地名:镇海角。
　　5.(角儿)物体两个边沿相接的地方:桌子角儿;墙角儿;东南角。
　　6.从一点所引出的两条直线所形成的,或从一条直线上展开的两个平面,或从一点上展开的多个平面所形成的空间:直角;锐角;两面角;多面角。
　　7.量词,四分之一:一角饼。
　　8.二十八宿之一。
　　9.我国货币的辅助单位:一角等于一元的十分之一。
　　10.同"饺"。

jué(爵)
　　1.角儿。
　　a.角色:主角;配角。
　　b.行当:丑角;旦角。
　　c.演员:名角。
　　2.竞赛;斗争:角斗;口角。
　　3.古代盛酒的器具,形状像爵。
　　4.古代的五音之一,相当于简谱的"3"。
　　5.姓。

觉

jiào(较)
　　睡眠(指从睡着到睡醒):午觉。

jué(爵)
　　1.(人或动物的器官)对刺激的感受和辨别:视觉;听觉;不知不觉。
　　2.睡醒:大梦初觉。
　　3.觉悟:觉醒;自觉自愿。

校

jiào(较)
　　1.订正:校改;校勘;校核;校样。
　　2.同"较":校场。

xiào(效)
　　1.学校:校舍;校址。
　　2.校官。

结

jiē(阶)
　　长出(果实或种子)。

jié(洁)
　　1.在条状物上打疙瘩或用这种方法制成物品:结绳;结网;结彩。
　　2.条状物打成的疙瘩:打结;活结;死结;蝴蝶结。
　　3.发生某种关系:结合;结晶;结仇;集会结社。
　　4.结束;了结:结账;归根结底;这不结了吗?
　　5.旧时保证负责的字据:保结;具结。

节

jiē(接)
　　1.节骨眼:比喻紧要的能起决定作用的环节或时机。
　　2.节子:木材上的疤痕,是树木的分枝在干枝上留下的疤。

jié
　　1.名词。物体各段之间相连的地方:关节;竹节。

2. 段落:节拍。
3. 量词。用于分段的事物或文章:两节车厢。
4. 节日,节气:春节。
5. 删节:节选。
6. 节约:节制:节电。
7. 事项:细节。
8. 古代授给使臣作为凭证的信物:持节。
9. 节操:气节。
10. 姓。
11. 量词。航海速度单位。

楷

jiē(接)
黄连木。

kǎi(凯)
1. 法式;模范:楷模。
2. 楷书:小楷;正楷。

絜

jié(结)
同"洁":清洁。

xié(鞋)
1. 量度物体周围的长度。
2. 泛指衡量。

桔

jié(洁)
1. 桔槔(gāo):井上汲水的一种工具。
2. 桔梗:多年生草本植物,根可入药,有止咳祛痰的作用。

jú(菊)
"橘"俗作"桔"。

颉

jié(洁)
用于人名,古代人仓颉。

xié(鞋)
1. 鸟往上飞。
2. 姓。

解

jiě(姐)
1. 公开:解剖;瓦解;难解难分。
2. 把束缚着或系着的东西打开:解衣服;解

扣儿。
3. 解除:解职;解渴;解乏。
4. 解释:解说;解答;注解。
5. 了解:明白;令人不解;通俗易解。
6. 解手:大解;小解。
7. 代数方程中未知数的值。
8. 演算方程式,求方程式中未知数的值。

jiè(介)
解送:起解;解到县里。

xiè(谢)
1. 懂得;明白:解不开这个道理。
2. 旧时指杂技表演的各种技艺,特指骑在马上表演的技艺:卖解的;跑马卖解;浑身解数。
3. 解池,湖名,在山西。
4. 姓。

禁

jīn(津)
1. 禁受;耐:弱不禁风;这双鞋禁穿。
2. 忍住:不禁。

jìn(进)
1. 禁止:禁赌;严禁烟火;严禁走私。
2. 监禁:禁闭。
3. 法令或习俗所不允许的事项:犯禁;违禁品;入国问禁。
4. 旧时称皇帝居住的地方:禁中;宫禁。

廑

jǐn(谨)
同"仅"。

qín(秦)
同"勤"。

仅

jǐn
仅仅:不仅仅如此;绝无仅有。

jìn(晋)
将近:士卒仅万人。

尽

jǐn(谨)
1. 力求达到最高限度:尽早;尽可能地减少

损失。

　　2.表示以某范围为极限,不得超过:尽着三天把事情办好。

　　3.让某些人或事物尽量优先;先尽旧衣服穿。

　　4.用在表示方位的词前面,跟"最"相同:尽前头;尽北边。

　　5.尽自:这些日子尽下雨了;事情已经过去了,尽责备他也无益。

jìn(晋)

　　1.完:取之不尽;知无不言,言无不尽。

　　2.达到极端:尽头;尽善尽美;山穷水尽。

　　3.全部用出:尽心尽力;尽其所有;人尽其才;物尽其用。

　　4.用力完成:尽职尽责。

　　5.全;所有的:尽人皆知;尽数收回。

噤

jìn(近)

　　闭口不言。

yín(寅)

　　吟(唫)。

　　1.吟咏;吟诗;抱膝长吟。

　　2.呻吟;叹息。

　　3.古典诗歌的一种名称:《秦妇吟》。

　　4.姓。

劲(勁)

jìn(近)

　　1.(劲儿)力气:用劲;手劲儿。

　　2.精神情绪:鼓足干劲,力争上游;冲劲儿。

　　3.神情;态度:瞧他那股骄傲劲儿。

　　4.趣味:下棋没劲,不如打球去。

jìng(竞)

　　坚强有力:强劲;刚劲;疾风劲草。

经

jīng

　　1.(旧读 jìng)织物上纵的方向的纱或线(跟"纬"相对):经纱;经线。

　　2.中医指人体内血气运行通路的主干。

　　3.经度:东经;西经。

　　4.经营;治理;经商;整军经武。

　　5.历久不变的;正常;经常;不经之谈(荒唐无稽的话)。

　　6.经典:本草经;佛经;古兰经(伊斯兰教的经典)。

　　7.月经;行经;经血不调。

　　8.姓。

　　9.经过:经年累月;"经他一说,我才知道。"

　　10.禁受:经不起;经得起考验。

jìng(净)

　　织布之前,把纺好的纱或线密密地绷起来,来回梳整,使成为经纱或经线:经纱。

靓

jìng(敬)

　　妆饰;打扮:靓妆(美丽的装饰)。

liàng(亮)

　　漂亮;好看。

倞

jìng(敬)

　　强。

liàng(亮)

　　索取;求。

且

jū(鞠)

　　1.助词,相当于"啊":"狂童之狂也且。"

　　2.用于人名,如范雎也作范且。

qiě

　　1.暂且;姑且:"你且等一下。"

　　2.〈方〉表示经久:"你要一说起来,且完不了呢。"

　　3.姓。

　　4.连词。

　　a.尚且:"君且如此,况他人乎?"

　　b.并且;而且:既高且大。

俱

jū(拘)

　　姓。

jù(巨)

　　全;都;一应俱全;百废俱兴;面面俱到。

据

jū(拘)
　　拮据:缺少钱,境况窘迫。

jù(句)
　　1.占据;盘踞;据为己有。
　　2.凭借;依靠;据点;据险固守。
　　3.按照;依据;据理力争;据实报告。
　　4.可以用作证明的事物;凭据;证据;收据;字据;单据;收据;票据;契据;事出有因,查无实据。

锯

jù(句)
　　1.拉(lá)开木材、石材、钢材等的工具:拉锯;电锯;手锯。
　　2.用锯拉(lá);锯树;锯木头。

jū
　　同"锔"。用锔子连合破裂的陶瓷器等:锔盆;锔缸;锔锅;锔碗儿。

锔

jú(局)
　　放射性金属元素,符号Cm(curium)。

jū(拘)
　　见"锯"。

沮

jǔ(举)
　　1.阻止;沮其成行。
　　2.(气色)败坏;沮丧。

jù(句)
　　沮洳(rù):由腐烂植物埋在地下而形成的泥沼。

朘

juān(捐)
　　1.剥削。
　　2.减少。

zuī(锥)
　　男性生殖器。

卷

juǎn(倦)
　　〈书〉囊。

juǎn
　　〈书〉卷袖子。

卷

juǎn
　　1.把东西弯转裹成圆筒形:把竹帘子卷起来;卷起袖子就干;烙饼卷大葱。
　　2.一种大的力量把东西撮起或裹住:风卷着雨点劈面打来。
　　3.(卷儿)裹成圆筒形的东西:铺盖卷儿。
　　4.(卷儿)卷子;花卷儿;金银卷儿。
　　5.(卷儿)量词,用于成卷儿的东西:一卷纸,一卷铺盖。

juàn(倦)
　　1.书本:卷帙;手不释卷。
　　2.古时书籍写在帛或纸上,卷起来收藏,因此书籍的数量论卷,一部书可以分成若干卷,每卷的文字自成起讫,后代仍用来指书的一部分:卷一;第一卷;上卷;藏书十万卷。
　　3.(卷儿)卷子:答卷;发卷儿。
　　4.机关里保存的文件:卷宗;调卷;查卷。

圈

juàn(倦)
　　1.养猪羊等牲畜的建筑,有棚和栏:猪圈;羊圈。
　　2.姓。

juān(捐)
　　1.用栅栏把家禽家畜圈起来:别让暑气圈在心里。
　　2.〈口〉把犯人拘禁起来。

quān(悛)
　　1.圈子:铁圈儿;包围圈;画一个圈儿;圈内;圈外。
　　2.在四周加上限制(多指地方);围;圈地;用篱笆把菜地圈起来。
　　3.画圈做记号;圈选;数字用笔圈出来;把这个错字圈了。

隽

juàn(倦)
　　1.隽永。(言语、诗文)意味深长;语颇隽永,耐人寻味。
  2.姓。
jùn
  同"俊"。

蹶
jué(厥)
  摔倒,比喻失败或挫折:一蹶不振。
juě
  蹶子:骡马用后腿向后叫尥(liào)蹶子。

筠
jūn(军)
  筠连,县名,在四川。
yún(云)
  1.竹子的青皮。
  2.借指竹子。

麇
jūn(军)
  古书上指獐子。
qún(群)
  成群:麇至;麇集。

菌
jūn(军)
  低等植物的一大类,不开花,没有茎和叶子,不含叶绿素,种类很多,如细菌、真菌等。
jùn(俊)
  菌子。〈方〉蕈(xùn)。

浚
jùn
  挖深;疏通(水道):疏浚;浚渠;浚河;浚泥船。
xùn(训)
  浚县,地名,在河南。

焌
jùn(俊)
  用火烧。
qū(驱)
  1.把燃烧物放入水中使熄灭:把香火儿焌了。
  2.烹调方法,烧热油锅,先放作料,再放蔬菜迅速炒熟:焌豆芽。

咔
kā(咖)
  拟声词:咔的一声关上了抽屉。
kǎ(卡)
  1.咔叽:一种纺织品,也叫卡其,主要用来做制服。
  2.咔唑:有机化合物,分子式(C_5H_4)$_2$NH。

咯
kǎ
  使东西从咽头或气管里出来:咯血;把鱼刺咯出来。
gē(格)
  1.咯哒(咯嗒):同"疙瘩"。
  2.咯噔:象形词,咯噔的皮靴声。
  3.咯咯(同"格格"),拟声词:
  a.形容笑声;
  b.形容咬牙声;
  c.形容机关枪的射击声;
  d.形容某些鸟的叫声。
lo
  助词,用法如"了",语气较重:当然咯。
luò
  有机化合物,吡咯。

看
kān(刊)
  1.守护照料:看门;一个工人可以看好几台机器。
  2.看押;监视;注视。
kàn(嵌)
  1.使视线接触人或物:看书;看电影。
  2.观察并加以判断:我看他是个可靠的人。
  3.访问;看望:看朋友。
  4.对待:看待;另眼相看。
  5.诊治:看病。
  6.照料:照看;衣帽自看。
  7.用在表示动作的词或词组前面,提醒对方意可能发生或将要发生的某种不好的事情或情况:"别跑!看摔着!"
  8.用在动词或动词结构后面,表示试一试(前面的动词常用重叠式):想想看;找找看;等等看;评评理看;先做几天看。

阚

kàn(嵌)
　　姓。

hǎn(罕)
　　阚:虎叫声。

嵌

kàn
　　赤嵌:地名,在台湾。

qiàn(欠)
　　把较小的东西卡在较大的东西上面的凹处(多指美术品的装饰):嵌石;嵌银。

闶

kāng(康)
　　闶阆。建筑物中空廊的部分:这井下面的闶阆这么大啊! 也叫闶阆子。

kàng(亢)
　　高大。

颏

kē(苛)
　　脸的最下部分,在嘴的下面。通称下巴或下巴颏儿。

ké(壳)
　　红点颏:鸟,歌鸲(gú)的一种。
　　蓝点颏:鸟,身体大小和麻雀相似,羽毛褐色。

壳

ké
　　硬的外皮,义同"壳"(qiào):鸡蛋壳儿;子弹壳儿。

qiào(窍)
　　坚硬的外皮:甲壳;地壳;金蝉脱壳。

可

kě(渴)
　　1.表示同意:许可;认可;不加可否。
　　2.表示许可或可能,跟"可以"的意思相同:由此可见;可大可小;牢不可破。
　　3.表示值得:可爱;可贵;这出戏可看。
　　注意:a.多跟单音动词组合。
　　b."可"有表示被动的作用,整个组合是形容词性质,如"这孩子很可爱","他非常可靠"。唯有"可怜"表示被动的作用时,是形容词性质,如"这个人可怜";表示主动的作用时,是动词的性质,如"我很可怜她"。
　　4.大约:年可二十;长可七尺。
　　5.姓。
　　6.副词,表示转折,意思跟"可是"相同:"别看她年纪小,志气可不小。"
　　7.表示强调:她待人可好了,谁都喜欢她;昨儿夜里的风可大了;记着点儿,可别忘了;你可来了,让我好等啊!
　　8.用在反问句里加强反问语气:都这样说,可谁见过呢?
　　9.用在疑问句里加强疑问的语气:这件事他可愿意? 你可曾跟他谈过这个问题?
　　10.适合:可人意;"这回倒可了他的心愿了。"

kè(克)
　　可汗(hán):古代鲜卑、突厥、回纥、蒙古等族最高统治者的称号。

轲

kē
　　轗轲(kǎnkě):同"坎坷"。

kē(棵)
　　1.用于人名,古代哲学家孟子名轲。
　　2.姓。

嗑

kè
　　用于上下门牙咬有壳的或硬的东西:嗑瓜子儿;老鼠把箱子磕破了。

kē(苛)
　　话,有时特指现成的话:唠嗑;没嗑唠了。

坷

kē
　　坷垃:土块。

kě
　　坎坷。
　　1.道路、土地坑坑洼洼:坎坷不平。
　　2.比喻不得志:半世坎坷。

剋

㧟

kēi

〈口〉打;骂;申斥。〈方〉剋架:打架。

kè

同"克"。

啃（齦）

kěn(肯)

一点儿一点儿地往下咬:啃骨头;啃书本。

yín(吟)

龈。齿龈。

空

kōng

1.不包含什么;里面没有什么东西或没有什么内容:空箱子。不切实际的:空想;空谈;空话连篇。

2.天空:低空;高空;半空;领空。

3.没有结果的:落空;空跑一趟。

kòng(控)

1.腾出来;使空:文章每段开头要空两格。

2.没有被利用或里面缺少东西:空白;空地。

3.(空儿)尚未占用的地方和时间:空子。

4.同"控"。

倥

kōng(空)

倥侗(tóng):蒙昧无知。

kǒng(恐)

倥偬(zǒng)。

1.(事情)紧迫匆忙:戎马倥偬。

2.穷困。

浍

kuài(快)

田间的水沟。

huì(卉)

1.浍河,水名,发源于河南,流径安徽,至江苏入洪泽湖。

2.浍河,水名,汾河的支流,在山西。

隗

kuí(葵)

姓。

wěi(委)

姓。

溃

kuì(愧)

1.(水)冲破(堤坝):溃堤;溃决。

2.突破(包围):溃围南奔。

3.溃散:溃兵;溃退;溃不成军。

4.肌肉组织腐烂:溃烂。

huì(汇)

溃烂:溃脓。

栝

kuò(扩)

檃栝(yǐnkuò)。

1.矫正木材弯曲的器具。

2.对原有文章、著作剪裁改写。

guā(刮)

1.古书上指桧(guì)树。

2.箭末扣弦处。

适

kuò(扩)

1.同"适"(kuò)。疾速(多用于人名)。

2.姓。

shì(市)

1.适合;适当;适用。

2.恰好;适中;适得其反;适可而止。

3.舒服;舒适;身体不适。

4.去;往:无所适从。

5.出嫁:适人。

拉

lā(啦)

1.用力使朝自己所在的方向或跟着自己移动:拉锯;拉纤。

2.用车载运:平板车能拉货也能拉人。

3.带领转移(多用于队伍):把二连拉到河那边去。

4.牵引乐器的某一部分使乐器发出声音:拉胡琴;拉小提琴。

5.拖去;使延长:拉长声音说话;"快跟上;不要拉开距离。"

6.〈方〉抚养:他母亲很不容易地把他拉扯大。

7.帮助:人家有困难;咱们应该拉他一把。

8.牵累;拉扯:自己做的事;不能拉上别人。

9.拉拢;联络:拉关系;拉交情。
10.〈方〉闲谈:拉话;拉家常。
11.〈口〉排泄:拉肚子。

lǎ

拉忽:马虎
半拉:〈口〉半个。

lá(喇)

刀刃与物体接触,由一端向另一端移动,使物体破裂或断开;割:把皮子拉开;手上拉了一个口子。

là(腊)

1.同"落"(là)。
2.拉拉蛄(蝲蝲蛄):蝼蛄的通称。

啦

lā(邋)

哩哩啦啦。〈口〉零零散散或断断续续的样子:"他不会挑水,哩哩啦啦洒了一地。""雨很大,客人哩哩啦啦的直到中午还没到齐。"

la

助词,"了"和"啊"的合音,兼有"了"和"啊"的作用:"他真来啦?"

喇

lā(邋)

呼喇;拟声词:红旗被风吹得呼喇喇得响。也说呼啦啦。
哇喇:同"哇啦",形容大声说话或吵闹声。

lá

哈喇子:〈方〉流出来的口水。

lǎ

喇叭;喇嘛;喇嘛教。

落

là(蜡)

1.遗漏:这里落了两个字,应该添上。
2.把东西放在一个地方,忘记拿走:把书落在家里了。
3.因为跟不上被丢在后面:他走得慢,落下很远。

lào(涝)

义同"落"(luò),用于下列各条。
1.落包涵:〈方〉受埋怨;受责难。

2.落不是:被认为有过失而受责难。
3.落汗:身上的汗水消下去。
4.落价:降价;减价。
5.落架:〈方〉房屋的木架倒塌,比喻家业败落。
6.落忍:〈方〉心里过意得去(常用于否定式)。
7.落色:布匹、衣服等的颜色逐渐脱落;褪色。
8.落枕:睡觉的时候脖子受寒,或因枕枕头的姿势不当,以致脖子疼痛,转动不便。
9.落子。
  a.〈方〉指莲花落等曲艺形式:落馆。
  b.评剧的旧称:唐山落子。

luō(罗)

大大落落:〈方〉形容态度大方。

luò(烙)

1.物体因失去支持而下来:落泪;花瓣落了。
2.下降:太阳落山了;潮水落了。
3.使下降:落灯;把帘子落下来。
4.衰败;飘零:衰落;破落;没落;零落;沦落。
5.遗留在后面:落选;落后;落伍。
6.停留;留下:落脚;落户;不落痕迹。
7.停留的地方:下落;着落。
8.聚居的地方:村落。
9.归属:大权旁落。
10.得到:落空。
11.用笔写:落款;落账。

蜡

là(辣)

1.动物、矿物或植物所产生的油质,具有可塑性,能燃烧,易熔化,不溶于水,如蜂蜡、白蜡、石蜡等,可用作防水剂,也可做蜡烛。
2.蜡烛。

zhà(炸)

古代一种年终祭祀。

腊

là

1.古代在农历十二月里合祭众神叫作腊,因此农历十二月叫腊月。
2.冬天(多在腊月)腌制后风干或熏干的(鱼、肉、鸡、鸭等):腊肉;腊鱼;腊味。
3.姓。

xī(西)
　　干肉。

剌
là(辣)
　　乖戾；乖张；乖剌(违背常情)。
lá
　　同"拉"(lá)。

徕
lái(来)
　　招徕：招揽。
lài(赖)
　　慰劳；劳徕(慰勉)。

郎
láng(廊)
　　1.古代官名：侍郎；员外郎。
　　2.对某人的称呼：货郎；放牛郎；女郎。
　　3.女子称丈夫或情人。
　　4.姓。
làng(浪)
　　屎壳郎。

阆
láng
　　〈方〉闶阆(kāngláng)。
làng
　　阆中，县名，在四川。

莨
làng
　　莨菪(dàng)：多年生草本植物，种子和根、茎、叶都供药用，有镇痛、安神等作用。
liáng(良)
　　薯莨
　　1.多年生草本植物，茎内含有胶质，可用来染棉、麻织品。
　　2.这种植物的块茎。

唠
láo(劳)
　　唠叨。说起来没完：唠唠叨叨。
lào(烙)
　　〈方〉说；谈(话)：有话慢慢唠。

潦
lǎo(老)
　　1.雨水大。
　　2.路上的流水、积水。
liǎo(燎)
　　潦草。
　　1.(字)不工整；字迹潦草。
　　2.(做事)不仔细，不认真。

姥
lǎo
　　姥姥(老老)：〈口〉外祖母。
　　　　　　　〈方〉收生婆。
mǔ(母)
　　年老的妇女。

烙
lào(涝)
　　1.用烧热了的金属器物烫，使衣服平整或在物体上留下标志：烙印；烙衣服。
　　2.把面食放在烧热的铛或锅上加热使熟：烙了两张饼。
luò(洛)
　　炮烙：殷纣王的一种酷刑。

络
lào
　　义同"络"(luò)，络子。
　　1.依照所装物体的形状，用线结成的网状的小袋子。
　　2.绕线绕纱的器具。
luò(洛)
　　1.网状的东西：橘络；丝瓜络。
　　2.中医指人体内气血运行通路的旁支或小支：经络。
　　3.用网状物兜住：头上络着一个网。
　　4.缠绕：络纱；络丝。

乐
lè(勒)
　　1.快乐；欢乐：乐事；乐不可支。
　　2.乐于：乐此不疲。
　　3.〈口〉笑：他的笑话把大家逗乐了。

4.姓(与 yuè 不同姓)。

yuè(岳)
1.音乐;奏乐;乐器。
2.姓(与 yè 不同姓)。

勒

lè
1.收住缰绳,不让骡马等前进。
2.强制;逼迫:勒令;勒派;勒索。
3.雕刻:勒石;勒碑。
4.〈量〉光照度,单位"勒克斯"的简称。
5.姓。

lēi(擂)
用绳子等捆住或套住,再用力拉紧;系紧。

了

le
助词。
1.用在动词或形容词后面,表示动作或变化已经完成。
　a.用于实际已经发生的动作或变化:水位已经低了两米。
　b.用于预期的或假设的动作:"你先去,我下了班就去。""你要知道了这个消息,一定也很高兴。"
2.用在句子末尾或句中停顿的地方,表示变化,表示出现新的情况。
　a.表示已经出现或将要出现某种情况:下雨了;春天了,桃花都开了;今天去不成了。
　b.表示在某种条件下出现某种情况:"天一下雨,我就不出行了。""你早来一天,就见着他了。"
　c.表示认识、想法、主张、行动等有变化:"我现在明白他的意思了。""他本来不想去,后来还是去了。"
　d.表示催促或劝止:"走了,走了,不能再等了。""好了,不要老说这些事了。"

liǎo(燎)
1.完毕;结束:了结;了账;一了百了;了不了之。
2.放在动词之后,跟"得、不"连用,表示可能或不可能:做得了;来不了;受不了。
3.完全(不);一点(也没有):了不相涉;了无

惧色。
4.明白;懂得;了解;一目了然。

liào(瞭)
瞭望。

擂

léi(雷)
1.研磨:擂钵。
2.打:擂了一拳;擂鼓。

lèi(类)
擂台:打擂。

肋

lē
肋脦(de):〈方〉(衣服)不整洁,不利落。

lèi(类)
胸部的侧面:两肋;左肋;右肋。

棱

léng(楞)
1.(棱儿)物体上不同方向的两个平面连接的部分:见棱见角;桌子棱儿。
2.(棱儿)物体上一条条地凸起来的部分:瓦棱;搓板的棱儿。

lēng
红不棱登.〈口〉红不棱登的(含厌恶意):这件蓝布大褂染得不好,太阳一晒更显得红不棱登的。
花不棱登:〈口〉(花不棱登的)形容颜色错杂(含厌恶意):"这件衣服花不棱登的,我不喜欢。"

líng(陵)
穆棱,县名,在黑龙江。

丽

lí(厘)
1.丽水,县名,在浙江。
2.高丽,朝鲜半岛历史上的王朝。

lì(粒)
1.好看;美丽:壮丽;秀丽;风和日丽。
2.姓。
3.附着:附丽。

缡

lí
缃缡:盛装的样子。

纚

xǐ(喜)

束发的帛。

蠡

lí

1. 瓢。
2. 贝壳。

lǐ(李)

1. 用于人名,范蠡,春秋时人。
2. 蠡县,在河北。

悝

lī

忧;悲。

kuī(亏)

用于人名,李悝,战国时政治家。

栎

lì(例)

栎树,乔木或灌木,通称橡木。

yuè(悦)

栎阳,地名,在陕西。

跞

lì

走动;跨越:骐骥一跞,不能千里。

luò(洛)

卓跞(卓荦,zhuōluò):超绝。

哩

li

〈方〉助词。

1. 跟普通话的"呢"相同,但只用于非疑问句:山上的雪还没有化哩?
2. 用于列举,跟普通话的"啦"相同:碗哩,筷子哩,都摆好了。

lī

1. 哩哩啦啦:〈口〉零零散散或断断续续的样子:他不会挑水,哩哩啦啦洒了一地;雨很大,客人哩哩啦啦的直到中午还没有到齐。
2. 哩哩啰啰。〈口〉形容说话啰唆不清楚。

lǐ(礼)

英里旧也作哩。

俩

liǎ

〈口〉数量词。

1. 两个:咱俩;你们俩。
2. 不多;几个:就是有了俩钱儿也不能乱花。

注意:"俩"后面不能再接"个"字或其他量词。

liǎng(两)

伎俩,不正当的手段;欺骗人的伎俩;惯用的伎俩。

砱

lián(镰)

一种磨刀石。

qiān(千)

大砱:地名,在贵州。

凉

liáng(梁)

1. 温度低;冷(指天气时,比"冷"的程度浅):阴凉;凉水;过了秋分天就凉了。
2. 比喻灰心或失望:听到这消息,他心里就凉了;他这么一说,我心里就凉了半截儿。

liàng(谅)

把热的东西放一会儿,使温度降低。

踉

liáng(良)

跳踉:跳跃。

liàng(亮)

踉跄(liàngqiàng):走路不稳。

量

liáng(良)

1. 用尺、容器或其他作为标准的东西来确定事物的长短、大小、多少或其他性质:量地;量体温;用尺量布;用斗量米。
2. 估量;大量;思量。

liàng(亮)

1. 古代指测量东西多少的器物,如斗、升等。
2. 能容纳或禁受限度:饭量;气量;胆量;力量。
3. 数量;数目:流量;降雨量;饱和量;质量对重(质量和数量并重)。
4. 估计;衡量:量力;量入为出;量才录用。

撩

liáo(燎)

撩拨:春色撩人。

liāo

1.把东西垂下的部分掀起来:撩裙子;撩起帘子;把头发撩上去。
2.用手舀水由下往上甩出去:先撩些水然后再扫地。

liào(撂)

撂(撩)〈口〉。
1.放;搁:他撂下饭碗,又上工地去了。
2.弄倒:一枪撂他一个;一伸手就把他撂倒了。
3.抛弃;抛。

燎

liáo(聊)

延烧;烧:燎原之势;星星之火,可以燎原。

liǎo(潦)

挨近了火面烧焦(多用于毛发)。

蓼

liǎo

一年生草本植物,全草入中药,有解毒、消肿、止痛、止痒等作用。也叫水蓼。

lù(路)

形容植物高大。

钌

liǎo

金属元素,符号 Ru。

liào(料)

钌铞(diào)儿:扣住门窗等的铁片。

咧

liě(裂)

嘴角向两边伸展:咧着嘴笑。

liē

咧咧。
骂骂咧咧:指在说话中夹杂着骂人的话。
大大咧咧:〈方〉(大的)形容随随便便、满不在乎。

lie

〈方〉助词。好咧。

裂

liè(劣)

破而分开;破成两部分或几部分:分裂;破裂;决裂;四分五裂;山崩地裂。
叶子或花冠的边缘上较大较深的缺口。

liě

〈方〉东西的两部分向两边分开:衣服没扣好,裂着怀。

淋

lín(林)

浇:日晒雨淋;衣服都淋湿了;淋浴。

lìn(吝)

滤;通淋;淋盐;把这药用纱布淋一下。
淋病:性病的一种。

令

líng(零)

令狐。
1.古地名,在今山西临猗县一带。
2.姓。

lǐng(领)

量词,原张的纸五百张为一令。

lìng(另)

1.命令。
2.军令;口令。
3.使:令人兴奋;令人肃然起敬。
4.酒令:猜拳行令。
5.古代官名:县令;太史令。
6.时节;时令;夏令;冬令;当令。
7.美好:令德;令名;令闻。
8.敬辞,用于对方的亲属或有关系的人:令亲;令兄;令妹。
9.小令(多用于词调、曲调令);如梦令;叨叨令。

溜

liū

1.滑行;(往下)滑:溜冰;从山坡上溜下来。
2.光滑;平滑:溜圆;溜光;滑溜。
3.偷偷地走开或进入:他悄悄地溜了。
4.〈方〉看;溜一眼心里就有了数。
5.顺着;沿:溜边;溜墙根儿走。

6.〈方〉很;非常(用在某些单音节形容词前):溜直;溜齐。

7.同"熘"。

liù(六)

1.迅速的水流:大溜;河里溜很大。

2.〈方〉迅速;敏捷:眼尖手溜;走得很溜。

3.房顶上流下来的雨水:檐溜;承溜。

4.檐沟;水溜。

5.(溜儿)排;条:一溜三间房。

6.(溜儿)某一地点附近的地方:这溜的果树很多。

7.〈方〉用石灰、水泥等抹(墙缝);堵、糊(缝隙):墙砌好了,就剩下溜缝了;天冷了,用纸条把窗户缝溜上。

遛

liú(留)

逗遛(逗留):暂时停留。

liù

1.慢慢走;散步:遛大街;下午到市场遛了一趟。

2.牵着牲畜或带着鸟慢慢走:遛鸟;把马遛一遛。

镏

liú(留)

镏金:用金子装饰器物的一种方法。把熔化在水银里的金子用刷子涂在器物的表面,晾干后,用炭火烘烤,再用玛瑙轧光。全部工序一般需要重复三次。

liù

镏子:〈方〉戒指:金镏子。

馏

liú(留)

蒸馏。

liù

把熟的食物蒸热:馒头太凉了,再馏一馏。

陆

liù

"六"的大写。

lù(路)

1.陆地:大陆;登陆;陆路;水陆交通。

2.姓。

隆

lōng

黑咕隆咚。

lóng(龙)

1.盛大:隆重。

2.兴盛;兴隆;隆盛。

3.深厚;程度深:隆冬;隆情厚谊。

4.凸出;隆起。

5.姓。

泷

lóng

〈方〉急流的水(多用于地名):七里泷,在浙江。

shuāng(双)

泷水,地名,在广东。今作双水。

泷冈,山名,在江西。

笼

lóng

1.笼子:竹笼;木笼。

2.笼屉:蒸笼。

3.〈方〉把手放在袖筒里:笼着手。

lǒng(拢)

1.笼罩:暮色笼住了大地;烟笼雾罩。

2.笼子:箱笼。

弄

lòng

〈方〉小巷;胡同(多用于巷名):里弄。

nòng

1.手拿着、摆弄着或逗引着玩儿:他又弄鸽子去了;小孩儿爱弄沙土。

2.做;干;办;搞:弄饭;把书弄坏了;总得弄出个结果才成。

3.设法取得:你去弄点水来。

4.耍;玩弄:弄手段;舞文弄墨。

搂

lōu

1.用手或工具把东西聚集到自己面前:搂柴火。

2.用手搂着提起来(指衣服):搂起袖子;他搂

着衣裳迈着大步向前走。

3. 搜刮(财物):搂钱。

4.〈方〉向自己的方向拨、扳:搂枪机。

5.〈方〉核算:搂算;把账搂一搂。

lǒu(篓)

1. 搂抱。

2. 量词:两搂粗的大树。

喽

lóu

喽啰(偻儸)(lóuluo):旧时称强盗头目的部下,现多比喻追随恶人的人。

lou

助词。

1. 用法如"了",用于预期的或假设的动作:吃喽饭就走;"他要知道喽一定很高兴。"

2. 用法如"了",带有提醒注意的语气:水开喽,起来喽。

偻

lóu

1. 佝偻病(gōulóubìng):婴儿或幼儿容易得的一种病,多由缺乏维生素 D,肠道吸收钙、磷的能力降低引起。症状是头大,鸡胸,驼背,两腿弯曲,腹部膨大,发育迟缓。也叫软骨病。

2. 偻儸。

lǚ(旅)

1. 弯曲(指身体):伛(yǔ)偻(弯腰驼背)。

2. 迅速;立刻;不能偻指(不能立刻指出来)。

露

lòu(漏)

〈口〉意同"露"(lù),用于下列各条:

1. 露白:指在人前露出自己带的财物。"财不露白"。

2. 露底:泄漏底细。

3. 露富:显出有钱。

4. 露脸:指获得荣誉或受到赞扬,脸上有光彩。

5. 露马脚:比喻隐藏的事实真相泄露出来;说谎早晚要露出马脚来。

6. 露面:显露出来(多指人出来交际应酬)。

7. 露苗:种子萌发后,幼芽出土地表面。也叫出苗。

8. 露怯:〈方〉因为缺乏知识,言谈举止发生可笑的错误。

9. 露头:

露出头部:"他从洞里爬出来,刚一露头就被我们发现了。"

比喻刚出现:太阳还没有露头,我们就起来了。

10. 露馅儿。比喻不愿意让人知道的事暴露出来:这话本是捏造的,一对证,就露馅了。

11. 露相:〈方〉漏出来本来面目。

lù(路)

1. 凝结在地面或靠近地面的物体表面上的水珠。

2. 用花、叶、果子等蒸馏,或在蒸馏液中加入果汁等制成的饮料:荷叶露;果子露;玫瑰露。

3. 显露,表现:揭露;暴露;吐露;披露;藏头露尾;脸上露出了笑容。

4. 在房屋、帐篷等的外面,没有遮盖:露天;露营;露宿。

芦

lú(炉)

1. 芦苇;芦花。

2. 姓。

lǔ(鲁)

油葫芦。

菉

lù(碌)

梅菉:地名,在广东。

lù(律)

菉豆,同"绿豆"。

碌

lù

1. 平凡(指人):庸碌。

2. 事务繁杂:忙碌。

liù(陆)

碌碡:农具。

绿

lù(陆)

义同"绿"(lǜ),用于"绿林、绿营"等:绿林好汉。

绿

lǜ(虑)

像草和树叶茂盛时的颜色,由蓝色和黄色的颜料混合即呈现这种颜色:嫩绿;浓绿;红花绿叶;青山绿水。

捋

lǚ(吕)

用手指顺着抹过去,使物体顺溜或干净:捋胡子;捋麻绳。

luō(啰)

用手握住条状物向一端滑动:捋榆线儿;捋起袖子。

率

lǜ(虑)

两个相关的数在一定条件下的比值:效率;速率;税率;圆周率;废品率;出勤率。

shuài(帅)

1.带领。

2.顺着;随着;率由旧章。

3.不加思考;不慎重;轻率;草率。

4.直爽坦白;直率;坦率。

5.大概;大抵;大率如此。

6.同"帅";英俊;潇洒;漂亮。

掠

lüē

〈方〉顺手拿;抄:掠起一根棍子就打。

lüè(略)

1.掠夺(多指财物):抢掠;掠取;奸淫掳掠。

2.轻轻擦过或拂过:凉风掠面;燕子掠过水面;彩弹掠过夜空;嘴角上掠过一丝微笑。

3.用棍子或鞭子打:拷掠。

抡

lūn

用力挥动:抡拳;抡刀;抡起锤子打砲眼。

lún(轮)

挑选;选拔:抡材。

论

lún(轮)

论语(古书名,内容主要是记录孔子及其门徒的言行):上论;下论。

lùn

1.分析和说明事理:议论;讨论;辩论;就事论事。

2.分析和说明事理的话或文章:舆论;立论;社论。

3.学说:唯物论;进化论;相对论。

4.说;看待:相提并论;不能一概而论。

5.衡量;评定:论罪;论功行赏。

6.按照某种单位或类别说:论天;论件;买鸡蛋是论斤还是论个儿?

7.姓。

啰

luó(箩)

啰唣(zào):吵闹寻事(多见于早期白话)。

luō

啰唆:

1.(言语)繁复。

2.(事情)琐碎,麻烦:这件事真啰唆;手续太啰唆。

漯

luò(烙)

漯河,市名,在河南。

tà(拓)

漯河,水名,在山东。

麻

mā

麻麻亮:〈方〉(天)刚有些亮。

麻麻黑:〈方〉(天)刚有些黑。

má

1.大麻、亚麻、苎麻、黄麻、剑麻、蕉麻等植物的统称。

2.麻类植物的纤维,是纺织等工业的重要原料。

3.芝麻:麻酱;麻油。

4.表面不平,不光滑。

5.麻子:麻脸。

6.带细碎斑点的:麻蝇;麻雀。

7.姓。

8.感觉轻微的麻木:腿麻了;吃了花椒舌头有点发麻。

吗

má

〈方〉什么:干吗?吗事?要吗有吗。

mǎ(马)

吗啡:药名,有机化合物,分子式 $C_{17}H_{19}O_3N \cdot H_2O$。

ma

助词。

1.用在句末表示疑问:明天他来吗?你找我有事吗?

2.用在句末表示反问:你这样做对得起朋友吗?

3.用在句中停顿处,点出话题:"这件事吗,其实也不能怪他。""煤吗,能有点就有点。"

蚂

mǎ

1.蚂蜂:同"马蜂"。

2.蚂蟥:蛭的通称。

3.蚂蚁

a.蚂蚁搬泰山:比喻群众力量大,人人出力,就可以完成巨大的任务。

b.蚂蚁啃骨头:比喻利用小型设备或小的力量一点一点儿地苦干来完成一项大的任务。

mā

蚂螂:〈方〉蜻蜓。

mà

蚂蚱:〈方〉蝗虫。

么(嘛)

ma

助词。同"嘛";同"吗"。

me

1.后缀:这么;怎么;那么;多么。

2.歌词中的衬字:五月的花儿红呀么红似火。

yāo(幺)

同"么"。

mó

麽。

①幺麽。

②姓。

没

méi(煤)

没有。

mò

1.(人或物)沉下或沉没:没入水中;太阳将没不没的时候,水面泛起了一片红光。

2.浸过或高过(人或物):雪深没膝;河水没了马背。

3.隐藏;隐没:出没。

4.没收;抄没。

5.一直到完了;尽;终:没世;没齿(齿:牙齿)。

6.同"殁"。

7.没奈何:实在没有办法;没奈何。

縻

méi

糜子:糜黍。

mí(迷)

1.粥:肉糜。

2.烂:糜烂。

3.浪费:糜费。

4.姓。

谜

mèi(妹)

谜儿:谜语。

mí(弥)

1.谜语:灯谜;哑谜。

2.比喻还没有弄明白的或难以理解的事物:这个问题到现在还是个谜,谁也猜不透。

闷

mēn

1.气压低或空气不通畅引起的不舒服的感觉:闷热。

2.使不透气:茶刚泡上,闷一会儿再喝。

3.不吭声;不声张:闷头儿。

4.〈方〉声音不响亮:闷声闷气。

5.在屋里待着,不到外面去:他整天闷在家里看书。

mèn

1.心情不舒畅;心烦:愁闷;闷闷不乐。

2.密闭;不透气:闷子车。

脉

脉

mài(迈)
1. 动脉和静脉的统称。
2. 脉搏的简称。
3. 植物叶子、昆虫翅膀上像血管的组织：叶脉。
4. 像血管一样连贯而成系统的东西：山脉；矿脉。

mò(末)
脉脉(眽眽)(mòmò)。默默地用眼神或行动表达情意：脉脉含情。

嫚

mān
〈方〉(嫚儿)女孩子，也说嫚子。

màn(幔)
轻视；侮辱：嫚骂。

埋

mán(蛮)
埋怨：因为事情不如意而对自己认为原因所在的人或事物表示不满。

mái(霾)
（用土、沙、雪、落叶等）盖住：掩埋；隐姓埋名。

谩

mán(瞒)
欺瞒；蒙蔽。

màn(曼)
轻慢，没有礼貌。

蔓

mán
蔓菁(芫菁)：二年生草本植物，块根可作蔬菜。

màn
义同"蔓(wàn)"，可多用于合成词。

wàn(万)
(蔓儿)细长不能直立的茎：顺蔓摸瓜。

氓

máng(忙)
流氓：
1. 原指无业游民，后来指不务正业、为非作歹的人。
2. 指放刁、撒赖、施展下流手段等恶劣行为：耍流氓。

méng(虻)
古代称百姓(多指外来的)。也作萌。

尨

máng(忙)
1. 长毛的狗。
2. 杂色。

méng(蒙)
尨茸：蓬松。

猫

māo
1. 哺乳动物，能捕鼠。
2. 〈方〉躲藏。

máo(毛)
猫腰(毛腰)：弯腰。

冒

mào(茂)
1. 向外透；位上升：冒烟；冒泡；冒汗。
2. 不顾(危险、恶劣环境等)：冒险；冒雨；冒天下之大不韪。
3. 冒失；冒昧；冒进。
4. 冒充；冒领；冒认。
5. 姓。

mò(寞)
冒顿：汉初匈奴族一个单于(chányú)的名字。

亹

mén(门)
亹源，县名，在青海。今作门源。

wěi(伟)
亹亹。
1. 形容勤勉不倦。
2. 形容时间推移。

蒙

mēng
1. 欺骗：欺上蒙下；别蒙人。
2. 胡乱猜测：想好了再回答，别瞎蒙。

méng(萌)
1. 遮盖：蒙头蒙脑；用手蒙住眼睛；蒙上一层纸。
2. 蒙蔽：蒙哄；蒙混。

3.受:蒙难;"蒙你照料,非常感谢。"
4.蒙昧:启蒙。
5.姓。
6.形容雨点等很细小:细雨其蒙。
7.〈书〉眼睛失明。
8.〈书〉朴实憨厚。

měng(猛)
　　蒙古族。

盟

méng
　　1.旧时指宣誓缔约,现在指团体和团体、国和国的联合:工农联盟;同盟国。
　　2.结拜的(弟兄):盟兄;盟弟。
　　3.内蒙古自治区的行政区域,包括若干旗、县、市。

míng(明)
　　发(誓)。

眯

mī(咪)
　　1.眼皮微微合上:眯缝;眯着眼睛笑。
　　2.〈方〉小睡:眯一会儿。

mí(迷)
　　尘埃等杂物进入眼睛中,使一时不能睁开看东西:沙子眯了眼睛。

靡

mí(迷)
　　浪费:靡费;奢靡。

mǐ(米)
　　1.顺风倒下:风靡;披靡。
　　2.无;没有:靡日不思。

泌

mì(密)
　　分泌:泌乳量;泌尿器。

bì(闭)
　　泌阳:县名,在河南。

秘

mì(密)
　　1.秘密的:秘诀;密室;秘事。
　　2.保守秘密:秘而不宣。

bì(闭)
　　1.译音用字,如秘密(国名,在南美洲)。
　　2.姓。

腼

miǎn(免)
　　腼觍(腼腆)(miǎntiǎn):害羞;不自然。

tiǎn(舔)
　　1.形容人脸:腼然人面。
　　2.同"觍"。

黾

miǎn
　　同"渑"。

mǐn(皿)
　　黾勉:努力;勉力。黾勉从事。

缪

miào(妙)
　　姓。

miù
　　纰(pī)披)缪:错误。

móu(谋)
　　绸缪:
　　1.缠绵:情意绸缪。
　　2.未雨绸缪:趁着天没下雨,先修缮房屋门窗。比喻事先防备。

乜

miē
　　乜斜:
　　1.眼睛略眯而斜着看(多表示瞧不起或不满意):他乜着眼睛,眼角挂着讥诮的笑意。
　　2.眼睛因困倦眯成一条缝:乜的睡眼。

niè(聂)
　　姓。

磨

mó(摩)
　　1.摩擦:脚上磨了几个大泡;我劝了他半天,嘴唇都快磨破了。
　　2.用磨料磨物体使光滑、锋利或达到其他目的:磨刀;磨墨;磨玻璃;铁杵磨成针。
　　3.折磨。

4.纠缠;磨烦:这孩子可真磨人。
5.消灭;磨灭:百世不磨。
6.消耗时间;拖延:磨洋工;磨工夫。

mò
1.把粮食弄碎的工具:一盘磨;电磨;推磨。
2.用磨把粮食弄碎:磨面;磨豆腐;磨麦子。
3.掉转;转弯:把车磨过来;我几次三番劝他,他还是磨不过来。

摩

mó(魔)
1.摩擦;接触:摩拳擦掌;摩肩擦背;摩天岭;摩天楼。
2.抚摩;按摩。
3.切磋:观摩。
4.姓。

mā(麻)
摩挲(māsā)。用手轻轻按着并一下一下地移动:摩挲衣裳。

无

mó(魔)
南无:佛教用语,表示对佛尊重或皈依。

wú(吴)
1.没有(跟"有"相对):从无到有;有则改之,无则加勉。
2.不;无论;无须。
3.不论:事无大小,都有人负责。
4.同"毋"。

模

mó
1.法式;规范;标准;模型;楷模。
2.仿效:模仿;模拟。
3.指模范:劳模;评模。
4.指模特儿:名模。
5.姓。

mú
1.(模儿)模子:铅模;铜模儿。
2.形状;样子:装模作样。

抹

mǒ
1.涂抹;抹粉;抹上点药膏;抹一层糨糊;

2.擦。
3.勾掉;除去;不计在内:抹杀;抹零。

mā(麻)
1.擦:抹桌子。
2.用手按着并向下移动:把帽子抹下来。

mò(墨)
1.把和好了的泥或涂上后再用抹(mò)子弄平:抹墙。
2.紧挨着绕过:转弯抹角。

万

mò(殁)
万俟(qí):姓。

wàn
1.数目:十个千。
2.比喻很多:万国;万事;万物;万水千山。
3.极;很;绝对:万全;万不得已;万不能行。
4.姓。

嘿

mò(殁)
同"默"。

hēi(黑)
叹词。
1.表示招呼或提起注意。
2.表示得意。
3.表示惊异。

牟

móu(谋)
1.牟取:牟利。
2.姓。

mù(牧)
牟平,县名,在山东。

哪(那)

nǎ
1.疑问代词:
a.后面跟量词或数词加量词,表示要求在几个人或事物中确定其中的一部分:我们这里有两位张师傅,您要会见的是哪位?
b.单用,跟"什么"相同,常用"什么"交互着用:什么叫吃亏,哪叫上算,全都谈不到。

注意:"哪"后面跟量词或数词加量词的时候,

在口语里常常说成 něi 或 nǎi,单用的"哪"在口语里只说 nǎ,哪个、哪会儿、哪门子、哪些、哪样,在口语里都常说 něi 或 nǎi。

2.表示反问:没有革命前辈的流血牺牲,哪有今天的幸福生活?

na

哪(呐),助词,"啊"受前一字韵尾 n 的影响而发生的音变,"啊(a)"变成"哪(na)":谢谢您哪/我没留神哪/同志们加油干哪/参看"啊"。

né

哪吒:神话里神的名字。

nǎi(乃)

"哪(nǎ)"的口语音。

那

nà

1.指示代词,指示比较远的人或事物。

a.后面跟量词、数词加量词,或直接跟名词:那老头儿;那棵树;那地方;那时候。

b.单用:那是谁? 那是 1937 年。

注意:

①单用的"那"限于在动词前,在动词后面用"那个",只有跟"这"对举的时候可以用"那",如:说这道那的;看看这,看看那,真有说不出的高兴。

②在口语里,"那"单用或者后面直接跟名词,说 nà 或 nè;"那"后面跟量词或数词加量词常常说 nèi 或 nè。

2.连词,跟"那么"(表示跟着上文的语意,申说应有的结果)相同:那就好,好好干吧!"你不拿走,那你不要啦?"

娜

nà(那)

人名用字。

nuó(挪)(旧读 nuǒ)

1.婀娜(ēnuó)(旧读 ěnuǒ)。(姿态)柔软而美好:婀娜多姿

2.袅娜(niǎonuó)(旧读 niǎonuǒ)。

a.形容草木柔软细长:春风吹着袅娜的柳丝。

b.形容女子姿态优美。

南

nán

1.四个主要方向之一,早晨面对太阳时右手的一边:南方;南风(从南来的风);山南;坐北朝南。

2.姓。

nā

南无(mó)。佛教用语。

难

nán

1.做起来费事的(跟"易"相对):难办;笔画多的字很难写;这条路难走。

2.使感到困难:这下子可把我难住了。

3.不容易;不大可能:难免;难保。

4.不好:难听;难看。

〈古〉又同"傩 nuó"。

nàn

1.不幸的遭遇:灾难;遭难;遇难;大难临头;多难兴邦。

2.质问;非难:责难;问难。

囊

nāng

1.囊揣(chuài):

a.虚弱;懦弱(多见于早期白话)。

b.同"囊膪"。

2.囊膪(chuài):猪胸腹部肥而松软的肉。也作囊揣。

náng

1.口袋:药囊;皮囊;探囊取物。

2.像口袋的东西:肾囊、胆囊。

馕

náng

一种烤制成的面饼,维吾尔、哈萨克等民族的主食。

nǎng

拼命地往嘴里塞食物。

呶

náo(挠)

叫嚷;喧哗。

努

nǔ

努:

1.使出(力气):努力。

2.凸出:努着眼睛;努着嘴。

3.用力太过,身体内部受伤。

恁

nèn(嫩)〈方〉

1. 那么;那样:恁大胆;恁有劲儿;要不了恁些(那么多)。

2. 那:恁时;恁时节。

3. 这么;这样:这几棵牡丹,真不知费了多少工夫,方培植得恁茂盛。

nín(您)

同"您"(多见于早期白话)。

嗯

ńg

又 ń,叹词,表示疑问:"嗯?你说什么?"

ňg

又 ň,叹词,表示出乎意外或不以为然:"嗯!你怎么还没去?"

ǹg

又 ǹ,叹词,表示答应:他嗯了一声,就走了。

呢

ne

助词。

1. 用在疑问句(特指问、选择问、正反问)的末尾,表示疑问的语气:这个道理在哪儿呢?"你学提琴呢,还是钢琴呢?"

2. 用在陈述句的末尾,表示确认事实,使对方信服(含有指示而兼铺张的语气):收获不小呢;晚场电影,八点才开呢;这个药灵得很呢。

3. 用在陈述句的末尾,表示动作或情况还在继续:她在井边打着水呢;别走了,外面还在下着雨呢。

4. 用在句中表示停顿(多对举):如今呢,可比往年强多了;喜欢呢,就买下,不喜欢呢,就别买。

ní(尼)

呢子;毛呢;厚呢大衣;呢绒哔叽。

泥

ní(尼)

1. 含水的半固体状的土:泥坑。

2. 半固体状的像泥的东西:印泥;枣泥;蒜泥。

nì(逆)

1. 用土、灰等涂抹墙壁或器物:泥墙;把炉子泥一泥。

2. 固执:拘泥;泥古。

粘

nián(年)

1. 旧同"黏"。

2. 姓。

zhān(毡)

1. 黏的东西附着在物体上或者互相连接:麦芽糖粘在一块儿了。

2. 用黏的东西使物体连接起来:粘信封。

辗

niǎn(撵)

同"碾"(niǎn)。

zhǎn(展)

1. 辗转:

a.(身体)翻来覆去:辗转反侧;辗转不眠。

b.经过许多人的手或经过许多地方;非直接的:辗转流传。

2. 辗转反侧:形容心中有事,躺在床上翻来覆去地不能入睡。

尿

niào

1. 人或动物体内,由肾脏产生,从尿道排泄出来的液体,可以做肥料。

2. 撒尿:尿尿。

suī(虽)

〈口〉小便(名词):小孩儿又尿(niào)了一泡尿(suī)。

尿脬(pao)(尿泡):〈方〉膀胱。

宁

níng(凝)

1. 安宁;宁静。

2. 南京的别称。

nìng

1. 宁可;宁死不屈;宁为玉碎,不为瓦全(比喻宁愿壮烈地死去,不愿苟且偷生)。

2. 岂;难道:山之险峻,宁有逾此?

3. 姓。

拧

níng
　　1.用两只手捏住物体的两端,分别向相反的方向用力:拧毛巾;把麻拧成绳子。
　　2.用两三个手指扭住皮肉使劲转动:拧了他一把。

nǐng
　　1.控制住物体向里转或向外转:拧螺丝;墨水瓶盖子太紧,拧不开了。
　　2.颠倒;错:"他想说'狗嘴里长不出象牙',说拧了,说成'象嘴里长不出狗牙',引得大家哄堂大笑。"
　　3.别扭;抵触:两个人说话,越说越拧。

nìng
　　〈方〉倔强:这孩子脾气真拧,不叫他去他偏要去。

疟

nüè
　　疟疾。

yào(药)
　　义同"疟"(nüè),只用于"疟子"。疟疾:发疟

喏

nuò
　　1.〈方〉叹词。表示让人注意自己所指示的事物:喏,这不就是你的那把雨伞?
　　2.同"诺"。

rě(惹)
　　唱喏:〈方〉作揖(在早期白话中,"唱喏"指一面作揖,一面出声致敬)。

喔

ō
　　叹词,表示了解:"喔,原来是他!"

wō(蜗)
　　象声词,形容公鸡叫的声音。

区

ōu(欧)
　　姓。

qū(驱)
　　1.区别;划分:区分。
　　2.地区;区域:山区;解放区;工业区;住宅区;风景区。
　　3.行政区划单位,如自治区、市辖区、县辖区等。

沤

ōu
　　水泡:浮沤。

òu
　　长时间地浸泡,使起变化:沤麻;沤粪。

派

pā(葩)
　　派司:〈方〉旧指厚纸印成的或订成本儿的出入证、通行证等(英 pass)。

pài(湃)
　　1.指立场、见解或作风、习气相同的一些人:党派;学派;宗派;乐观派。
　　2.作风或风度:气派;派头。
　　3.量词。
　　a.用于派别:两派学者对这个问题有两种不同的看法。
　　b.用于景色。气象、声音、语言等(前面用"一"字):好一派北国风光;一派新气象;一派胡言。
　　4.江河的支流。
　　5.分配;派遣;委派;分派;调(diào)派;派人送去。
　　6.指摘(别人的过失):派不是。
　　7.一种西式点心:苹果派。

排

pái(牌)
　　1.一个挨一个地按着次序摆:排队;排字。
　　2.排成的行列:他坐在后排。
　　3.军队的编制单位,连以下、班以上的一级。
　　4.量词,用于成列的东西:一排子弹;一排椅子;上下两排牙齿。
　　5.排演:排戏;彩排;这是一出新排的京戏。
　　6.一种水上交通工具,用竹子或木头平排地连在一起做成。

7.指扎成排的竹子或木头,便于放在水里运走。

8.用力除去:排除;排挤;排涝;排灌;把水排出去。

9.推:推开;排闼(tà)直入;排门而出。

10.一种西式食品,用大而厚的肉片煎成:牛排。

11.指排球运动。

12.物体从内部释放出来。

pǎi(迫)

〈方〉用楦子填紧或撑大新鞋的中空部分使合于某种形状:把这双鞋子排一排。

迫

pǎi

迫击炮。

pò(破)

1.逼迫;强迫;压迫;迫害;饥寒交迫;被迫出走。

2.急促;急迫;窘迫;从容不迫。

3.接近:迫近。

胖

pán(盘)

安泰舒适:心广体胖。

pàng

(人体)脂肪多,肉多(跟"瘦"相对):肥胖;这孩子很胖。

刨

páo

(走兽)用脚刨地:刨槽(牲口排刨槽根);虎刨泉,在杭州。

pǎo

1.两只脚或四条腿迅速前进:赛跑;火车飞跑。

2.逃走:别让兔子跑了。

3.〈方〉走:跑路。

4.为某种事物而奔走:跑码头;跑材料;跑买卖。

5.物体离开了应该在的位置:跑电;跑油;跑气。

6.液体因挥发而损耗:瓶子没盖严,汽油都跑了。

喷

pēn

(液体、气体、粉末等)受压力而射出:喷泻;火山喷火;喷气式飞机。

pèn

〈口〉(喷儿)。

1.果品、蔬菜、鱼虾等大量上市的时期:对虾喷儿;西瓜正在喷儿上。

2.量词。开花结果的次数;成熟收割的次数:头喷棉花;绿豆结二喷角了。

澎

pēng(烹)

溅:澎了一身水。

péng(彭)

澎湖列岛:我国群岛名,在台湾海峡中。

铍

pī(披)

1.针砭(biār)用的长针。

2.长矛。

pí(皮)

金属元素,符号 Be。

劈

pī

1.用刀、斧等由纵面破开:劈木柴;劈成两半;劈风斩浪。

2.正对着;冲着(人的头脸胸部):劈头;劈脸。

3.雷电毁坏或击毙:老树让雷劈了。

4.简单机械,由两个斜面合成,纵截面呈三角形,木工、金工用的楔子和刀、斧各种切削工具的刀都是劈。也叫尖劈。

pǐ(匹)

1.分开;分:劈成三段。

2.分裂;使离开原物体:劈莴苣叶。

3.腿或手指等过分叉开。

埤

pí(皮)

增加。

pì(辟)

埤堄(pìnì):城上矮墙。也作埤倪。

吡

pǐ(匹)

诋毁；斥责。

bǐ(比)

吡啶(bǐdìng)：有机化合物，分子式 C_5H_5N，无色液体，有臭味。

辟

pì

1. 开辟。

2. 透彻；精辟；透辟。

3. 驳斥或排除(不正确的言论或谣言)：辟谣；辟邪说。

4. 法律；法：大辟(古代指死刑)。

pī(披)

辟头，同"劈头"。

1. 正冲着头；迎头。

2. 一开头；起首。

bì(嬖)

1. 君主；复辟。

2. 排除：辟邪。

3. 同"避"。

片

piān

1. 片儿：同"片"(piàn)，用于相片儿、画片儿等词。

2. 片子：

a. 电影胶片，泛指影片：换片；送片。

b. X 光照相的底片：拍片。

c. 留声机的唱片。

piàn

1. (片儿)平面薄的东西，一般不很大：布片儿；玻璃片儿；纸片儿；明信片。

2. (片儿)指较大地区内划分的较小地区：分片传达。

3. 用刀横割成薄片(多指肉)：片肉片儿。

4. 不全的；零星的；简短的：片面；片刻；片言；片纸只字。

5. 量词。

a. 用于成片的东西：两片药。

b. 用于底片和水面等：一片草地；一片汪洋。

c. 用于景色、气象、声音、语言、心意等(前面用"一"字)：一片新气象；一片欢腾；一片脚步声；一片胡言；一片真心。

6. 姓。

缏

pián(便)

用针缝。

biàn(变)

草帽缏。

漂

piāo(飘)

停留液体表面不动，或顺着风向、液体流动的方向移动：树叶在水上飘着；远远漂过来一只小船。

piǎo(殍)

1. 漂白：漂过的布特别白。

2. 用水冲去杂质：漂朱砂。

piào(票)

〈方〉(事情、账目等)落空：那事情没有什么指望，漂了。

缥

piāo(飘)

缥缈。形容隐隐约约，若有若无：虚无缥缈。也作"飘渺"。

piǎo(殍)

1. 青白色。

2. 青白色丝织品。

朴

piáo(瓢)

姓。

pō(坡)

朴刀：一种旧式兵器，刀身狭长，刀柄略长，双手使用。

pò(破)

朴树，落叶乔木，木材可制器具。

pǔ(普)

朴实；朴质；俭朴；诚朴；朴素。

撇

piē

1. 弃置不顾；抛弃；撇开：把老一套都撇了。

2.从液体表面上轻轻地舀:撇油;撇沫儿。

piē

1.平着扔出去:撇砖头;撇手榴弹;把早上的事撇到脑袋后头去了。

2.(撇儿)汉字的笔画,向左斜下,形状是"丿"。

3.量词,用于像撇儿的东西:他有两撇儿漆黑的眉毛。

拚

pīn

不顾一切地干,豁出去:拚命。

pàn(盼)

舍弃不顾:拚弃;拚命。

蘋

pín(频)

蕨类植物,也叫田字草。

píng

苹。

1.苹果。

2.苹果绿:浅绿。

屏

píng(平)

1.屏风;画屏;

2.形状像屏风的东西;孔雀开屏。

3.(屏儿)屏条:四扇屏儿;

4.遮挡:屏蔽。

bǐng(饼)

1.抑止(呼吸):屏着呼吸;屏着气。

2.除去;排除:屏除;屏弃。

bīng(兵)

屏营。形容词,惶恐的样子(多用于奏章、书札):不胜屏营待命之至。

魄

pò(粕)

1.迷信的人指依附于人的身体而存在的精神:魂魄。

2.魄力或精力:气魄;体魄。

bó(博)

落魄(落泊)。

1.潦倒失意。

2.豪迈,不拘束。

tuò(唾)

"落魄"的"魄"的又音。

掊

póu

1.聚敛。

2.挖掘。

pǒu

1.击。掊击;抨击。

2.破开。

铺

pū

1.把东西展开或摊平:铺床;铺轨;铺平道路;平铺直叙。

2.〈方〉量词,用于炕或床:一铺炕。

pù(瀑)

1.(铺儿)铺子;商店:肉铺;杂货铺儿。

2.用板子搭成的床:床铺。

3.旧时的驿站,现多用于地名,如五里铺、十里铺。

仆

pū

向前跌倒:前仆后继。

pú(葡)

1.仆人(跟"主"相对):男仆;女仆。

2.古时男子谦称自己。

瀑

pù

瀑布:飞瀑。

bào(爆)

瀑河:水名,在河北。

栖

qī(妻)

本指鸟停在树上,泛指居住或停泊:栖息;栖身;两栖。

xī(牺)

栖栖:形容不安定。

妻

qī

妻子:夫妻;未婚妻;妻离子散;妻儿老小。

qì(契)
把女子嫁给某人。

蹊

qī(凄)
蹊跷(qīqiāo):奇怪;蹊跷。

xī(锡)
小路:蹊径。

其

qí(齐)
1. 他(她、它)的;他(她、它)们的:各得其所;各圆其说。
2. 他(她、它);他(她、它)们:促其早日实现;不能任其自然。
3. 那个;那样:查无其事;不厌其烦。
4. 虚指:忘其所以。
5. 助词。
a. 表示揣测、反诘:岂其然乎? 其奈我何?
b. 表示命令:子其勉之!
6. 词尾;极其;尤其;如其;大概其。

jī(基)
用于人名,郦食其,汉朝人。

跂

qí(齐)
1. 多出的脚趾。
2. 形容虫子爬行。

qì(弃)
抬起脚后跟站着:跂望。

袷

qiā(掐)
袷袢(qiāpàn):维吾尔、塔吉克等民族所穿的对襟长袍。

jiá
见"夹"。

㓦

qiā
咬,比喻相斗:㓦架。

kè
同"嗑"。

铅

qiān(千)
1. 金属元素,符号 Pb。
2. 铅笔芯。

yán(言)
铅山,县名,在江西。

乾

qián(前)
1. 八卦之一,卦形是"☰",代表天。
2. 旧时称男性的:乾造(婚姻中的男方);乾宅(婚姻中的男家)。

gān
见"干"。

慊

qiàn(欠)
憾;恨。

qiè(妾)
满足;满意。

茜

qiàn(欠)
1. 茜草。
2. 红色:茜纱。

xī(希)
人名用字,多用于外国妇女名字的译音(人名中也有读 qiàn 的)。

纤

qiàn(欠)
拉船用的绳子。

xiān(先)
细小:纤尘;纤微。

蹌

qiāng(腔)
蹌蹌(跄跄):形容行走合乎礼节。

qiàng(呛)
蹌踉(跄踉)(qiàngliàng),也作"踉跄":走路不稳,跌跌撞撞的样子。

戗

qiāng(枪)
1. 方向相对;逆:戗风;戗辙儿走(反着规定的交通方向走)。

2.(言语)冲突:两人说戗了,吵了起来。

qiāng(呛)

1.斜对着墙角的屋架。
2.支撑柱子或墙壁使免于倾斜的木头。
3.支撑:用两根木头来戗住这堵墙。

抢

qiāng(枪)

1.触;撞:呼天抢地。
2.同"戗"。

qiǎng

1.抢夺:抢劫;抢掠;抢购。
2.抢先:争先:抢步上前。
3.赶紧;突击:抢修;抢收抢种。
4.刮掉或擦掉物体表面的一层:磨剪子抢菜刀;摔了一跤,膝盖上抢去了一块皮。

呛

qiāng(枪)

由于吃、喝或游泳时不小心,水或食物进入气管引起咳嗽,又突然喷出:喝水太猛,呛着了。

qiàng

有刺激性的气体进入呼吸器官而感到难受:炒辣椒的味儿呛得人直咳嗽。

镪

qiāng(枪)

镪水:强酸的俗称。

qiǎng(强)

古代称成串的钱。

雀

qiāo(敲)

雀子:雀斑。

qiǎo(巧)

义同"雀"(què),用于家雀儿、雀盲眼。

què(鹊)

鸟,体型较小,发声器官较发达,有的叫声很好听。种类很多,常见的有燕、锡嘴等。

悄

qiāo(敲)

悄悄:没有声音或声音很低;(行动)不让人知道。

qiǎo(巧)

1.没有声音或声音很低:悄声。

2.忧愁。

悄然:

a.形容忧愁的样子:悄然落泪。
b.形容寂静无声:悄然无声。

缲

qiāo(敲)

缝纫方法,做衣服边儿或带子时把布边儿往里头卷进去,然后藏着针脚缝;缲边儿;缲一根带子。

sāo(搔)

同"缫"。

翘

qiáo(乔)

1.翘首。〈书〉抬起头来(望):翘首瞻仰;翘首星空;翘首故国。
2.翘棱。〈方〉(木、纸等)平的东西因由湿变干而不平:木板子晒得都翘了。
3.翘楚。〈书〉比喻杰出的人才:医中翘楚。
4.翘企。〈书〉翘首企足,形容盼望殷切:不胜翘企。

qiào(鞘)

一头儿向上仰起:板凳没放稳,这头儿一压那头儿就往上一翘。

谯

qiáo(樵)

1.谯楼。

a.城门上的瞭望楼。
b.鼓楼。

2.姓。

qiào(俏)

同"诮":责备;讥讽。

蕉

qiáo

蕉萃:同"憔悴"。

jiāo(交)

指某些有像芭蕉那样的大叶子的植物:香蕉;美人蕉。

鞘

鞘

qiào(俏)
　　装刀剑的套子:剑鞘;刀出鞘。

shāo(捎)
　　鞭鞘,装在鞭子头上的细皮条等。

切

qiē(茄)
　　1.用力把物品分成若干部分。
　　2.直线、圆或面等与圆、弧或球只有一个交点时叫作切。

qiè(妾)
　　1.合;符合:文章切题;说话不切实际。
　　2.贴近;亲近:切身;亲切。
　　3.急切;殷切:恳切;回国心切。
　　4.切实;切记;切忌;切不可骄傲。
　　5.用在反切后头,表示前两字是注音用的反切,如"塑,桑故切"。
　　反切:我国传统的一种注音方法,用两个字来注一个字的音,例如,"塑,桑故切(或桑故反)"。被切字的声母跟反切上字相同("塑"字声母跟"桑"字声母相同,都是 s);被切字的韵母和字调跟反切下字相同("塑"字的韵母和"故"相同,都是韵母 u,都是去声)。

砌

qiè(窃)
　　砌末(切末):戏曲舞台上所用的简单布景和大小道具。名称起于元曲,也作切末。

qì(弃)
　　1.用和好的灰泥把砖、石等一层层地叠起:堆砌;砌墙;砌灶;砌烟囱。
　　2.台阶:雕栏玉砌。

契

qì(弃)
　　1.用刀雕刻。
　　2.刻的文字:书契;殷契。
　　3.买卖房地产等的文书,也是所有权的凭证:地契;房契。
　　4.投合:默契;投契;相契。

xiè(泄)
　　人名,商代的祖先,传说是舜的臣。

趄

qiè(妾)
　　倾斜:趄坡儿;趄着身子。

jū(拘)
　　趑趄(zījū)。
　　1.行走困难。
　　2.想前进又不敢前进;趑趄不前。

亲

qīn(钦)
　　1.父母:父亲;母亲;双亲。
　　2.血统最接近的:亲弟兄(同父母的弟兄)。
　　3.有血统或婚姻关系的:亲属;亲戚;沾亲带故。
　　4.婚姻:接亲;定亲;亲事。
　　5.指新妇:娶亲;送亲;迎亲。
　　6.关系近;感情好(跟"疏"相对):亲近;亲密;不分亲疏。
　　7.亲自:亲身;亲手;亲口;亲眼所见。
　　8.用嘴唇接触(人或东西),表示亲热:亲吻。

qìng(庆)
　　1.亲家:
　　a.两家人儿女相婚配的亲戚关系。
　　b.儿子的丈人、丈母或女儿的公公、婆婆。
　　2.亲家公:儿子的丈人或女儿的公公。
　　3.亲家母:儿子的丈母或女儿的婆婆。

溱

qín(勤)
　　溱潼,镇名,在江苏。

zhēn(真)
　　古水名,在今河南。

覃

qín(芹)
　　姓。

tán(谈)
　　1.深:覃思。
　　2.姓。

鲭

qīng(青)
　　鱼,身体呈梭形而侧扁,鳞圆而细小,头尖,口大。种类很多,生活在海中。

zhēng(征)

鱼跟肉合在一起的菜。

綮

qìng(庆)

肯綮。筋骨结合的地方,比喻最重要的关键:深中肯綮。

qǐ(启)

同"棨"(qǐ):古代官吏出行时用来证明身份的东西,用木制成,形状像戟。

湫

qiū(丘)

水池:大龙湫(瀑布名,在浙江雁荡山)。

jiǎo(绞)

低洼。湫隘:低洼狭小,"街巷湫隘"。

蝤

qiú(求)

蝤蛴(qiúqí):古书上指天牛的幼虫,白色。

yóu(尤)

蝤蛑(yóumóu),梭子蟹:海蟹的一类。

觑

qū(躯)

把眼睛合成一条细缝(注意地看):偷偷地觑了他一眼。

qù(去)

看;瞧:觑视;觑伺;小觑;面面相觑;冷眼相觑。

曲

qū

1.弯曲(跟"直"相对):曲线;曲尺;弯腰曲背;山回水曲;曲径通幽。

2.使弯曲:曲肱(gōng,胳膊)而枕;曲突徙薪。

3.弯曲的地方:河曲。

4.不公正;无理:是非曲直。

5.姓。

6.用曲霉和它的培养基(多为麦子、麸皮、大豆等混合物)制成的块状物,用来酿酒或制酱。

qǔ(取)

1.一种韵文形式,出现于南宋和金代,盛行于元代,是受民间歌曲的影响而形成的,句法较词更为灵活,多用口语,用韵也更接近口语。一支曲可以单唱,几支曲可以合成一套,也可以用几套曲子写成戏曲。

2.(曲儿)歌曲;曲调;戏曲;小曲儿;高歌一曲。

3.歌谱:进行曲。

苣

qǔ

苣荬(mǎi)菜:多年生草本植物,野生,茎叶嫩时可以吃。

jù(巨)

莴苣(wōjù):一年生或两年生草本植物,茎和叶子是普通蔬菜。莴苣的变种有莴笋、生菜等。

戌

qu

屈戌儿:铜制或铁制的带两个脚的小环儿,钉在门窗边上或箱、柜正面,用来挂上钉锔或锁,或者成对地钉在抽屉正面或箱子侧面,用来固定U字形的环儿。

xū(虚)

地支的第十一位。戌时:旧时计时法,指晚上七点钟至九点钟的时间。

阙

quē(缺)

1.过失;遗失。

2.同"缺"。

què

宫门前两边供瞭望的楼,泛指帝王的住所:宫阙;伏阙(跪在宫门前)。

嚷

rāng

义同"嚷"(rǎng),只用于"嚷嚷":

a.喧哗;吵闹;

b.声张。

rǎng(壤)

1.喊叫。

2.〈口〉吵闹。

3.〈方〉责备;训斥。

瀼

ráng

瀼河,地名,在河南。

ràng(让)
　　瀼水,水名,在四川。

娆

ráo(饶)
　　娇娆(妖娆):娇艳美好。

rǎo(扰)
　　烦扰;扰乱。

绕

rǎo
　　义同"绕"(rào),用于围绕、环绕、缠绕、缭绕等。

rào
　　1.缠绕:绕线。
　　2.围着转动:运动员绕场一周。
　　3.不从正面通过,从侧面或后面迂回过去:把握船舵,绕过暗礁;此处修路,车辆绕行。
　　4.(问题、事情)纠缠:一些问题绕在他的脑子里。

若

rě(惹)
　　般若:智慧。
　　兰若:寺庙(佛经用语)。

ruò(弱)
　　1.如;好像:安之若素;欣喜若狂;若隐若现;旁若无人;若无其事。
　　2.如果:人不犯我,我不犯人,人若犯我,我必犯人。
　　3.人称代词。你:若辈。

任

rén(仁)
　　1.任县,任丘,县名,都在河北。
　　2.姓。

rèn(刃)
　　1.任用;委任:被委任为厂长。
　　2.担任:任职;连选连任。
　　3.担当;承受:任劳任怨。
　　4.职务;就任;担负重任。
　　5.量词,用于担任官职的次数。
　　6.任凭;听凭;放任;任意;听之任之。
　　7.不论;无论:东西放在这里,任什么也短不

了;任谁也不准乱动这里的东西。

葚

rèn(仞)
　　桑葚儿;桑葚。

shèn
　　桑葚:桑树的果穗,也叫桑葚子。

挼

ruá
　　1.(纸或布)皱:这张纸挼了。
　　2.快要破:衬衫穿挼了。

ruó
　　揉搓:挼挲(摩挲)、搓。
　　挼搓(揉搓):别把鲜花挼搓坏了。

挲

sā(撒)
　　摩挲:用手抚摸。

shā(沙)
　　扠挲(zhāshā):〈方〉(手、头发、树枝等)张开;伸开。也作扎煞。

suō
　　摩挲(mósuō)。

撒

sā
　　1.放开;发出:撒手;撒网。
　　2.尽量使出来或施展出来(贬义):撒泼;撒赖。

sǎ(洒)
　　1.把颗粒状的东西分散着扔出去;散布(东西):撒种;年糕上撒了一层白糖。
　　2.散落;洒:把碗端平,别撒了汤。
　　3.姓。

挲

sà(飒)
　　侧手击。

shā(杀)
　　杂糅。

塞

sāi(腮)
　　1.把东西放进有空隙的地方;填入:把窟窿

塞住。
　　2.塞子:软木塞。
sài(赛)
　　可做屏障的险要地方;边塞;要塞。
sè(色)
　　义同"塞"(sāi),用于某些合成词中。

思
sāi(鳃)
　　于思(yúsāi);形容胡须很多(多叠用)。
sī(私)
　　1.思考:多思;深思;寻思;前思后想。
　　2.思念;怀念;想念:思家;思亲;相思。
　　3.思路;文思。
　　4.姓。

糁
sǎn(散)
　　(方)米饭粒儿。
shēn(伸)
　　(糁儿)谷类磨成的碎粒:玉米糁儿。

散
sǎn(伞)
　　1.没有约束;松开;分散:散漫;松散;行李没打好,都散了;队伍别走散了。
　　2.零碎的;不集中的:散装。
　　3.药末(多用作中药名):健胃散;丸散膏丹。
sàn
　　1.由聚集而分离:烟消云散。
　　2.散布;发散:散传单;公园里散满花香。
　　3.排除;排遣:散闷;散心。

丧
sāng(桑)
　　跟死了人有关的(事情):丧事;治丧。
sàng
　　1.丧失:丧尽天良;丧权辱国。
　　2.情绪低落:懊丧。

臊
sāo(骚)
　　像尿或狐狸的气味:臊气;腥臊。
sào(梢)
　　羞:害臊;臊得脸通红。

扫
sǎo(嫂)
　　1.用笤帚、扫帚除去尘土:扫地;扫雪。
　　2.除去;消灭:扫雷;扫盲。
　　3.很快地左右移动:扫射;眼光向人群一扫。
　　4.归拢在一起:扫数。
sào
　　义同"扫"(sǎo),用于扫帚。

梢
sào(臊)
　　1.象圆锥体的形状。
　　2.锥度。
　　a.柱形物体的横剖面向一端逐渐缩小的形式。也叫"梢"(sào)。
　　b.横剖面缩小的数值,如锥度1∶50,即每长50个单位缩小一个单位。
shāo(烧)
　　条状物的较细的一头:树梢;头发梢。

色
sè(瑟)
　　1.颜色:三色板;五颜六色。
　　2.脸上表现的神气、样子:喜形如色;面不改色;和颜悦色。
　　3.种类:货色;各色各样。
　　4.情景;景象:景色;夜色;行色匆匆。
　　5.物品的质量:成色;足色。
　　6.指妇女美貌:姿色。
shǎi
　　〈口〉(色儿)颜色:掉色;套色;不变色儿。

沙
shā
　　1.细小的石粒:风沙;防沙林;飞沙走石。
　　2.像沙的东西:豆沙。
　　3.姓。
　　4.(嗓音)不清脆,不响亮:沙哑;沙音。
　　5.沙皇。
shà(煞)
　　〈方〉摇动,使东西里的杂物集中,以便清除:把米里的沙子沙一沙。

莎

莎

shā

用于地名、人名。莎车(shāchē),县名,在新疆。

suō(缩)

莎草:多年生草本植物,地下块根叫香附子,供药用,有调经、止痛等作用。

刹

shā(杀)

止住(车、机器等):把车刹住。

chà(岔)

佛教的寺庙:古刹。

杉

shā(杀)

义同"杉"(shān),用于"杉木、杉篙"。

shān(衫)

常绿乔木,树冠的形状像塔,木材白色,质轻,有香味,供建筑和制器具等用。

煞

shā(杀)

1. 结束;收束:煞账。
2. 勒紧;扣紧:煞车、煞一煞腰带。
3. 同"杀"。
   a.削弱;减少;消除:减煞、煞暑气。
   b.用在动词或形容词后,表示程度深:气煞、恨煞;热煞人。

shà(啥)

1. 迷信的人指凶神。
2. 极;很:煞费苦心。

厦

shà

1. (高大的)房子:广厦;高楼大厦。
2. 〈方〉房子里靠后墙的部分,在柁之外:前廊后厦。

xià(夏)

厦门,市名,在福建。

嗄

shà

嗓音嘶哑。

á

同"啊"(á)。

扇

shān(山)

1. 摇动扇子或其他薄片,加速空气流动:扇扇(shàn)子。
2. 同"煽":

shàn(汕)

1. 扇子:折扇;蒲扇。
2. 指板状或片状的东西:门扇。
3. 量词。用于门窗等:一扇门;两扇窗子。

苫

shān(山)

用草做成的盖东西或垫东西的器物:草苫子。

shàn(善)

用席、布等遮盖:要下雨了,快把场里的麦子苫上。

钐

shān(山)

放射性金属元素,符号 Sm。

shàn(善)

〈方〉抡开镰刀或钐镰大片地割:钐草。
钐镰:一种把儿很长的大镰刀。也叫钐刀。

栅

shān(山)

栅板:多级电子管中最靠近阴极的一个电极,具有细丝网或螺旋线的形状,有控制板极电流的强度,改变电子管的性能等作用。

zhà(乍)

栅栏:铁栅;木栅;栅门(栅栏门)。

掺

shān(陕)

持;握:掺手。

càn(灿)

古代一种鼓曲:渔阳掺(就是渔阳三挝)。

chān(搀)

同"搀":把一种东西混合到另一种东西中去。

剡

shàn(善)

剡溪,水名,在浙江。

yǎn(演)

1. 削尖。

2.锐利。

汤

shāng(伤)

汤汤。水流大而急:河水汤汤。

tāng(趟)

1.热水;开水:温汤浸种;扬汤止沸;赴汤蹈火。
2.专指温泉(现多用于地名):汤山。
3.食物煮后所得的汁水:米汤;鸡汤。
4.烹调后汁儿特别多的副食:豆腐汤;菠菜汤。
5.汤药:柴胡汤。
6.姓。

上

shǎng(赏)

指上声;四声之一,上声(shàngshēng)的又音。

shàng(尚)

1.位置在高处的:上部;上游;往上看。
2.等级或品质高的:上等;上级;上品。
3.次序或时间在前的:上卷;上次;上半年。
4.旧时指皇帝:上谕。
5.向上面:上缴;上升;上进。
6.由低处到高处:上山;上楼;上车。
7.到;去(某个地方):上街;上工厂;他上哪儿去了?
8.向上级呈递:上书。
9.向前进:见困难就上,见荣誉就让。
10.出场:这一场球,你们五个人先上。
11.添补;增加:上水;上货。
12.把一件东西安装在另一件东西上;把一件东西的两部分安装在一起:上刺刀;上螺丝。
13.涂;擦:上颜色;上药。
14.登载:上报;上账。
15.拧紧:上弦;表该上了。
16.到规定时间开始工作或学习等:上班了;上课了。
17.达到;够(一定数量或程度):上百人;上年纪。
18.(又 shǎng)四声之一;上声:平上去入。
19.我国民族音乐音阶上的一级,乐谱上用作记音符号,相当于简谱的"1"。

20.用在动词后。
a.表示由低处向高处:爬上山顶。
b.表示达到目的:锁上门;考上了大学。
c.表示开始并继续:爱上了农村。

shang

1.用在名词后,表示在物体的表面:脸上;墙上;桌子上。
2.用在名词后,表示在某种事物的范围以内:会上;书上;课堂上;报纸上。
3.表示某一方面:组织上;事实上;思想上。

捎

shào(少)

稍微向后倒退(多指骡马等)。

shāo(烧)

顺便带:捎封信;捎个口信。

蛸

shāo(艄)

蠨蛸(xiāoshāo):蜘蛛的一种,多在室内墙壁间结网,通称喜蛛或蟢子,以为是喜庆的预兆。

xiāo

螵蛸(piāoxiāo):螳螂的卵块。

稍

shāo

稍微:衣服稍长了一点;你稍等一下。

shào(哨)

稍息:军事或体操口令,命令从立正姿势变为稍息姿势。

少

shǎo(韶)

1.数量小(跟"多"相对):少量;少见多怪。
2.不够原有或应有的数目;缺少(跟"多"相对):账算错了,少一块钱。
3.丢;遗失:屋里少了东西。
4.暂时;稍微:少候;少待。
5.亏欠。

shào(邵)

1.年纪轻(跟"老"相对):男女老少;少年;少女;青春年少。
2.少爷:恶少;阔少。
3.姓。

召

shào(邵)
　　1.周朝国名,在今陕西凤翔县一带。
　　2.姓。
zhào(赵)
　　1.召唤;召集。
　　2.傣族姓。
　　3.寺庙,多用于地名,如乌审召、罗布召,都在内蒙古。

畲

shē(赊)
　　焚烧田地里的草木,用草木灰做肥料的耕作方法。这种耕种的田地叫"畲田"。
yú(于)
　　开垦过两年的田地。

蛇

shé(佘)
　　爬行动物。
yí(仪)
　　委蛇(逶迤):形容道路、山脉、河流等弯弯曲曲延续不绝的样子。

折

shé(佘)
　　1.断(多用于长条形的东西):桌子腿撞折了。
　　2.亏损:折本儿;折耗。
　　3.姓。
zhē(遮)
　　1.翻转:折了一个跟头。
　　2.倒过来倒过去:水太热,用两个碗折一折就凉了。
zhé(哲)
　　1.断;弄断:骨折。
　　2.损失:损兵折将。
　　3.弯;弯曲:曲折;百折不挠。
　　4.回转;转变方向;转折:刚走出大门又折了回来。
　　5.折服:心折。
　　6.折合;抵换:折价;折账;折变。
　　7.折扣:不折不扣。
　　8.北曲每一个剧本分为四折,一折相当于后来的一场。
　　9.折叠:折扇;折尺。
　　10.折子:奏折;存折儿。

舍

shě
　　1.舍弃:四舍五入;舍近求远。
　　2.施舍。
shè(社)
　　1.房屋;宿舍;校舍。
　　2.舍间;敝舍;寒舍。
　　3.养家畜的圈:猪舍;牛舍。
　　4.谦辞,用于对别人称自己的辈分低或年纪小的亲属:舍侄;舍弟。
　　5.姓。
　　6.古代三十里为一舍:退避三舍。

歙

shè(射)
　　歙县,在安徽。
xī(希)
　　吸气。

莘

shēn(深)
　　1.莘莘。形容众多:莘莘学子。
　　2.莘县,在山东。
　　3.姓。
xīn(心)
　　莘庄,地名,在上海市。

什

shén(神)
　　1.什么:疑问代词。
　　a.表示疑问。
　　①单用,问事物:这是什么? 你找什么? 他说什么? 什么叫押韵?
　　②用在名词前面,问人或事物:什么人? 什么事儿? 什么颜色? 什么地方?
　　b.虚指,表示不肯定的事物:他们仿佛在议论什么;我饿了,想吃点儿什么。
　　c.任指。
　　①用在"也"或"都"前面,表示所说的范围之内没有例外:他什么也不怕;只要认真学,什么都能

学会。

②两个"什么"前后照应，表示由前者决定后者：想什么说什么；什么样的人说什么样的话。

d.表示惊讶或不满："什么！九点了，车还没有开！""这是什么鞋！一只大一只小的！"

e.表示责难："你笑什么（不应该笑）？""你说呀！装什么哑巴（不必装哑巴）？"

f.表示不同意对方说的某一句话："什么晒一天，晒三天也晒不干。"

g.用在几个并列成分的前面，表示列举不尽："什么送个信儿啊，跑个腿儿啊，他都干得了。"

2.什么的。

用在一个成分或并列的几个成分之后，表示"……之类"的意思：他就喜欢看文艺作品什么的；修修机器，画个图样什么的，他都能对付。

shí(石)

1.同"十"（多用于分数或倍数）：什一（十分之一）；什佰（十倍或百倍）。

2.多种的；杂样的：什物；什件；家什。

3.姓。

椹

shèn(肾)

同"葚"。

zhēn(真)

同"砧"：锤或砸东西时垫在底下的器具，有铁的（砸钢铁材料时用）、石头的（捶衣服时用）、木头的（即砧板）。

胜

shēng(升)

"肽"的旧称。淘汰：裁汰。

shèng(盛)

1.胜利（与"负"或"败"相对）：打胜仗；取胜。

2.打败（别人）：以少胜多；战胜敌人。

3.比另一个人优越（后面常带"于、过"等）：事实胜于雄辩；实际行动胜过空洞的言辞。

4.优美的（景物、境界等）：胜景；胜境；引人入胜。

5.(旧读 shēng)能够承担或承受：胜任；数不胜数；不胜枚举。

6.古代戴在头上的一种首饰：方胜。

省

shěng

1.俭省；节约（跟"费"相对）：省钱；省吃俭用。

2.免掉；减去：省一道工序；这两个字不能省。

3.(词语等)减去一部分所剩下的："佛"是"佛陀"之省。

4.行政区划单位，直属中央。

5.指省会：进省；抵省。

xǐng(醒)

1.检查自己的思想行为：反省；内省。

2.探望；问候（多指对尊长）：省视；省亲。

3.醒悟；明白：省悟；不省人事。

嘘

shī(师)

叹词，表示制止、驱逐等："嘘！别作声！"

xū(须)

1.慢慢地吐气：嘘气。

2.叹气：仰天而嘘。

3.火或蒸汽的热力接触到物体：掀笼屉时小心热气嘘着手；先坐上笼屉把馒头嘘一嘘。

4.〈方〉叹词，表示制止、驱逐等："嘘！屋里有病人，轻一点。"

注意：表示制止、驱逐等，一般用 shī，也作嘘。

5.〈方〉发出"嘘"（xū）的声音来制止或驱逐：大家把他嘘下去了。

识

shí(实)

1.认识；识字；素不相识；有眼不识泰山。

2.见识；知识：卓识；有识之士；常识；学识。

zhì(至)

1.记：博闻强识。

2.记号：款识。

莳

shí(食)

莳萝：多年生草本植物，籽实含有芳香油，可制香精。

shì(市)

1.〈方〉移植（稻子的秧）：莳秧；莳田。

2.栽种：莳花。

食（蝕）

shí（十）

1. 吃：食肉；要多食蔬菜。
2. 专指吃饭：食堂；废寝忘食。
3. 人吃的东西：肉食；面食；主食；副食；济食开胃；丰衣足食。
4. （食儿）一般动物吃的东西；饲料：猪食；鸟儿出来打食了。
5. 供食用或调味用的：食物；食油；食盐。
6. 月球走到地球太阳之间遮蔽了太阳，或地球走到太阳月球之间遮蔽了月球时，人所看到的日月亏缺或完全不见的现象：日食；月食。

sì（四）

拿东西给人吃。

yì（义）

用于人名，郦食其（Lì Yìjī），汉朝人。

峙

shì（世）

繁峙：县名，在山西。

zhì（志）

耸立；屹（yì）立；对峙。

似

shì（氏）

似的（是的），助词，用在名词、代词、动词后面，表示跟某种事物或情况相似：像雪似的那么白；他乐得什么似的。

sì（四）

1. 像；如同；相似；近似；类似；似是而非。
2. 似乎：似属可行；似应从速办理。
3. 表示超过：生活一年强似一年。

氏

shì（是）

1. 姓（张氏是"姓张的"）：张氏兄弟。
2. 放在已婚妇女的姓后，通常在父姓前再加夫姓，作为称呼：赵王氏（夫姓赵，父姓王）。
3. 对名人专家的称呼：顾氏（顾炎武）《日知录》；摄氏温度计；达尔文氏。
4. 用在亲属关系字的后面称自己的亲属：舅氏（母舅）；母氏。

zhī

阏氏；月氏。

殖

shi

骨殖（gǔshi）：尸骨。

zhí

孳生；繁殖；生殖；增殖。

熟

shóu

〈口〉义同"熟"（shú）。

shú

1. 植物的果实等完全长成（跟"生"相对）：西瓜已经熟了。
2. （食物）加热到可以食用的程度：熟菜；饭熟了。
3. 加工制造或锻炼过的：熟皮子；熟铁。
4. 因常见或常用而知道得清楚：熟人；这条路我常走，所以很熟。
5. 熟练：熟手；熟能生巧。
6. 程度深：熟睡；深思熟虑。

数

shǔ（暑）

1. 查点（数目）；逐个说出数目：数数目。
2. 计算（比较）起来最突出：数一数二。
3. 列举（罪状）：数说；数其罪。

shù（树）

1. （数儿）数目：人数；岁数；次数；数以万计；心中有数。
2. 表示事物的量的基本数学概念，例如，自然数、级数、有理数、无理数、实数、复数、质数等。
3. 一种语法范畴，表示名词或代词所指事物的数量，例如，英语名词有单、复两种数。
4. 天数：在数难逃（迷信）。
5. 几；几个：数十种；数小时。

shuò

屡次：数见不鲜。

属

shǔ（暑）

1. 类别：金属。

2.生物学中把同一科的生物按照彼此相似的程度再分为不同的群,叫作属,如猫科有猫属、虎属等,乔木科有稻属、小麦属、燕麦属等。属以下为种。
3.隶属;直属;附属;湟中县属青海省。
4.归属;胜利属于人民!
5.家属;亲属;军属;烈属。
6.系;是;属实;纯属虚构。
7.用十二属相记生年;哥哥属马,弟弟属鸡。

zhǔ(煮)
1.连缀;连续;属文;前后相属。
2.(意念)集中在一点;属意;属望。
〈古〉又同"嘱"。

术

shù(树)
1.技艺;技术;学术;美术;武术;医术;术语;不学无术。
2.方法;策略;战术;权术。
3.手术;术前;术后。
4.姓。

zhú(烛)
1.苍术:多年生草本植物,开白色或淡红色的花,根状茎中医入药,有健胃作用。
2.白术:多年生草本植物,叶子椭圆形,花紫红色,根状茎中医入药,有健脾去湿的作用。
3.莪术:多年生草本植物,叶子长椭圆形,花黄色,根状茎中医入药。

刷

shuā
1.(刷儿)刷子:牙刷;鞋刷子。
2.用刷子清除或涂抹:刷牙;刷鞋;刷锅;用石灰浆刷墙。
3.同"唰",形容迅速擦过去的声音。

shuà
〈方〉挑拣:打这堆梨里头刷出几个好的给奶奶送去。

说

shuì(税)
用话劝说使人听从自己的意见:游说。

shuō
1.用话来表达意思:我不会唱歌,只说了个笑话。
2.解释:一说就明白。
3.言论;主张:学说;著书立说。
4.责备;批评:挨说了;她说了他几句。
5.指说合;介绍:说婆家。
6.意思上指:他这段话是说谁呢?

yuè(越)
同"悦"。

俟

sì(四)
等待:俟机进攻。

qí
万俟(mòqí),姓。

伺

sì(四)
观察;守候:窥伺;伺隙;伺机。

cì(次)
伺候:在人身边供使唤,照料饮食起居。

擞

sǒu(嗽)
〈方〉用通条捅到火炉里抖动,使炉灰掉下去:擞火;把炉子擞一擞。

sǒu(叟)
抖擞。振作:精神抖擞;抖擞精神。

宿

sù(诉)
1.夜里睡觉;过夜:宿舍;宿营;住宿;露宿。
2.姓。
3.旧有的;一向有的:宿疾;宿志。
4.年老的;久于其事的:耆(qí)宿;宿将(jiàng)。

xiǔ(朽)
量词,用于计算夜:住了一宿;谈了半宿;三天两宿。

xiù(袖)
我国古代天文学家把天上某些星的集合体叫

作宿:星宿;二十八宿。

缩

sù(塑)

缩砂密:多年生草本植物,入中药(种子)叫砂仁,也叫"缩砂"。

suō(梭)

1.由大变小或由长变短;收缩:紧缩;热胀冷缩。

2.没伸开或伸开了又收回去;不伸出:乌龟的头老缩在里面。

3.后退:退缩;畏缩。

遂

suí(隋)

半身不遂(偏瘫):身体一侧发生瘫痪,多由脑内出血引起。

suì(碎)

1.顺;如意:遂心;遂愿。

2.成功:未遂犯;所谋不遂。

3.就;于是:服药后腹痛遂止。

踏

tā(他)

踏实(塌实)。

1.(工作或学习的态度)切实;不浮躁。

2.(情绪)安定;安稳:事情办完就踏实了;翻来覆去睡不踏实。

tà(榻)

1.踩;践踏;踏步;脚踏实地。

2.在现场(查勘):踏看;踏勘。

台

tāi(胎)

指台州,地区名;天台,山名。都在浙江。

tái(抬)

1.平而高的建筑物,便于在上面远望:瞭望台;塔台;亭台楼阁。

2.公共场所室内外高出地面便于讲话或表演的设备(用砖砌或用木料等成):讲台;舞台;主席台。

3.某些做座子用的器物:锅台;磨台;灯台;蜡台。

4.(台儿)像台的东西:井台;窗台儿。

5.量词:一台戏;一台机器。

6.桌子或类似桌子的器物:写字台;梳妆台。

7.敬辞,旧时用于称呼对方或跟对方有关的动作:兄台;台鉴;台启。

8.姓。

9.台风:发生在太平洋西部海洋和南海海上的热带空气漩涡,是一种极猛烈的风暴,风力常达十级以上,同时有暴雨。夏秋两季常侵袭我国。

苔

tái(抬)

苔藓植物的一种,属于这一纲的植物,茎和叶子的区别不明显,绿色,生长在阴湿的地方。

tāi

舌苔。

铊

tán(谈)

古代兵器,长矛。

xiān(先)

同"铦",锋利:铦利。

趟

tàng(烫)

1.量词,表示走动的次数,方言中不限于走动:看一趟;洗一趟;约过他三趟。

2.(趟儿)行进的行列:跟不上趟。

3.〈方〉量词,用于成行的东西:半趟街;一趟栏杆;两趟桌子;几趟大字。

tāng

旧同"蹚"。

镗

tāng(汤)

同"嘡"。象声词,形容打钟、敲锣一类声音。

táng(棠)

用镗床切削机器零件上已有的孔眼。也作"搪"。

饧

táng(棠)

同"糖"。

xíng(刑)

1.糖稀。

2. 糖块、面剂子等变软:糖烫了。
3. 精神不振,眼睛半睁半闭:眼睛发烫。

掏

tāo(绦)

1. 用手或工具伸进物体的口,把东西弄出来:掏钱;掏耳朵;掏口袋;掏麻雀窝。
2. 挖:在墙上掏一个洞。

táo(桃)

从深的地方舀出污水、泥沙、粪便等。

忒

tè(特)

差错:差忒。

tēi

tuī(忒)的又音。

tuī(推)

〈方〉太:这个屋子忒小,挤不下。

螣

téng(滕)

螣蛇:古书上说的一种能飞的蛇。

tè(特)

同"螣":古书上指吃苗叶的害虫。

擿

tī(梯)

揭发:发奸擿伏(揭发奸邪,使无可隐藏)。

zhì(志)

同"掷":扔;投。

体

tī(梯)

体己。

1. 家庭成员个人积蓄的(财物);私房:体己钱。
2. 亲近的;贴心的:体己人;体己话。

tǐ

1. 身体,有时指身体的一部分:体重;上体;肢体;五体投地。
2. 物体:固体;液体;整体;集体。
3. 文字的书写形式;作品的体裁:字体;草体;文体;旧体诗。
4. 亲身(体验);设身处地(着想):体会;体验;体谅;身体力行。

5. 一种语法的范畴,多表示动词所指动作进行的情况。

绨

tí(啼)

厚绸子:绨袍。

tì(替)

比绸子厚实、粗糙的纺织品,用蚕丝或人造丝做经、棉线做纬织成。

裼

tì(替)

婴儿的衣服。

xī(析)

脱去上衣,露出身体的一部分:坦裼。

挑

tiāo(佻)

1. 挑选。
2. 挑剔。
3. 扁担等两头挂上东西,用肩膀支起搬运:挑担;挑水。
4. (挑儿)挑子:挑挑儿。
5. (挑儿)量词,用于成挑儿的东西:一挑儿白菜。

tiǎo(窕)

1. 用竹竿等一头支起:把帘子挑起来。
2. 用细长的东西拨:挑火(拨开炉灶的盖火,露出火苗);挑刺。
3. 一种刺绣的方法,用针挑起经线或纬线,把针上的线从底下穿过去:挑花。
4. 挑拨;挑动;挑战;挑衅;挑是非。
5. 汉字的笔画,由左斜上,形状是(㇀)。

帖

tiē(贴)

1. 服从;顺从:服帖。
2. 妥当;稳当:妥帖。
3. 姓。

tiě(铁)

1. 邀请客人的通知:请帖。
2. 旧时写着生辰八字的纸片;庚帖;换帖。
3. (帖儿)写着字的小纸片:字帖儿(便条)。
4. 〈方〉量词,用于配合起来的若干味汤药:一帖药。

tiè

学习写字或绘画时临摹用样本：碑帖；法帖；习字帖；画帖。

町

tǐng（挺）

1. 田界。
2. 田地。

dīng（叮）

畹町镇，地名，在云南。

梃

tǐng

1. 棍棒。
2. 梃子：门梃、窗梃。
3. ⟨方⟩（梃儿）花梗：独梃儿（只开一朵花的花梗）；梃折了。

tìng

1. 杀猪后，在猪的后腿上割一个口子，用铁棍贴着腿皮往里捅叫作梃。捅出沟之后，往里吹气，使猪皮绷紧，以便去毛除垢：梃猪。
2. 梃猪用的铁棍。

同

tóng（童）

1. 相同；一样：同类；同岁；同工同酬；大同小异；求同存异。
2. 跟……相同：同上；同前；"仝"同"二"。
3. 共同。
4. 一齐（从事）：一同；会同；陪同；同甘共苦。
5. 介词，引进动作的对象，跟"跟"相同：有事同群众商量。
6. ⟨方⟩介词，表示替别人做事，跟"给"相同：你别着急，我同你出个主意。
7. 介词，引进比较的事物，跟"跟"相同：今年的气候同往年不一样。
8. 连词，表示并列关系，跟"和"相同：我同你一起去。
9. 姓。

tòng（痛）

胡同。

通

tòng（痛）

（通儿）量词，用于动作：打了三通鼓；挨了一通儿说。

tōng

1. 没有堵塞，可以穿过：山洞快要打通了；这个主意行得通。
2. 用工具戳，使不堵塞：用通条通炉子。
3. 有路到达：四通八达。
4. 连接；相来往：沟通；串通；私通；通商；互通有无。
5. 传达；使知道：通知；通报；通个电话。
6. 了解；懂得：通晓；精通业务；粗通文墨。
7. 指精通某一方面的人：万事通；美国通。
8. 通顺：文章写得不通。
9. 普通；一般：通常；通病；通例；通称。
10. 整个；全部：通共；通夜；通盘。
11. 量词，用于文书电报等：一通电报；一通文书；手书两通。
12. 姓。

菟

tú（图）

於菟（wūtú）：古代楚人称虎。

tù（兔）

菟丝子：一年生草本植物，茎很细，呈丝状，黄白色，茎上有吸收别的植物体营养的器官，叶子退化，开白色小花。多寄生在豆科植物上，对栽培植物有害。种子黄褐色，中医入药，有补肾、止泻等作用，也叫菟丝。

吐

tù（兔）

1. （消化道或者呼吸道里的东西）不自主地从嘴里涌出：呕吐；吐血；上吐下泻。
2. 比喻被迫退还侵占的财务。

tǔ（土）

1. 使东西从嘴里出来：吐核儿。
2. 从口儿或缝儿里长出来或露出来：吐穗儿；吐絮；蚕吐丝。
3. 说出来：谈吐；吐露；吐实；吐字清楚。

倪

tuì(退)
　　美好；相宜。
tuō(脱)
　　1. 简易。
　　2. 适当；应当。

褪
tuì(退)
　　脱(衣服、羽毛、颜色等)；褪去冬衣；小鸭褪了黄毛。
tùn
　　1. 退缩身体的某部分，使套着的东西脱离：褪壳儿；褪下一只袖子。
　　2. 〈方〉藏在袖子里：褪着手；袖子里褪着一封信。

屯
tún(豚)
　　1. 聚集；储存：屯聚；聚草屯粮。
　　2. (军队)驻扎：驻屯；屯兵。
　　3. 村庄(多用于村庄名)：皇姑屯(在辽宁)；小屯(在河南)；富昌屯(在河北)。
zhūn(谆)
　　屯邅(zhūnzhān)：同"迍邅"(zhūnzhān)。
　　1. 迟迟不进。
　　2. 困顿不得志。

柁
tuó(驼)
　　木结构屋架中顺着前后方向架在柱子上的横木。
duò
　　同"舵"：船、飞机等控制方向的装置：升降柁；方向柁。

拓
tuò(唾)
　　1. 开辟(土地、道路)：开拓；开荒；公路拓宽工程。
　　2. 姓。
tà(榻)
　　把碑刻、铜器等的形状和上面的文字、图形印

下来：拓印；把碑文拓下来。

哇
wā(蛙)
　　象声词，形容呕吐声、大哭声等。
wa
　　助词，"啊"受到前一字收音 u 或 ao 的影响而发生的变音：才几天工夫哇，麦子就长过了膝盖；你好哇？

凹
wā(蛙)
　　同"洼"，用于地名：核桃凹(在山西)。
āo
　　低于周围(跟"凸"相对)：凹凸不平。

瓦
wǎ
　　1. 铺屋顶用的建筑材料。
　　2. 用泥土烧成的：瓦盆；瓦器。
　　3. 瓦特的简称。
wà(袜)
　　铺(瓦)；盖(瓦)：这排房子的房顶都苫好了，就等着瓦瓦(wǎ)了。

崴
wǎi
　　1. 山路不平。
　　2. 崴子(用于地名)：海参崴。
　　3. (脚)扭伤：走路不小心，把脚给崴了。
wēi(威)
　　崴嵬(wēiwéi)：形容山高。

苑
wǎn(宛)
　　紫苑：多年生草本植物，根和茎入中药。
yù(玉)
　　茂盛。

王
wáng
　　1. 君主；最高的爵位：国王；亲王；王爵；蜂王。
　　2. 大：王父(祖父)；王母(祖母)。
　　3. 姓。

wàng
　　古代称君主有天下:王天下。

委

wēi(薇)
　　委蛇:
　　①同"逶迤"。
　　②敷衍;应付:虚与委蛇。

wěi(伟)
　　1.把事交给别人去办:委托;委派;委以重任。
　　2.抛弃:委弃;委之于地。
　　3.推诿:委罪。
　　4.曲折:委曲;委婉。
　　5.积聚;委积。
　　6.水流所聚;水的下游;末尾:原委;穷源竟委。
　　7.无精打采;不振作:委顿。
　　8.的确;确实:委实;委系实情。

为

wéi(违)
　　1.做;作为:事在人为;敢作敢为;大有可为;青年有为。
　　2.充当:送他为代表。
　　3.变成;成:一分为二;化为乌有;变沙漠为良田。
　　4.是:十寸为一尺。
　　5.介词,被(跟"所"字合用):这种艺术形式为广大人民所喜闻乐见。
　　6.助词,常跟"何"相应,表示疑问:"何以家为(要家干什么)?"
　　7.附于某些单词形容词后,构成表示程度、范围的副词:大为高兴;广为传播;浑为感动。
　　8.附于某些表示程度的单音副词后,加强语气:极为重要;甚为便利;颇为可观;尤为出色。

wèi(未)
　　1.帮助;卫护:"为吕氏者右袒,为刘氏者左袒。"
　　2.表示行为的对象;给;替:为你庆幸;为人民服务;为这本书写一篇序。
　　3.表示目的:为建设共产主义而奋斗。
　　4.对;向:不足为外人道。
　　5.因为:为何?

圩

wéi(惟)
　　圩子;筑圩;圩堤;圩埂。

xū(需)
　　湘、赣、闽、粤等地区称集市(古书中作"虚"):圩市;赶圩(赶集);圩镇。

尾

wěi(委)
　　1.尾巴。
　　a.鸟、兽、鱼、虫等动物的身体末端突出的部分,主要作用是辅助运动,保持身体平衡等。
　　b.某些物体的尾部:尾翼;彗星尾巴。
　　2.二十八星宿之一。
　　3.末端;末尾:排尾;有头无尾。
　　4.主要部分以外的部分;没有了结的事情:尾数;扫尾工程。
　　5.量词,用于鱼:一尾鱼。

yǐ(椅)
　　1.特指马尾上的毛:马尾罗。
　　2.特指蟋蟀的尾部的针状物:三尾儿(雌蟋蟀)。

遗

wèi(未)
　　赠予:遗之千金。

yí(宜)
　　1.遗矢。
　　2.遗失的东西:路不拾遗。
　　3.遗漏:遗忘;补遗。
　　4.留下:遗憾;不遗余力。
　　5.专指死人留下的:遗嘱;遗著。
　　6.排泄大小便或精液(多指不自主的):遗失;遗尿;遗精。

尉

wèi(未)
　　1.古官名:太尉。
　　2.尉官。
　　3.姓。

yù(裕)
　　1.尉迟:姓。
　　2.尉犁:县名,在新疆。

蔚

wèi
1. 茂盛;盛大:蔚成风气。
2. 有文采的:云蒸霞蔚。

yù
蔚县:在河北。

纹

wén(文)
1. (纹儿)纺织品上的花纹:绫纹。
2. 纹路:指纹;螺纹;波纹;皱纹。

wèn(问)
同"璺"(wèn):陶瓷、玻璃等器具上的裂痕。

滃

wēng(翁)
滃江,水名,在广东。

wěng
1. 形容水盛。
2. 形容云起。

挝

wō(涡)
老挝:亚洲国名。

zhuā(抓)
1. 马鞭子。
2. 敲;打(鼓):挝鼓。
3. 同"抓"。

涡

wō(蜗)
漩涡:水涡。

guō(锅)
涡河,发源于河南,流入安徽。

涴

wò(卧)
〈方〉弄脏,如油、泥粘在衣服或器物上。

yuān(渊)
涴市,地名,在湖北。

阏

è(扼)
1. 堵塞。
2. 闸板。

yān(淹)
阏氏:汉代匈奴称君主的正妻。

兀

wū(污)
兀秃(乌涂)。
1. 水不凉也不热(多指饮用的水):乌涂水不好喝。
2. 不爽利;不干脆。

wù(误)
1. 高高地突起:突兀。
2. 形容山秃,泛指秃:秃鹫。

乌

wū
1. 乌鸦:"月落乌啼霜满天,江枫渔火对愁眠。"
2. 黑色:乌云;乌木。
3. 姓。
4. 何;哪里(多用于反向):乌足道哉?

wù(务)
1. 乌拉(靰鞡):东北地区冬天穿的鞋,用皮革制成,里面垫乌拉草。
2. 乌拉草:多年生草本植物,茎和叶晒干后,垫在鞋或靴子里,可以保暖。

捂

wú(无)
枝捂。同"支吾":用含混的话搪塞;说话含混躲闪。

wǔ(五)
遮盖住或封闭起来:捂着嘴笑;放在罐子里捂起来,免得走味。

唔

wú(吴)
咿唔:象形词,形容读书的声音。

ńg
嗯。叹词,表示疑问:"嗯?你说什么?"

铻

wú(梧)
锟铻(kūnwú),古书上记载的山名,所产的铁可以铸刀剑,因此锟铻也指宝剑。

yǔ(宇)
龃铻(jǔyǔ)。同"龃龉":上下牙齿不齐,比喻意见不合,双方发生龃龉。

媳

xī(夕)

同"嬉":游戏;玩耍。

āi(哀)

媲弛(āijiě)。

1. 祖母。
2. 尊称年老的妇女。

禧

xī

釐同"僖"。

xǐ(洗)

1. (旧读 xī)幸福;吉祥:年禧;福禧。
2. 喜庆:禧贺。

lí(丽)

"釐"另见"厘"。

洗

xǐ(喜)

1. 用水或汽油、煤油等去掉物体上面的脏东西:洗脸;干洗;洗衣服。
2. 洗礼:领洗;受洗。
3. 洗雪:洗冤。
4. 清除:清洗。
5. 像用水洗净一样杀光或抢光:洗城;洗劫。
6. 照相的显影定影:冲洗;洗胶卷;洗相片。
7. 把磁带上的录音去掉:那段讲话的录音已经洗了。
8. 玩牌时把牌掺和整理,以便继续玩:洗牌。
9. 笔洗。

xiǎn(显)

姓。

铣

xǐ(喜)

用铣床切削金属。

xiǎn(显)

铣铁:铸铁。

戏

xì(细)

1. 玩耍;游戏;儿戏。

2. 开玩笑;嘲弄;戏弄;嬉戏;戏言。
3. 戏剧,也指杂技:一出京戏;马戏;把戏。
4. 姓。

hū(忽)

於戏(wū hū),同"呜呼"。

唬

xià(夏)

同"吓",吓唬:使害怕。

hǔ(虎)

虚张声势、夸大事实来吓人或蒙混人。

鲜

xiān(先)

1. 新鲜:鲜肉;鲜啤酒;鲜花。
2. 鲜明:鲜艳;鲜红。
3. 鲜美:味道鲜美。
4. 鲜美的食物:时鲜;尝鲜。
5. 特指鱼、虾等水产食物:鱼鲜。
6. 姓。

xiǎn(显)

少:鲜见;鲜有。

纤

xiān(掀)

细小:纤尘;纤微。

qiàn(欠)

拉船用的绳子。

闲

xián(弦)

1. 没有事情;没有活动,有空(跟"忙"相对);游手好闲。
2. (房屋、器物等)不在使用中:闲房;不让机器闲着。
3. 闲空儿:农闲;忙里偷闲。
4. 与正事无关的:闲谈;闲话。

jiān(肩)

"闲"另见"间"。

1. 中间:同志之间。
2. 一定的空间或时间里:田间;人间;晚间。
3. 一间屋子:房间;里间;车间;衣帽间。

4.量词,房屋的最小单位:一间卧室;三间门面。

jiàn

"間"另见"间":

1.(间儿)空隙;乘间;当间儿;团结无间。

2.隔开;不连接:相间;间隔。

3.挑拨使人不和:离间;反间计。

4.拔去或锄去(多余的幼苗):间苗。

县

xiàn(现)

行政区划单位,由地区、自治州、直辖市领导。

xuán(玄)

〈古〉同"悬"。

相

xiāng(襄)

1.互相:相像;相识;相距太远;不相上下。

2.表示一方对另一方的动作:实不相瞒;好言相劝。

3.姓。

4.亲自观看(是不是合心意):相亲;相中。

xiàng(项)

1.相貌;外貌:长相;聪明相;可怜相;狼狈相。

2.物体的外观:月相;金相。

3.坐、立等的姿态:站有站相,坐有坐相。

4.相位。

5.交流电路中的一个组成部分,例如,三相交流发电机有三个绕组,每个绕组叫作一相。

6.相态。

7.观察事物的外表,判断其优劣:相马。

8.姓。

9.辅助:吉人天相(套语,用来安慰遭遇危险或困难的人)。

10.宰相:丞相。

11.某些国家的官名,相当于中央政府的部长。

12.旧时指帮助主人接待客人的人:傧相。

肖

xiāo(消)

姓("萧"俗作"肖")。

xiào(孝)

相似;像:惟妙惟肖;寥寥几笔,神情毕肖。

削

xiāo(消)

用刀斜着去掉物体的表层:削铅笔;削苹果。

xuē(靴)

义同"削"(xiāo),专用于合成词,如剥削、削减、削弱。

效

xiào(效)

教导。

xué(学)

同"学"。

鲑

xié(鞋)

古书上指鱼类的菜肴。

guī(规)

鱼类的一种,是重要的食用鱼类,常见的有大马哈鱼。

邪

xié(谐)

1.不正当:邪说;改邪归正。

2.不正常:邪门儿;一股邪劲儿。

3.中医指引起疾病的环境因素:风邪;寒邪。

4.迷信的人指鬼神给予的灾祸:中邪。

yé(爷)

1.莫邪(镆铘)(mòyé):古代宝剑名。

2.同"耶"。助词,表示疑问的语气。

叶

xié(斜)

和洽;相合:叶韵。

yè(业)

1.(叶儿)植物的营养器官之一,通常由叶片和叶柄组成。通称叶子。

2.形状像叶子的:百叶窗;千叶莲。

3.旧同"页"。

4.姓。

5.较长时期的分段:清朝末叶;20世纪中叶。

写

xiě

1.用笔在纸上或其他东西上做字:写草字;写对联。
2.写作:写诗;写文章。
3.描写:写景。
4.绘画:写生;写真。
5.写意(xiě yì):国画的一种画法,用笔不求工细,注意神智的表现和抒发作者的情趣(跟"工笔"相对)。

xiè(泻)

写意(xièyì):〈方〉舒适。

血

xiě(写)

〈口〉义同"血"(xuè):流了一点血;吐了两口血。

xuè

1.人或高等动物体内循环系统中的液体组织,暗赤或鲜红色,有腥气,由血浆、球和血小板构成,作用是把营养成分和激素输送给体内各个组织,收集废物送给排泄器官,调节体温和抵御病菌等。也叫血液。
2.有血统关系的:血亲。
3.比喻刚强热烈:血性。
4.指月经。

芯

xīn(辛)

1.草木的中心部分。
2.泛指某些物体的中心部分。

xìn(信)

芯子:
1.装在器物中心的捻子或消息之类的东西,如蜡烛的捻子、爆竹的引信等。
2.蛇的舌头。

寻

xín

〈方〉义同"寻"(xún)。

xún(旬)

1.古代长度单位,八尺叫一寻。
2.姓。
3.找:寻求;寻觅;寻人。

兴

xīng(星)

1.兴盛;流行:复兴;新兴;新社会不兴这一套了。
2.使盛行:大兴调查研究之风。
3.开始;发动;创立:兴办;兴工;兴利除弊。
4.起来;晨兴(早晨起来)。
5.〈方〉准许(多用于否定式):说话应该实事求是,不兴胡说。
6.〈方〉或许:明天他也兴来,也兴不来。
7.姓。

xìng(幸)

兴致;兴趣:豪兴;助兴;败兴;雅兴;游兴。

砉

xū(需)

拟声词。皮骨相离声:"砉然嚮然,奏刀騞(huō)然。"

huā(花)

象形词,形容迅速动作的声音:乌鸦砉的一声从树上飞了起来。

吁

xū(须)

1.叹气:长吁短叹。
2.叹词,表示惊异。

yū(淤)

象声词,吆喝牲口的声音。

yù(玉)

为某种要求而呼喊:吁请;吁求;呼吁。

渭

xù(须)

渭水河:水名,在陕西。

xù(许)

1.清。
2.茂盛:其叶渭兮。

芧

xù(絮)

古书上指橡实。

zhù(苎)

　　同"苎":苎麻。

煖

xuān(轩)

　　温暖。

nuǎn(暖)

　　暖。

旋

xuán(玄)

　　1.旋转;旋绕;盘旋;回旋;天旋地转。

　　2.返回;归来:旋里;凯旋。

　　3.(旋儿)圈儿;漩涡;老鹰在空中打旋儿。

　　4.(旋儿)毛发呈旋涡状的地方。

　　5.不久;很快地:入场券旋即发完。

　　6.姓。

xuàn(绚)

　　1.旋转的:旋风。

　　2.用车床切削或用刀转(zhuàn)着圈地削:旋根车轴;把梨皮旋掉。

　　3.旋子。

　　a.一种金属器具,像盘而较大,通常用来做粉皮等。

　　b.温酒时盛水的金属器具。

　　4.副词,临时(做):旋用旋买,客人到了旋做,就常来不及了。

券

xuàn 又 quàn

　　拱券;发券;打券。

quàn(劝)

　　1.票据或作为凭证的纸片:公债券;入场券。

　　2."券(xuàn)"的又音。

噱

xué(穴)

　　笑:发噱。

　　〈方〉噱头。

　　a.引人发笑的话或举动:相声演员的噱头真多。

　　b.花招;摆噱头(耍花招)。

　　c.滑稽:很噱头;噱头极了。

jué(决)

　　大笑:可发一噱。

窨

xūn(勋)

　　同"薰",用于窨茶叶。把茉莉花等放在茶叶中,使茶叶染上花的香味。

yìn(荫)

　　地窨子;地下室。

熏

xùn(训)

　　〈方〉(煤气)使人窒息中毒:炉子装上烟囱,就不至于熏着了。

xūn

　　1.(烟、气等)接触物体,使变颜色或沾上气味:烟把墙熏黑了;臭气熏天;利欲熏心。

　　2.熏制(食品):熏鱼;熏鸡。

　　3.和暖:熏风。

哑

yā(丫)

　　同"呀"。

yǎ(雅)

　　1.用于生理缺陷或疾病:聋哑;哑剧;哑口无言。

　　2.嗓子干涩发不出声音或声音低而不清楚:沙哑;哑嗓子;嗓子都喊哑了。

　　3.因发生故障,炮弹、子弹等打不响:哑炮;哑火。

雅

yǎ(哑)

　　1.合乎规范的:雅正。

　　2.高尚;不粗俗:文雅;雅致;雅座。

　　3.西周朝廷上的乐歌,《诗经》中诗篇的一类。

　　4.敬辞,用于称对方的情意、举动:雅意;雅教。

　　5.交情:无一日之雅。

　　6.平素:雅善鼓琴。

　　7.很;极:雅以为美。

yā(呀)

　　同"鸦"。

疋

yǎ
　　同"雅"。
pǐ(癖)
　　量词,匹。
　　a.用于马、骡等:两匹骡子;三匹马。
　　b.用于整卷的绸或布(五十尺、一百尺不等):一匹绸子;两匹布。

压

yà(压)
　　压根儿。〈口〉根本;从来(多用于否定句):他全忘了,好像压根儿没有这回事。
　　压板。
yā(哑)
　　1.对物体施压力(多指从上而下):压碎;用铜尺把纸压住;泰山压顶不弯腰。
　　2.使稳定;使平静:压咳嗽;压住阵脚;压不住火儿;这出戏很精彩,一定压得住台。
　　3.压制;镇压;别大帽子压人。
　　4.逼近;压境:太阳压树梢。
　　5.搁着不动;积压;这件公文要赶紧处理,别压起来。
　　6.赌博时在某一门上下注。
　　7.超越:技压群芳。

燕

yān(烟)
　　1.周朝国名,在今河北北部和辽宁南部。
　　2.指河北北部。
　　3.姓。
yàn(彦)
　　鸟类的一种,捕食昆虫,对农作物有益,是候鸟。常见的家燕就是燕科的鸟。

湮

yān(烟)
　　1.埋没:湮没;湮灭。
　　2.淤塞。
yīn(因)
　　同"洇",液体蘸在纸上向四外散开或渗透。

烟

yān(淹)
　　1.物质燃烧时产生的混有未完全燃烧的微小颗粒的气体。
　　2.像烟的东西:烟雾;烟霞。
　　3.由于烟的刺激眼睛流泪睁不开:烟了眼睛了。
　　4.烟草;烟叶;烤烟。
　　5.纸烟、烟丝等的统称:香烟;旱烟;烟瘾;请勿吸烟。
　　6.指鸦片:烟土。
yīn(因)
　　烟煴(yīnyūn),同"氤氲"。

咽

yān(淹)
　　口腔后部主要肌肉和黏膜构成的管子。咽分成三部分,上段跟鼻腔相对的部分叫鼻咽,中段跟口腔相对的叫口咽,下段在喉的后部叫喉咽。咽是呼吸道和消化道的共同通路。也叫咽头。
yàn(彦)
　　嘴里的食物或别的东西通过咽头到食道里去:咽唾沫;细嚼慢咽;狼吞虎咽。
yè(夜)
　　声音受阻而低沉。
　　哽咽(gěngyè):哭时不能痛快地出声。
　　呜咽
　　a.低声哭泣。
　　b.形容凄切的水声或丝竹声。

殷

yān(胭)
　　赤黑色。
yīn(音)
　　1.丰盛;丰富:殷实;殷富。
　　2.深厚:殷切;期望甚殷。
　　3.殷勤:招待甚殷。
　　4.朝代,公元前1300—公元前1046年,是商代迁都于殷(今河南安阳西北小屯村)后改用的称号。
　　5.姓。
yǐn(饮)
　　象形词,形容雷声:殷其雷。

研

yán(炎)
　　1.细磨(mó):研药;研磨;研磨成粉。

2.研究;钻研;研习。

yàn(彦)

同"砚"。

芫

yán(岩)

芫荽(yánsuī):一年生草本植物,果实圆形,用作香料,也可入药。嫩茎和叶用来调味。通称香菜。

yuán(原)

芫花:落叶灌木,供观赏,花蕾供药用。

鞅

yāng(央)

(旧读 yǎng)古代用马拉车时安在马脖子上的皮套子。

yàng(恙)

牛鞅:牛拉东西时架在脖子上的器具。也叫牛鞅子。

羊

yáng(洋)

1.哺乳动物,反刍类,分山羊、绵羊、羚羊等多种。

2.姓。

xiáng

古又通"祥"。

烊

yáng(阳)

熔化;溶化。

yàng(恙)

打烊:〈方〉(商店)晚上关门停止营业。

要

yāo(腰)

1.求;要求。

2.强迫;威胁:要挟。

3.同"邀"。

4.姓。

yào(耀)

1.重要;主要;紧要;险要:要事;要点。

2.重要的内容;纲要;摘要;提要;择要记录。

3.希望得到;希望保持:他想要一本书。

4.因为希望得到或收回而有所表示:要账。

5.请求:她要我替她写信。

6.表示做某件事情的意志:他要学游泳。

7.须要;应该:路很滑,大家要小心;早点睡吧,明天还要早起呢!

8.将要:我们要参加劳动竞赛了!要下雨了。

9.表示估计,用于比较:夏天屋子里热,树荫底下要凉快得多。

10.连词:

a.如果:明天要下雨,我就不去了。

b.要么:要么就去打球,要么就去溜冰,别再犹豫了。

约

yāo(夭)

〈口〉用秤称:约一斤肉;约一约有多重。

yuē(曰)

1.提出或商量(须要共同遵守的事):预约;约定;约期。

2.邀请:特约;约请。

3.约定的事;共同订立,须要共同遵守的条文:践约;条约;和约;有约在先。

4.限制使不超出范围;拘束;约束;制约。

5.俭省;节约;俭约。

6.简单;简要:由博反约。

7.大概;大约;约计;约数。

8.约分:5/10 可约成 1/2。

僥

yáo(姚)

僬僥(jiāoyáo):古代传说的矮人。

jiǎo(铰)

侥幸(侥倖、徼倖):由于偶然的原因而得到成功或免去灾害。

繇

yáo(摇)

1.同"徭";劳役。

2.同"谣":

a.歌谣:民谣;童谣。

b.谣言:谣传;造谣。

yóu(邮)

同"由"。

zhòu(宙)

古时占卜的文辞。

陶

yáo(摇)

皋陶(gāoyáo):上古人名。

táo(桃)

1.用黏土烧制的(器物):陶器;陶俑;陶彩。
2.制造陶器:陶冶。
3.比喻教育、培养:熏陶。
4.姓。
5.快乐:陶然;陶醉。

钥

yào(耀)

钥匙。

yuè(月)

钥匙:北门锁钥(北方重镇)。

耶

yē(椰)

耶和华:希伯来人信奉的犹太教中最高的神。基督教《旧约》中用作上帝的同义词。
耶稣教:我国称基督教的新派。耶稣教于19世纪传入我国。

yé(爷)

助词,表示疑问的语气:是耶?非耶?

掖

yè(业)

用手搀扶别人的胳膊,借指扶助或提拔:扶掖;奖掖。

yé(爷)

塞进(衣袋或夹缝里):把书掖在怀里;把纸条从门缝掖进去。

拽(曳)

yè(页)

同"曳"。
拖;拉;牵引:曳光弹;弃甲曳兵。

zhuāi

1.〈方〉扔:把皮球拽得老远。
2.〈方〉胳膊有毛病,转动不灵。

zhuài

拉:生拉硬拽;一把拽住不放。

衣

yī(依)

1.衣服:上衣;内衣;大衣;丰衣足食。
2.包在物体外面的一层东西:炮衣;笋衣;糖衣。
3.胞衣。
4.姓。

yì(意)

穿(衣服);拿衣服给人穿:衣布衣;解衣衣我。

椅

yī(依)

山桐子。

yǐ(以)

椅子:藤椅;躺椅;桌椅板凳。

薅

yí(宜)

除去田野里的野草。

tí(题)

1.植物初生的叶芽。
2.稗(bài)子一类的草。

迤

yí(怡)

逶迤。

yǐ(以)

往;向(表示在某一方向上的延伸):天安门迤西是中山公园,迤东是劳动人民文化宫。

贻

yì(义)

重叠;重复。

yí(移)

移动;移。

荫

yīn(阴)

树荫。

yìn(印)

1.〈口〉没有阳光;又凉又潮。
2.荫庇
3.封建时代由于父祖有功而给予子孙入学或任官的权利。

圻

yín(银)

同"垠"。界限;边际:一望无圻;平沙无圻。

qí(齐)

1. 边界。
2. 姓。

饮

yǐn(尹)

1. 喝:饮料;饮食;饮水思源。
2. 可以喝的东西:冷饮。
3. 饮子:香苏饮。
4. 中医指稀痰。

yìn(印)

给牲畜水喝:饮牲口;马饮过了。

应

yīng(英)

1. 答应:喊他不应。
2. 答应(做);这事我应下来,由我负责吧!
3. 应该:应有尽有;发现错误,应该立即纠正。
4. 姓。

yìng(硬)

1. 回答;答应;呼应。
2. 满足要求;允许;接受;有求必应;应邀。
3. 顺应;适应;应对;应景;得心应手。
4. 应付;应变;应接不暇。

䧹

yīng(英)

同"应"。

yìng(硬)

同"应"。

荥

yíng(蝇)

荥经,县名,在四川。

xíng(形)

荥阳,县名,在河南。

哟

yō

叹词,表示轻微的惊异(有时带玩笑的语气):

哟,你踩我脚了。

yo

助词。

1. 用在句末表示祈使的语气:大家一起用力哟!
2. 用在歌词中作补字:呼儿嗨哟!

佣

yōng(拥)

1. 雇用:雇佣;佣工。
2. 仆人:女佣。

yòng(用)

佣金:旧时买卖时付给中间人的报酬。

雨

yǔ(语)

从云层中降向地面的水。

yù(玉)

下(雨、雪等):雨雪。

柚

yóu(油)

柚木:落叶大乔木,木材坚硬,耐腐蚀,用于造船、车或家具,也供建筑用。产于印度、印度尼西亚等地。

yòu(又)

1. 常绿乔木,果实是常见水果。生长在我国南部地区。
2. 这种植物的果实。有的地区叫文旦,通称柚子。

有

yòu(右)

同"又":三十有八年。

yǒu(友)

1. 表示领有(跟"无"或"没"相对):有热情,有朝气。
2. 表示存在:屋里有十来个人。
3. 表示估量或比较:水有一丈多深;他有他哥哥那么高了。
4. 表示发生或出现:形式有新发展。
5. 表示多,大:有学问;有经验;有了年纪。
6. 泛指,跟"某"的作用相近:有人这么说,我可没看见;有一天他来了。

7.用在"人、时候、地方"前面,表示一部分:有人性子急,有人性子慢;这里有时候也能热到三十八九度;这场雨有地方下到了,有地方没有下到。

8.用在某些动词的前面组成套语,表示客气:有劳;有请。

9.前缀,用在某些朝代名称的前面:有夏;有周;有宋一代。

於

yū(淤)

　　姓。

yú(鱼)

　　同"于"。介词。后缀。

wū

　　〈书〉叹词。表示感叹。

与

yú(于)

　　同"欤":古汉语助词,表示疑问,用法跟"乎"大致相同。

yǔ(语)

　　1.给;赠与;与人方便;信件已交与本人。

　　2.交往;友好:相与;与国(友邦)。

　　3.赞许;赞助:与人为善。

　　4.介词,跟:与虎谋皮;与困难做斗争。

　　5.连词,和:批评与自我批评;工业与农业。

yù(玉)

　　参与:与会国(参加会议的国家)。

俞

yú(余)

　　1.文言叹词,表示允许。

　　2.姓。

shù(树)

　　腧(俞):腧穴;肺腧;胃腧。

予

yú(鱼)

　　我。

yǔ(宇)

　　给:授予奖状;免予处分。

语

yǔ(雨)

　　1.话:语言;语音;双语;古语;谚语;成语;俗语;千言万语。

　　2.说:细语;低语;不言不语;默默不语。

　　3.谚语;成语:语云,"不入虎穴,焉得虎子。"

　　4.代替语言表示意思的动作或方式:手语;旗语;灯语。

yù(玉)

　　告诉:不以语人。

育

yù(玉)

　　1.生育:节育。

　　2.养活:育婴;育苗;封山育林。

　　3.教育:德育;智育;体育。

yō(哟)

　　杭育(hángyō):多人一起从事重体力劳动时,为协调彼此的动作而发出的声音。

谷

yù(玉)

　　吐谷浑(tǔyùhún):我国古代少数民族,在今青海北部,新疆东南部。隋唐时曾建立政权。

gǔ(古)

　　1.两山或两块高地中间的狭长而有出口的地带:万丈深谷。

　　2.姓。

　　3.谷类作物:五谷杂粮。

　　4.谷子(粟):谷穗儿。

　　5.〈方〉稻或稻谷。

熨

yù(预)

　　熨帖。

　　1.(用字、用词)贴切;妥帖。

　　2.心里平衡:这一番坦诚的谈话,说得他心里十分熨帖。

　　3.〈方〉舒服:他身上不熨帖,要回家躺一会儿。

　　4.〈方〉(事情)完全办妥。

yùn(运)

　　用烙铁或熨斗熨平:熨衣服。

鬻

yù(预)
1. 生养。
2. 同"鬻"(yù)。卖：鬻歌；鬻画；鬻文为生；卖官鬻爵。

zhōu(州)
用粮食或粮食加其他东西煮成的半流质食物。

员

yuán(原)
1. 指工作或学习的人：教员；学员；演员；职员；指挥员；战斗员；员工；人员。
2. 指团体或组织中的成员：党员；团员；会员；队员。
3. 量词，用于武将：一员大将。

yún(云)
用于人名，伍员，春秋时人。

yùn(运)
姓。

媛

yuán(缘)
婵媛
1. (姿态)美好,古代诗文里多用来形容女子。
2. 牵连；相连。

yuàn(院)
美女。

缊

yūn(晕)
细缊(氤氲)(yīnyūn)。

yùn(韵)
1. 碎麻。
2. 新旧混合的丝棉絮：缊袍。

煴

yūn(晕)
〈书〉微火；无焰的火。

yùn(韵)
同"熨"。

晕

yùn(韵)
1. 头脑发昏，周围物体好像在旋转，人有要跌倒的感觉；晕船；眼晕。
2. 日光或月光通过云层中的冰晶时经折射而形成的光圈。

yūn
1. 用于"头晕、晕头晕脑、晕头转向"等。
2. 昏迷；晕倒；晕厥。

扎

zā(匝)
捆；束；扎彩。

zhā(渣)
1. 刺：扎手；扎针。
2. 钻(进去)：扎猛子。
3. 驻扎：扎营。

zhá(铡)
扎挣：勉强支持。

拶

zā
逼迫。

zǎn
压紧。

咱

zá(砸)
咱家：我(多见于早期白话)。

zán
1. 咱们。
2. 我：咱不懂他的话。

zan
用在"这咱、那咱、多咱"里，是"早晚"两字的合音。

载

zài(再)
1. 装载：载客；载货。
2. 充满(道路)：风雪载途；怨声载道。
3. 姓。
4. 又；且：载歌载舞。

zǎi(宰)
1. 年；一年半载；三年五载；千载难逢。
2. 记载；登载；刊载；转载。

脏

zàng
  内脏:心脏;肾脏;五脏六腑。
zāng
  有尘土、汗渍、污垢等;不干净。

奘

zàng(脏)
  1.壮大。用于人名,如唐代和尚玄奘。
  2.〈方〉说话粗鲁,态度生硬。
zhuǎng
  粗而大:身高腰奘;这棵树很奘。

咋

zé(则)
  咬住。
zǎ
  怎;怎么:咋样;咋办;你咋不去?
zhā
  咋呼。
  1.吆喝。
  2.炫耀。
  也作"咋唬"。

笮

zé(则)
  姓。
zuó(琢)
  竹篾拧成的绳索:笮桥(竹索桥)。

择

zé(则)
  挑选;选择:择善而从;饥不择食;两者任择其一。
zhái(宅)
  义同"择"(zé),用于以下各条。
  1.择不开。
   a.分解不开:线乱成一团,怎么也择不了。
   b.摆脱不开;抽不开身:一点儿工夫也择不开。
  2.择菜:把蔬菜中不能吃的部分剔除,留下可以吃的部分。
  3.择席:换个地方就睡不安稳叫择席。

缯

zēng(增)
  古代对丝织品的统称。

zèng(赠)
  绑;扎:竹竿儿裂了,把它缯起来。

查

zhā(渣)
  1.山楂。
  2.姓。
chá(茶)
  1.检查:追查;查收;查户口;查卫生。
  2.调查:查访;查勘。
  3.翻检着看:查字典;查地图。

楂

zhā
  山楂(山查)。
  1.落叶乔木,果实味酸,可吃也可入药。
  2.这种植物的果实。
chá
  1.短而硬的头发或胡子(多指剪落的,剪而未尽的或刚长出来的)。
  2.同"茬"。

汊

zhā(渣)
  汊河、汊湖,都在湖北。
zhà(乍)
  〈方〉张开:汊着头发;这衣服下摆太汊了。

剳

zhā
  同"扎"(zhā)。
zhá(闸)
  剳子:古代一种公文,多用于上奏,后来也用于下行。
  目剳:中医指不停眨眼的病,多见于儿童。

炸

zhá(闸)
  1.烹调方法,把食物放在煮沸的油里弄熟:炸油条;炸糕。
  2.〈方〉焯(chāo):把菠菜焯一下。
zhà(乍)
  1.物体突然破裂:爆炸。

2.用炸药爆破;用炸药轰炸:炸碉堡。

3.〈口〉因愤怒而激烈发作:他一听就气炸了。

4.〈口〉因受惊慌而四处逃脱:枪声一响,鸟儿都炸窝了。

柞

zhà(榨)

柞水,县名,在陕西。

zuò(坐)

柞树,落叶乔木。也叫柞栎(lì)。

占

zhān(毡)

1.占卜。

2.姓。

zhàn(站)

1.占据;霸占;强占;攻占。

2.处于某一种地位或属于某一种情形:占优势;占上风;赞成的占多数。

涨

zhàng(帐)

1.固体吸收液体后体积增大:豆子泡涨了。

2.(头部)充血:头昏脑胀;他的脸涨得通红。

3.多出;超出(用于度量衡或货币的数目):钱花涨了(超过收入或预计);把布一量,涨出了半尺。

zhǎng(掌)

(水位)升高;(物价)提高:水涨船高;河水暴涨;物价上涨。涨潮:潮水升高。涨风:物价上涨的情势。

着

zhāo(招)

1.下棋时下一子或走一步叫一着:高着儿;别支着儿。

2.比喻计策或手段:我没着儿了。

3.〈方〉放;搁进去:着点儿盐。

4.〈方〉用于应答,表示同意:这话着哇!着,咱们就这么办!

zháo

1.接触;挨上:上不着天,下不着地。

2.感受;受到:着风;着凉。

3.燃烧,也指灯发光(跟"灭"相对):炉子着得很旺;天黑了,路灯都着了。

4.用在动词后,表示已经达到目的或有了结果:睡着了;打着了;猜着了;灯点着了。

5.〈方〉入睡:他困得很,一上床就着了。

zhe

助词。

1.表示动作的持续:他打着红旗在前面走;他们正谈着话呢。

2.表示状态的持续:大门敞着;茶几上放着一瓶花。

3.用在动词或表示程度的形容词后面,加强命令或嘱咐的语气:你听着;步子大着点儿;手可要轻着点儿。

4.加在某些动词后面,使变成介词:顺着;沿着;朝着;照着;为着。

zhuó(浊)

1.穿(衣);穿着;吃着不尽。

2.接触;挨上;附着;着陆,不着边际。

3.使接触别的事物,使附着在别的物体上:着笔;着眼;着手;着色;着墨;不着痕迹。

4.着落:寻找无着。

5.派遣:着人前来领取。

6.公文用语,表示命令的口气:着即执行。

啁

zhāo(招)

啁哳(zhāozhā):形容声音繁杂细碎。

zhōu(州)

啁啾(zhōujiū):象声词,形容鸟叫的声音。

爪

zhǎo(找)

1.动物的脚趾甲:乌龟趾间有蹼,指端有爪。

2.鸟兽的脚:前爪;鹰爪;张牙舞爪。

zhuǎ

义同"爪"(zhǎo),用于下各条:

1.爪尖儿:用做食物的猪蹄。

2.爪儿

a.小动物的脚。

b.某些器物的脚:三爪锅。

3. 爪子:动物的有尖甲的脚;鸡爪;猫爪。

嚇

zhé(哲)
哧嚇(chēzhē):利害;很(多见于早期白话)。

zhè(这)
旧时奴仆对主人或宾客的应诺声。

正

zhēng(征)
正月:新正。

zhèng(郑)
1. 垂直或符合标准的方向(跟"歪"相对):正南;正前方;前后对正;这幅画挂得不正。
2. 位置在中间(跟"侧、偏"相对):正房;正院儿。
3. 用于时间,指正在那一点上或在那一段的正中:正午。
4. 正面(跟"反"相对):这张纸正反都很光洁。
5. 正直;正派;公正;方正。
6. 正当;正路;正理。
7. (色、味)纯正:正红;正黄;颜色不正;味儿不正。
8. 合乎法度;端正:正楷;正体。
9. 基本的;主要的(区别于"副"):正本;正编;正文;正副主任。
10. 图形的各个边的长度和各个角的大小都相等:正方形;正六角形。
11. 大于零的(跟"负"相对):正数;正号;负乘负得正。
12. 指失去电子的(跟"负"相对):正电;正极。
13. 使位置正;使不歪斜:正一正帽子。
14. 使端正:正人心。
15. 改正;纠正(错误):正误;正音。
16. 恰好:正中下怀;时钟正打12点。
17. 表示动作的进行、状态的持续:正下着雨呢。
18. 姓。

症

zhēng(征)
症结:中医指腹腔内结块的病;比喻事情弄坏或不能解决的关键。

zhèng(证)
疾病:病症;急症;不治之症;对症下药。

怔

zhēng(征)
1. 怔忡(zhēngchōng):中医指心悸。
2. 怔营(zhēngyíng):惶恐不安。
3. 怔忪(zhēngzhōng):惊恐。

zhèng(证)
发愣;发呆。

征

zhēng(争)
1. 走远路(多指军队):踏上征途;二万五千里长征。
2. 征讨;出征:南征北战。
3. 政府召集人民服务:征兵;应征入伍。
4. 征收:征税;征粮。
5. 征求:征稿;征文。
6. 证明;证验:文献足征;信而有征;有实物可征。
7. 表露出来的迹象;现象:征候;象征;特征。

zhǐ(止)
徵:古代五音之一,相当于简谱的"5"。

挣

zhēng(争)
挣扎;用力支撑:垂死挣扎。

zhèng(郑)
1. 用力使自己摆脱束缚:挣脱枷锁;把捆绑的绳子挣开了。
2. 用劳动换取:挣钱。

铮

zhēng(争)
铮鏦(zhēngcōng):拟声词,金属撞击的声音。
铮铮。象声词,形容金属撞击所发出的响亮的声音:铁中铮铮(比喻胜过一般人的人)。

zhèng(郑)
〈方〉器物表面光亮耀眼:玻璃擦得铮亮。

吱

zhī(肢)

象声词:嘎吱;咯吱。

zī(资)

象声词,多形容小动物的叫声:老鼠吱吱地叫。

只

zhī(肢)

1. 单独的:只身;片纸只字;独具只眼(有特殊见解)。

2. 量词。

a. 用于某些成对的东西的一个:两只耳朵;两只手;一只袜子一只鞋。

b. 用于动物(多指飞禽、走兽):一只鸡;两只兔子。

c. 用于某些器具:一只箱子。

d. 用于船只:一只小船。

zhǐ(止)

1. 副词,表示限于某个范围:只见树木,不见森林。

2. 仅有:家里只有我一个人。

忪

zhōng(忠)

怔忪(zhēngzhōng):惊恐。

sōng(松)

惺忪(xīngsōng):因刚醒而眼睛模糊不清。

中

zhōng(忠)

1. 跟四周的距离相等;中心;中央;集中;居中。

2. 指中国:中文;古今中外。

3. 范围内;内部:家中;水中;山中;心中。

4. 位置在两端之间的:中指;中锋;中年;中秋;中途。

5. 等级在两端之间的:中农;中学;中型;中等。

6. 不偏不倚:中庸;适中。

7. 中人:作中。

8. 适于;合于:中用;中看;中听。

9. 〈方〉成;行;好:中不中? 这办法中;饭这就中了。

10. 方位词。用在动词后表示持续状态:列车在运行中。

zhòng(众)

1. 正对上;恰好合上:中选;猜中了;三枪都打中了目标。

2. 受到;遭受:中毒;中暑;胳膊上中一枪。

穜

zhǒng(肿)

同"种"(zhǒng)。

zhòng(众)

同"种"(zhòng)。

tóng(同)

古代指早种晚熟的谷类。

轴

zhóu(妯)

1. 圆柱形的零件,轮子或其他转动的机件绕着它转动或随着它转动:车轴;轮轴;多轴自动车床。

2. 把平面或立体分成对称部分的直线。

3. 圆柱形的用来往上绕东西的器物:线轴;画轴。

4. 量词,用来缠在轴上的线以及装裱带轴子的字画:一轴泼墨山水;两轴丝线。

zhòu(宙)

大轴子:一次演出的若干戏曲节目中排在最末的一出戏。

压轴子:

a. 把某一出戏排为一次戏曲演出中的倒数第二个节目(最后的一出戏叫作大轴子)。

b. 一次演出的戏曲节目中排在倒数第二的一出戏,现也指一场演出排在最后的较精彩的节目。

著

zhù(驻)

1. 显著:卓著;彰明较著。

2. 显出:著名;颇著成效。

3. 写作;编著:著书立说。

4. 著作:名著;大著;新著;译著。

zhuó

同"着"(zhuó)。

zhe

同"着"(zhe)。

转

zhuǎi

转文(zhuǎiwén)："转文"(zhuǎnwén)的又音。

zhuǎn

1. 改变方向、位置、形式、情况等：转身；转脸；转换；转移；转败为胜；由阴转晴。
2. 把一方的物品、信件、意见等传到另一方：转达；转交；转送；转告。

zhuàn(撰)

1. 旋转：轮子转得很快。
2. 绕着某物移动：打转；转圈子；转来转去。
3. 量词，绕一圈叫绕一转。

赚

zhuàn(撰)

1. 获得利润（跟"赔"相对）：赚钱。
2. 〈口〉（赚儿）利润。
3. 〈方〉挣（钱）。

zuàn(钻)

〈方〉骗(人)。

钻

zuān

1. 用尖的物体在另一个物体上转动，造成窟窿：钻孔；钻个眼儿；钻木取火。
2. 穿过；进入：钻山洞；钻到水里。
3. 钻研：钻书本；边干边钻，边学边用。

zuàn

1. 打眼用的工具，有手摇的、电动的、风动的多种。
2. 指钻石：钻戒；十七钻的手表。
3. 义同"钻"(zuān)。

琢

zhuó(浊)

雕刻玉石，使成器物：精雕细琢；玉不琢，不成器；翡翠琢成的小壶。

zuó(作)

琢磨；思索；考虑。

仔

zī(兹)

仔肩：责任；负担。

zǐ(紫)

幼小的(多指牲畜、家禽等)：仔猪；仔鸡。

zǎi(载)

1. 同"崽"。
2. 男青年：打工仔。

訾

zǐ(子)

说人坏话：訾议。

zī(兹)

1. 同"赀"。计算。
2. 姓。

综

zōng(宗)

总起来聚在一起：综合；错综。

zèng(赠)

(有时也读 zòng)织布机上使经线交错着上下分开以使梭子通过的装置。

觜

zuǐ

同"嘴"。

zī(兹)

二十八宿之一。

作

zuō

1. 从事某种活动：作揖；作孽；作弄；自作自受。

   注意：限用于上列合成词和成语。
2. 作坊：石作；小器作。

zuò(坐)

1. 起；振作；日出而作，日落而息；一鼓作气；枪声大作。
2. 写作：著作；作曲；作书(写信)。
3. 作品：佳作；杰作；成功之作。
4. 装：作态；装模作样。
5. 当作；作为：过期作废；认贼作父。
6. 发作：作呕；作怪。
7. 同"做"。

a. 矩形庆祝或纪念活动：作寿。
b. 充当；担任：作官；作母亲的最疼孩子。

c. 当做：这篇文章可以作教材。

下篇

词语释义

A

哀兵必胜
语出《老子》六十九章："故抗兵相若,则哀者胜矣。"对抗的两军力量相当,悲愤的一方获得胜利。指受压抑而奋起反抗的军队,必然能打胜仗。

哀鸿遍野
比喻到处都是呻吟呼号、流离失所的灾民。哀鸿:哀鸣的大雁。

哀艳
形容文辞凄切而华丽:"哀艳之词""诗句哀艳缠绵"。

蔼蔼
1.形容树木茂盛。
2.形容昏暗。

蔼然
和气;和善:"蔼然可亲"。

爱答不理
像是理睬又不理睬,形容对人冷淡,怠慢。

爱莫能助
心里愿意帮助,但是力量做不到。

爱屋及乌
语出《尚书大传·大战篇》："爱人者,兼其屋上之乌。"比喻爱一个人而连带到关心跟他有关系的人或物。

暧昧
1.(态度、用意)含糊;不明白:"态度暧昧"。
2.(行为)不光明;不可告人:"关系暧昧"。

安步当车
慢慢地步行,就当是坐车。

安堵
安定地生活:"安堵如常"。

安澜
指河流平静,没有泛滥现象,比喻太平:"天下安澜"。

安贫乐道
安于贫穷的境遇,乐于奉行自己信仰的道德准则。

安然
1.平安;安安稳稳地:"安然无事""安然脱险"。
2.没有顾虑;很安心:"安然自若"。

安然无恙
原指人平安没有疾病,后泛指平平安安没有受到任何损伤。

安如磐石(安如泰山)
形容安稳牢固,不可动摇。

安帖
安定;踏实。

安之若素
(遇到不顺利情况或反常现象)像平常一样对待,毫不在意。

谙达
熟悉(人情世故):"谙达世情"。

谙练
1.熟悉:"谙练旧事"。
2.熟练;有经验。

谙熟
熟悉(某种事物)。

鞍前马后
比喻跟随在别人身边,小心侍候。

岸然
严肃的样子:"道貌岸然"。

按部就班
按照一定的条理,遵循一定的程序。

按图索骥
按照图像寻找好马,比喻按照线索寻找;也比喻办事机械、死板。

暗度陈仓
比喻暗中进行某种活动:"明修栈道,暗度陈仓"。

暗送秋波
原指暗中眉目传情,后泛指献媚取宠,暗中勾搭。

黯然
1. 阴暗的样子:"黯然失色"。
2. 心里不舒服、情绪低落的样子:"黯然神色""黯然泪下"。

盎(àng)然
形容气氛、趣味等洋溢的样子:"春意盎然""趣味盎然"。

嗷嗷待哺
多形容饥饿时急于求食的样子。

翱翔
在空中回旋地飞。

傲岸
高傲;自高自大。

傲然
坚强不屈的样子。

傲视
傲慢地看待:"傲视万物"。

傲世
傲视当世和世人:"清高傲世"。

傲物
骄傲自大,瞧不起人:"恃才傲物"。

奥博
1. 含义深广:"文辞奥博"。
2. 知识丰富。

奥义
深奥的义理。

奥援
官场中暗中撑腰的力量;有力的靠山(多含贬义)。

奥旨
深奥的含义:"深谙其中奥旨"。

懊恼(náo)
烦恼;懊恼。

B

八面玲珑
原指窗户宽敞明亮,后用来形容人处事圆滑,不得罪任何一方。

拔份
抬高身份;出风头。

拔俗
脱俗;超出凡俗。

拔擢(zhuó)
提拔。

跋
1. 在山上行走:"跋山涉水"。
2. 一般写在文章、书籍、金石拓片等后面的短文,内容大多属于评介、鉴定、考释之类。

跋扈
专横暴戾,欺上压下:"飞扬跋扈"。

跋前疐(zhì)后
比喻进退两难(疐:跌倒),也作"跋前踬(zhì)后"。

跋山涉水
翻越山岭,蹚水过河,形容旅途艰苦。

把(bǎ)家
管理家务,特指善于管理家务。

把酒
端起酒杯:"把酒临风"。

把揽
尽量占有;把持包揽。

把斋
封斋。

坝田
山脚围绕的平坦农田。

罢黜(chù)
1. 贬低并排斥:"罢黜百家,独尊儒术。"
2. 免除(官职)。

罢职
解除职务。

白璧微瑕
洁白的玉上面有些小斑点,比喻很好的人或事物有些小缺点。

白璧无瑕
　　洁白的玉上面没有一点小斑点,比喻人或事物完美无缺。

白驹过隙
　　形容时间过得很快,像小白马在细小的缝隙前一闪而过。

白衣苍狗(白云苍狗)
　　杜甫诗句:"天上浮云似白衣,斯须改变如苍狗。"后用"白衣苍狗"比喻世事变化无常。也说"白云苍狗"。

百川归海
　　条条江河流入大海。比喻大势所趋或众望所归,也比喻许多分散的事物汇集到一个地方。

百废俱兴(百废俱举)
　　各种该办未办的事业都兴办起来。

百无聊赖
　　精神无所依托,感到非常无聊。

百战不殆
　　每次打仗都不失败(殆:危险):"知己知彼,百战不殆"。

捭阖
　　开合,指运用手段使联合或分化:"纵横捭阖""捭阖之术"。

败絮
　　破烂的棉絮:"金玉其外,败絮其中。"

稗官野史
　　稗官,古代的小官,专给帝王述说街谈巷议、风俗故事,后来称小说为稗官,稗官野史泛指记载逸闻琐事的文字。

班门弄斧
　　在鲁班门前摆弄斧子,比喻在行家面前卖弄本领。

斑驳
　　一种颜色中杂有别种颜色,花花搭搭的:"树影斑驳"。

斑驳陆离
　　形容色彩繁杂。

斑斓
　　灿烂多彩:"五色斑斓"。也作"斒斓"。

板荡
　　《诗经·大雅》有《板》《荡》两篇,都是写当时政治黑暗、人民痛苦的。后来用"板荡"指政局混乱,社会动荡不安。"疾风知劲草,板荡识诚臣。"

半老徐娘
　　《南史·元帝徐妃传》:"徐娘虽老,犹尚多情。"后常用"半老徐娘"指尚有风韵的中年妇女。

半推半就
　　又要推开又要靠近,形容心里愿意,表面却装出不愿意而推辞的样子。

傍(bàng)人门户
　　比喻依附别人,不能自立。

包罗万象
　　内容丰富,应有尽有。

煲电话粥
　　指长时间地通过电话聊天。

褒贬
　　1.评论好坏:"褒贬人物""一字褒贬(biǎn)""不加褒贬(biǎn)"。
　　2.批评缺点,指责:"有意见要当面提,别在背地里褒贬(bian)人。"

褒称
　　1.用赞美的言辞来称呼。
　　2.赞美的称呼;含有褒义的称呼。

饱经沧桑
　　形容经历过很多世事变迁。

饱经风霜
　　形容经历过很多艰难困苦。

抱残守缺
　　形容保守不知改进。

抱持
　　心理存着(想法、意见等):"抱持着远大的理想"。

抱厦
　　房屋前面加出来的门廊,也指后面毗连着的

小房子。

抱薪救火
　　比喻因为方法不对,虽然有心消灭祸患,结果反而使祸患扩大。

暴虎冯(píng)河
　　比喻有勇无谋,冒险蛮干。暴虎:空手打虎;冯河:徒步渡河。

暴戾
　　粗暴乖张;残酷凶暴。

暴戾恣睢(suī)
　　形容残暴凶狠,任意胡为。

暴殄(tiǎn)天物
　　任意糟蹋东西(殄:灭绝;天物:指自然界的鸟兽草木等)。

悲天悯人
　　对社会的腐败和人民的疾苦感到悲愤和不平。

背城借一
　　在自己的城下和敌人决一死战,泛指跟敌人做最后一次决战。也说"背城一战"。

背称
　　不用于当面称呼的称谓,如大伯子、小姑子等。

悖论
　　逻辑学指可以同时推导或证明两个互相矛盾的命题的命题或理论体系。

悖谬(miù)
　　荒谬;不合道理。也作"背谬"。

悖入悖出
　　用不正当的手段得来的财物,也会被别人用不正当的手段拿走;胡乱弄来的钱又胡乱地花掉。(语出《礼记·大学》:"货悖而入者,亦悖而出。")

辈出
　　(人才)一批一批地连续出现。

本固枝荣
　　树木主干强固,枝叶才能茂盛。比喻事物的基础巩固了,其他部分才能发展。

逼仄
　　狭窄。"逼仄小径""居室逼仄"。

比比
　　1.频频;屡屡:"比比失利"。
　　2.到处;处处:"比比皆是"。

比附
　　拿不出相比的东西来勉强相比。

比肩继踵(比肩接踵)
　　肩挨着肩,脚挨着脚。形容人多拥挤。

比况
　　跟某事物相比较;比照。

笔触
　　书画、文章等的笔法和格调。

笔端
　　指写作、写字、画画时笔的运用以及所表达的意境。

笔管条直
　　笔直(多指直立着)。

笔路
　　1.笔法。
　　2.写作的思路。

笔受
　　用笔记下别人口授的话。

鄙俚(lǐ)
　　粗俗;浅陋:"文辞鄙俚"。

必须
　　1.表示事理上和情理上必要;一定要:"学习必须刻苦钻研。"
　　2.加强命令的语气:"明天你必须来。"注意:"必须"的否定是"无须""不须"或"不必"。

必需
　　一定要有;不可少:"日用必需品"。

闭锁
　　1.自然科学上指某个系统与外界隔绝,不相联系:"计算机闭锁技术"。
　　2.医学上指瓣膜、管状组织等严密合拢:"胆道闭锁"。
　　3.泛指封闭,与外界隔绝:"心理闭锁"。

庇荫
1. (树木)遮住阳光。
2. 比喻尊长照顾或祖宗保佑。

筚路蓝缕(荜路蓝缕)
语出《左传·宣公十二年》:"筚路蓝缕,以启山林。"意即驾着柴车,穿着破旧的衣服去开辟山林。筚路:柴车。蓝缕:破衣服。

敝帚自珍(敝帚千金)
破扫帚,自己当宝贝爱惜,比喻东西虽不好,可是自己珍视。

辟易
退避(多指受惊吓后控制不住而离开原地):"辟易道侧"。

弊绝风清(风清弊绝)
形容社会风气良好,没有贪污舞弊等坏事情。

壁垒森严
比喻防守很严密或界限划分很分明。

避坑落井
躲过了坑,却掉进了井里,比喻避过了一害,又遇另一害。

璧谢
敬辞,退还原物,并且表示感谢(多用于辞谢赠品)。

边鄙
边远的地方。

砭骨
刺入骨髓,形容感觉非常冷或疼痛非常剧烈:"朔风砭骨"。

鞭长莫及
《左传·宣公十五年》:"虽鞭之长,不及马腹。"原本是说虽然鞭子长,但是不应该打到马肚子上,后来借指力量达不到。

鞭打快牛
用鞭子抽打跑得快的牛,比喻对先进的单位和个人进一步增加任务或提出过高的要求。

鞭辟入里(鞭辟近里)
形容能透彻说明问题,深入要害(里:里头)。

弁言
序言;序文。

彪炳
文采焕发;照耀:"彪炳千古"。

彪炳千古
形容伟大的业绩流传千秋万代。

飙车
开快车。

别出心裁
独创一格,与众不同。

别具匠心
另有一种巧妙的心思(多指文学、艺术方面创造性的构思)。

别具一格
另有一种风格。

别具只眼
另有一种独到的见解。

别开生面
另外开展新的局面或创造新的形式。

别树一帜
形容与众不同,另成一家。

别无长(cháng)物
没有多余的东西,形容穷困或俭朴。

别无二致
没有两样;没有区别。

别有洞天
另有一种境界,形容景物等引人入胜。

冰清玉洁(玉洁冰清)
比喻高尚纯洁。

冰消瓦解
比喻完全消释或崩溃。

兵临城下
指大军压境,城被围困。形容形势危急。

秉烛
拿着燃着的蜡烛:"秉烛待旦";"秉烛夜游"(指及时行乐)。

并行不悖
同时实行,并不冲突。

拨乱反正
治理混乱的局面,使恢复正常。

拨冗(rǒng)
客套话,推开繁忙的事物,抽出时间:"务希拨冗出席。"

伯仲叔季
兄弟排行的次序。

博闻强识(博闻强记)
见闻广博,记忆力强。

博弈
1. 古代指下围棋,也指赌博;
2. 比喻为谋取利益而竞争。

博引
广博的引证:"旁征博引""博引众说"。

薄物细故
微小琐碎的事情:"薄物细故,不足计较。"

跛鳖千里
《荀子·修身》:"故跬步而不休,跛鳖千里。"意思是跛脚的鳖不停地走,也能走千里地,比喻只要努力不懈,即使条件很差,也能取得成就(跬步:半步)。

补苴(jū)
1. 缝补;补缀。
2. 弥补(缺陷)。

补苴罅(xià)漏
指弥补文章、理论的缺陷,也泛指弥补事物的缺漏。

补偏救弊
补救偏差疏漏,纠正缺点错误。

捕风捉影
比喻说话或做事时用似是而非的迹象作根据。

不卑不亢(kàng)(不亢不卑)
既不自卑,也不高傲,形容待人态度得体,分寸恰当。

不辨菽麦
分不清豆子和麦子,形容缺乏实际知识。

不差累黍
形容丝毫不差。累黍:指微小的数量。

不啻(chì)
1. 不止;不只。
2. 如同:"相去不啻天渊"。

不二法门
佛教用语,"不二"指不是两极端,"法门"指修行入道的门径。意思是说,观察事物的道理,要离开相对的两极端而用"处中"的看法,才能使其实在。后用来比喻独一无二的门径。

不贰过
犯过的错误不重犯。

不尴不尬
左右为难,不好处理。

不苟
不随便;不马虎:"不苟言笑""一丝不苟"。

不管不顾
1. 不照管。
2. 指人鲁莽。

不解(jiě)之缘
不能分开的缘分,指亲密的关系或深厚的感情。

不经之谈
荒诞的、没有根据的话(经:正常)。

不遑(huáng)
来不及;没有时间(做某事):"不遑顾及""不遑启居,猃狁之故。"

不讳
1. 不忌讳;无所避讳:"直言不讳"。
2. 婉辞,指死亡。

不胫而走
没有腿却能跑,形容传布迅速(胫:小腿)。

不拘
1. 不拘泥;不计较;不限制。
2. 不论。

不绝如缕

像细线一样连着，差点就要断了。多用于形容局势危急或声音细微悠长。

不刊之论

比喻不能改动或不可磨灭的言论（刊：古代指削除刻错了的字，不刊就是不可更改）。

不堪

1. 承受不了："不堪痛苦""不堪一击"。
2. 不可；不能（多用于不好的方面）："不堪入耳""不堪设想""不堪造就"。
3. 用在消极意思的词方面，表示程度深："疲惫不堪""狼狈不堪"。
4. 坏到极深的程度："他这个人太不堪了。"

不可开交

无法摆脱或结束（只做"得"后面的补语）："忙得不可开交"。

不可名状

不能够用语言形容（名：说出）。

不可同日而语

不能放在同一时间谈论，形容不能相比，不能相提并论。

不可向迩(ěr)

不能接近："烈火燎原，不可向迩。"

不克

不能（多指能力薄弱，不能做到）："不克自拔""不克分身"。

不郎不秀

比喻不成材或没出息（元明时代官僚、贵族的子弟称"秀"，平民的子弟称"郎"）。

不伦不类

不像这一类，也不像那一类，形容不成样子或不规范。

不落窠臼

比喻文章或艺术等有独创的风格，不落俗套。

不蔓不枝

原指莲茎不分枝杈，现指文章简洁。

不名一文（不名一钱）

一个钱也没有（名：占有）。

不佞(nìng)

1. 没有才能（常用来自谦）。
2. "我"的谦称。

不期然而然（不期而然）

没有想到如此而竟然如此。

不情之请

客套话，不合情理的请求（向人求助时称自己的请求）。

不求甚解

晋陶潜《五柳先生传》："好读书，不求甚解，每有会意，欣然忘食。"意思是说读书只领会精神实质，不咬文嚼字。现多指只求得个大概，不求深刻了解。

不然

1. 不是这样："其实不然"。
2. 用在对话开头，表示否定对方的话。
3. 表示不是上文所说的情况，就发生或可能发生下文所说的情况。

不容置喙(huì)

指不容别人插嘴说话。

不胜

1. 承担不了；不能忍受："不胜其烦"。
2. 表示不能做或做不完（多为前后重复同一动词）："防不胜防""美不胜收"。
3. 非常；十分（用于感情方面）："不胜感激""不胜遗憾"。
4. 不如："身子一年不胜一年"。

不失为

还可以算得上。

不识之无

指不识字（"之"与"无"是常用的字）。

不速之客

指没有邀请而自己来的客人（速：邀请）。

不特

不但。

不祧之祖

旧时比喻创立某种事业受到尊敬的人。（祧

tiāo：古代指祭远祖的庙。家庙中祖先的神主,辈分远的要依次迁入祧庙合祭,只有创业的始祖或影响力较大的祖宗不迁,叫作不祧)。

不为已甚
不做太过分的事,多指对别人的责难或处罚适可而止(已甚:过分)。

不惟
不但;不仅:"此类不惟无益,反而有害。"

不韪(bùwěi)
不对;过失。

不无
不是没有;多少有些:"不无裨益"。

不暇
没有时间;忙不过来:"应接不暇"。

不肖(xiào)
品行不好(多用于子弟):"不肖子孙"。

不修边幅
形容不注意衣着、容貌的整洁。

不恤(xù)
不顾及;不忧虑;不顾惜:"不恤人言"(不管别人的议论)。

不逊
没有礼貌;骄傲;蛮横:"出言不逊"。

不一而足
不止一种或一次,而是很多。

不已
继续不停。

不亦乐乎
原意是"不也是很快乐的吗?"现常用来表示程度极深(多用在"得"字后做补语)。

不易之论
内容正确,不可改变的言论。

不虞
1.意想不到:"不虞之誉"。
2.出乎意料的事:"以备不虞"。
3.不忧虑:"不虞匮乏"。

不赞一词
《史记·孔子世家》:"至于为《春秋》,笔则笔,削则削,子夏之徒不能赞一词。"原指文章写得很好,别人不能再添一句话。现也指一言不发。

不知凡几
不知道一共有多少,指同类的人或事物很多。

不赀(zī)
无从计量,表示多或贵重(多用于财物):"价值不赀"。

不自量力(自不量力)
不能正确估计自己的力量(多指做力所不能及的事情)。

不足为训
不能当作典型(范)或法则。

不作为
指国家公职人员在履行职责过程中玩忽职守,致使公共财产、国家及人民的利益遭到重大损失的失职、渎职等行为。

步人后尘
踩着人家的脚印走,比喻追随,模仿别人。

步武
1.古时以六尺为步,半步为武,指不远的距离:"相去步武"。
2.跟随别人的脚步走,比喻效法:"步武前贤"。

C

裁度
推测断定。

采撷
采摘;采集。

采信
相信(某种事实)并用来作为处置的依据。

采择
选择;选取。

餐风宿露(风餐露宿)
形容旅途或野外生活的艰苦。

残杯冷炙(zhì)
　　指吃剩下的饭食。

残编断简(断编残简)
　　残缺不全的书本或文章。

残垣断壁(颓垣断壁、断壁残垣)
　　残缺不全的墙壁。

残照
　　落日的光辉。

残月
　　1.农历月末形状像钩的月亮。
　　2.快落的月亮。

惭怍(zuò)
　　惭愧:"自增惭怍"。

惨怛(dá)
　　忧伤悲痛:"惨怛于心"。

惨淡
　　1.暗淡无色:"天色惨淡"。
　　2.形容苦费心力(多用于筹划、构思等):"惨淡经营"。
　　3.凄凉;萧条;不景气:"秋风惨淡"。

惨绝人寰
　　人世上还没有过的悲惨,形容悲惨到极点。

粲然
　　1.形容鲜明发光:"星火粲然"。
　　2.形容显著明白:"粲然可见"。
　　3.笑时露出牙齿的样子:"粲然一笑"。

伧俗
　　粗俗鄙陋:"言语伧俗"。

苍苍
　　1.(头发)灰白:"两鬓苍苍"。
　　2.深绿色:"松柏苍苍"。
　　3.苍茫:"海山苍苍""夜幕初落,四野苍苍"。

苍茫
　　空阔辽远;没有边际:"暮色苍茫""云水苍茫"。

苍穹(qióng)(穹苍)
　　天空。

苍润
　　苍劲润泽(多用于书画作品等):"作品墨法苍润。"

苍郁
　　(草木)苍翠茂盛。

沧海桑田
　　大海变成农田,农田变成大海,比喻世事变化很大。也说"桑田沧海"。

沧桑
　　沧海桑田的略语:"饱受沧桑"。

藏锋
　　1.书法中指笔锋不显露。
　　2.使锋芒不外露:"藏锋守拙"。

藏头露尾
　　形容说话办事露一点、留一点,不完全表露出来。

藏掖(yē)
　　1.怕人知道或者看见而竭力掩藏:"藏掖躲闪"。
　　2.遮掩住的弊端:"他办事从来没有藏掖。"

草泽
　　1.低洼积水、野草丛生的地方:"深山草泽"。
　　2.旧指民间:"匿迹草泽"。

厕身
　　参与;置身(多用于谦辞):"厕身士林"。也作侧身。

厕足(侧足)
　　插足;涉足:"厕足其间"。

侧目
　　不敢从正面看,斜着眼睛看,形容畏惧而又愤恨:"世人为之侧目"。

恻然
　　悲伤的样子。

恻隐
　　对受苦难的人表示同情;不忍。

策励
　　督促勉励:"时刻策励自己。"

参错
1. 参差交错:"阡陌纵横参错"。
2. 错误脱漏:"传(zhuàn)注参错"。

岑寂
寂静;寂寞。

涔涔
1. 形容汗、泪水等不断往下流的样子:"泪涔涔下"。
2. 形容天色阴沉。
3. 形容胀痛或烦闷。

层出叠见(层见叠出)
层次出现。

层峦
层层叠叠的山岭:"层峦叠翠"。

曾经沧海
唐代元稹《离思》诗:"曾经沧海难为水,除却巫山不是云。"后来用"曾经沧海"比喻曾经历过很大的场面,眼界开阔,对比较平常的事物不放在眼里。

蹭(cèng)蹬
遭遇挫折;不得意:"仕途蹭蹬"。

差池
1. 错误。
2. 意外之事。

差强人意
大体上还能使人满意(差:稍微)。

插科打诨
指戏曲演员在演出中穿插些滑稽的谈话和动作来引人发笑。

察察为明
形容专在细枝末节上显示精明。

察言观色
观察言语脸色来揣摩对方的心意。

姹紫嫣红
形容各种颜色的花卉艳丽、好看。

侪(chái)辈
同辈。

谗佞(nìng)
说人坏话和用花言巧语巴结人的人。

婵娟
1. (姿态)美好,多用来形容女子。
2. 指月亮。

婵媛
1. (姿态)美好。
2. 牵连;相连:"垂条婵媛"。

孱(chán)弱
1. (身体)瘦弱。
2. 软弱无能。
3. 薄弱;不充实。

缠绵
1. 纠缠不已,不能解脱(多指病或感情):"缠绵病榻";"情意缠绵"。
2. 婉转动人:"歌声柔和缠绵。"

缠绵悱(fěi)恻
形容内心悲苦难以排遣。

潺湲(chányuán)
形容河水慢慢流动的样子:"溪水潺湲"。

蟾宫
指月亮。

蟾宫折桂
科举时代比喻考取进士。

巉峻
形容山势高而险。

谄(chǎn)媚
用卑贱的态度向人讨好:"羞于谄媚"。

谄谀(yú)
为了讨好,卑贱地奉承人;谄媚阿谀。

阐释
阐述并解释。

阐扬
说明并宣扬:"阐扬真理"。

昌言
1. 正当的言论;有价值的话。

2.直言无隐。

长歌当哭
以放声歌咏代替哭泣,多指用诗文抒发胸中的愤懑。

尝鼎一脔（luán）
尝尝鼎里的一片肉,可以知道整个鼎里的肉味。比喻根据部分推知全体。

超尘拔俗（超尘出俗）
形容人品超过一般,不同凡俗。

超然物外
1.超出于社会斗争之外。
2.比喻置身事外。

车水马龙
车像流水,马像游龙,形容车马或车辆很多,来往不绝。

车载斗量
形容数量之多,多用来表示不足为奇。

掣肘
拉住胳膊,比喻阻碍别人做事情。

尘缘
佛教称世间的色、声、香、味、触、法为"六尘",人心与六尘有缘分,受其拖累,叫作尘缘,泛指世俗的缘分:"尘缘未断"。

沉鱼落雁
《庄子·齐物论》:"毛嫱、丽姬,人之所美也;鱼见之深入,鸟见之高飞,麋鹿见之决骤,四者孰知天下之正色哉?"后来用"沉鱼落雁"形容女子容貌极美。

陈陈相因
《史记·平准书》:"太仓之粟,陈陈相因。"国都粮仓的米谷,一年接一年地堆积起来。比喻沿袭老一套,没有改进。

陈词滥调
陈旧而不切合实际的话。

晨钟暮鼓（暮鼓晨钟）
佛寺、道观早晚仪式,晚上打鼓,早晨敲钟。现比喻可以使人警觉醒悟的话。

谶纬
谶与纬。谶是秦汉间巫师、方士编造的预示吉凶的隐语,纬是汉代神学迷信附会儒家经义的一类书:"谶纬之学"。

琤琤
形容玉器相击声、琴声或水流声。

琤玜
形容玉器相击声或水流声:"玉佩琤玜"。

称孤道寡
比喻妄以首脑自居。

瞠（chēng）乎其后
在后面干瞪眼,赶不上。

瞠目结舌
瞪着眼睛说不出话来,形容受窘或惊呆的样子。

成也萧何,败也萧何
宋代洪迈《容斋续笔·萧何绐韩信》:"信之为大将军,实萧何所荐;今其死也,又出其谋,故俚语有'成也萧何,败也萧何'之语。"比喻事情的成败或好坏都是由同一人造成的。

振（chéng）触
1.触动。
2.感动。

诚笃（dǔ）
诚实真挚:"诚笃君子"。

诚惶诚恐
惶恐不安。原是君主时代臣下给君主奏章中的套话。

诚朴
诚恳朴实。

诚然
1.实在。
2.固然（引起下文转折）。

诚如
确实如同。

承乏
谦辞,表示所在职位因一时没有适当人选,只好暂由自己充任。

城府
　　比喻待人处事的心机。

城门失火，殃及池鱼
　　城门着了火，大家都用护城河的水救火，水用尽了，鱼也干死了。比喻因牵连而受祸害或损失。

城下之盟
　　敌军到了城下，抵抗不了，跟敌人订的盟约。泛指被迫签订的条约。

程门立雪
　　宋代杨时在下雪天拜谒著名学者程颐，程颐瞑目而坐，杨时不敢惊动，在旁边站立等待。程颐醒来，门前积雪已经一尺深了。后来用"程门立雪"形容尊师重道，恭敬受教。

惩前毖后
　　吸取失败的教训，以后小心，不至重犯错误（毖：谨慎，小心）。

惩艾(yì)
　　惩戒；惩治。

澄莹
　　清亮。

骋怀
　　开怀："骋怀痛饮"。

骋目
　　放眼往远处看："凭栏骋目"。

池鱼之殃
　　比喻因连累而受到的灾祸。

弛缓
　　1.（局势、气势、心情等）和缓。
　　2.松弛："纪律弛缓"。

弛禁
　　开放禁令。

弛懈
　　松弛；松懈。

驰目
　　放眼（往远处看）："驰目远眺"。

驰驱
　　1.（骑马）快跑："驰驱疆场"。
　　2.指为人奔走效力。

驰书
　　迅速传信："驰书告急"。

驰突
　　快跑猛冲："往来驰突，如入无人之境。"

驰誉
　　声誉传播很远："驰誉学界"。

驰骤
　　驰骋。

迟暮
　　1.天快黑的时候；傍晚。
　　2.比喻晚年："迟暮之感"。

迟滞
　　1.缓慢；不通畅。
　　2.呆滞："目光迟滞"。
　　3.阻碍，使迟延或停滞。

持论
　　提出主张；立论。

持守
　　坚持；保持（多用于抽象事物）："持守初衷"。

持正
　　1.主持正义："持正不阿"。
　　2.不偏不倚；持平："平心持正"。

持之有故
　　见解或主张有一定的依据。

踟蹰（踟躇）
　　心里迟疑，要走不走的样子。

尺短寸长
　　《楚辞·卜居》："尺有所短，寸有所长。"由于应用的地方不同，一尺也有显着短的时候，一寸也有显着长的时候。比喻人或事物各有各的长处和短处。

尺幅千里
　　一尺长的图画，把千里的景象都画进去，比喻事物的外形虽小，但内在的内容非常丰富。

尺页
　　一尺见方的书画单页或书画册："一帧尺页"。

齿冷
　　耻笑（笑则张口，时间长了，牙齿就感到冷）："令人齿冷"。

齿录
　　1.录用："未蒙齿录"。
　　2.科举时代同登一榜的人，各具姓名、年龄、籍贯、三代，汇集成册，叫作齿录。

侈谈
　　1.夸大而不切实际地谈论。
　　2.夸大而不切实际的话。

褫(chǐ)夺
　　剥夺。

叱咤风云
　　形容声势威力很大。

斥候
　　1.侦察（敌情）。
　　2.指进行侦察的士兵。

忡(chōng)忡
　　忧愁的样子："忧心忡忡"。

憧憧
　　形容往来不定或摇曳不定："人影憧憧"。

憧憬
　　向往。

重蹈覆辙
　　再走翻过车的老路，比喻不吸收失败的教训，重犯过去的错误。

重峦叠嶂
　　重重叠叠的山峰。

重温旧梦
　　比喻把过去美好的事情重新经历或回忆一次。

重修旧好
　　恢复以往的友谊。

重足而立
　　后脚紧挨着前脚，不敢迈步，形容非常恐惧。

崇山峻岭
　　高而险峻的山岭。

宠辱不惊
　　受宠或受辱都不为所动，形容把得失置之度外。

抽肥补瘦
　　比喻抽取有余的补给不足的，使相互平均或平衡。

绸(chōu)绎
　　引出头绪，也作抽绎。

俦(chóu)类
　　同辈的人，同类。

惆怅
　　伤感；失意。

绸缪(móu)
　　缠绵："情意绸缪"。

畴昔
　　从前。

酬酢(zuò)
　　宾主相互敬酒，泛指应酬。

稠人广众（稠人广坐）
　　指人多的场合。

愁城
　　指愁苦的境地："陷入愁城"。

愁楚
　　忧愁痛苦。

愁怀
　　愁苦的情怀："一腔愁怀"。

愁眉锁眼
　　形容忧愁、苦恼的样子（锁：紧皱）。

愁云惨雾
　　形容使人感到愁闷凄惨的景象或气氛。

筹谋
　　筹划谋虑。

筹商
　　筹划商议："筹商对策"。

踌躇满志
形容对自己的现状或取得的成就非常得意。

丑诋（dǐ）
用很难听的话骂人。

出尔反尔
《孟子·梁惠王》:"出乎尔者,反乎尔者也。"原意是你怎么做,就会得到怎样的后果。今指说了又反悔或说了不照着做,表示言行前后自相矛盾,反复无常。

出将入相
出战可为将,入朝可为相。旧时指人文武兼备。也指官居高位。

出口成章
话说出来就是一篇文章,形容文思敏捷或擅长辞令。

出类拔萃（出类拔群,出群拔萃）
《孟子·公孙丑上》:"出乎其类,拔乎其萃。"后来用"出类拔萃"形容超出同类。

初生之犊
刚生出来的小牛。俗话说:"初生牛犊不怕虎。"后来用"初生之犊"比喻勇敢大胆,敢作敢为的青年人。

刍荛
1.割草打柴:"刍荛有禁"。
2.指割草打柴的人:"询于刍荛"。
3.谦辞,在向别人提供意见时把自己比作草野鄙陋的人:"刍荛之言(粗浅的话)"。

除恶务尽
清除坏人坏事或邪恶势力必须彻底。

除旧布新
破除旧的,建立新的。

处变不惊
面对变乱,能镇定自若,不惊慌。

处心积虑
千方百计的盘算(多含贬义)。

处之泰然
对待发生的紧急情况或困难,安然自得,毫不在乎。

楚楚
1.鲜明;整洁:"衣冠楚楚"。
2.(姿态)娇柔;纤弱;秀美:"楚楚动人"。

触景生情
受到当前情景的触动而产生某种感情。

触类旁通
掌握关于某一事物的知识,而推知同类的其他事物。

触目惊心（怵目惊心）
看到某种严重的情况引起内心的震动。

憷（chù）**场**（怵场）
害怕在公众场合讲话、表演等。

憷头（怵头）
遇事胆怯,不敢出头,觉得难办。

矗立
高耸地立着。

穿靴戴帽（穿鞋戴帽）
比喻写文章或讲话中套用一些空洞说教,因多在开头或结尾部分,所以说"穿靴戴帽"。

穿云裂石
(声音)穿过云层,震裂石头,形容乐器声或歌声高亢嘹亮。

穿针引线
比喻从中撮合关系,使双方接通联系。

舛（chuǎn）**错**
1.错乱;不正确:"引文舛错"。
2.交错:"冷热舛错"。

舛讹
谬误;差错。

舛误
错误;差错。

串讲
1.语文教学中逐字逐句解释课文。
2.一篇文章或一本书分段学习后,再把整个内容连贯起来做概括的讲述。

幢（chuáng）幢
　　形容影子摇晃："灯影幢幢"。

怆（chuàng）然
　　悲伤的样子："怆然泪下"。

吹灯拔蜡
　　比喻人死亡或垮台。

垂垂
　　渐渐："垂垂老矣"。

垂范
　　给下级或晚辈示范；做榜样："垂范后世"。

垂拱
　　垂衣拱手，古时多指统治者们以无所作为、顺其自然的方式统治天下："垂拱而治"。

垂爱
　　敬辞，称对方（多指长辈或上级）对自己的爱护（多用于书信）。

垂怜
　　敬辞，称对方（多指长辈或上级）对自己的怜爱或同情。

垂暮
　　天将晚的时候："垂暮之年（老年）"。

垂青
　　古时黑眼珠叫青眼，对人正视表示看得起叫青眼相看。"垂青"表示重视："多蒙垂青"。

垂询
　　敬辞，称别人对自己的询问。

椎（chuí）心泣血
　　捶打胸膛，哭得眼中出血，形容极度悲痛的样子。

春风化雨
　　适宜于草木生长的风雨，比喻良好的教育。

春风得意
　　唐代孟郊《登科后》诗："春风得意马蹄疾，一日看尽长安花。"形容考上进士后的得意心情。后来用"春风得意"称进士及第，也用来形容人官场腾达或事业顺心时洋洋得意的样子。

春兰秋菊
　　春天的兰草，秋天的菊花，在不同的季节里，各有独特优美的风姿。比喻各有所长。

春秋笔法
　　相传孔子修《春秋》，一字含褒贬。后来称文章用笔曲折而意含褒贬的写作手法为春秋笔法。

椿（chūn）庭
　　父亲的代称。

椿萱
　　父母的代称："椿萱并茂"（比喻父母均健在）。

纯稚
　　单纯稚嫩；纯洁幼稚（多用于儿童或少女）："纯稚无邪"。

唇焦舌敝（舌敝唇焦）
　　形容话说得太多，费尽唇舌。

淳厚（醇厚）
　　淳朴。

淳朴
　　诚实朴素。

淳美
　　厚重美好。

鹑衣
　　指破烂不堪、补丁很多的衣服："鹑衣百结"。

踔（chuō）厉
　　精神振奋："踔厉风发"。

啜（chuò）泣
　　抽噎；抽抽搭搭地哭。

惙惙
　　忧愁的样子。

绰约
　　形容女子姿态柔美的样子："风姿绰约"。

辍笔
　　写作或画画没有完成而停止。

雌伏
　　1.屈居人下："大丈夫当雄飞，安能雌伏！"
　　2.比喻隐藏起来，无所作为："雌伏以待。"

次韵
　　步韵。

鏦(cōng)鏦
　　形容金属相击的声音。

葱郁
　　青翠茂盛。

从井救人
　　跳到井里去救人，原来比喻徒然危害自己而对别人没有好处的行为，现多比喻冒极大的危险去拯救别人。

丛脞(cuǒ)
　　细碎；烦琐："百事丛脞"。

丛谈
　　性质相同或相近的若干部分合成的文章或书(多用于篇名或书名)："掌故丛谈"。

殂谢(cúxiè)
　　死亡。

蹙(cù)额
　　皱眉头："疾首蹙额"。

攒(cuān)三聚五
　　三三五五聚在一起。

崔巍(wēi)
　　(山、建筑物)高大雄伟："群山崔巍"。

崔嵬(wéi)
　　1. 有石头的土山。
　　2. 高大："山岭崔嵬"。

摧眉折腰
　　形容低头弯腰阿谀逢迎的媚态。

萃聚
　　聚集："群英萃聚"。

翠微
　　1. 青绿的山色。
　　2. 泛指青山。

村夫俗子
　　指粗野鄙俗的人。

存亡绝续
　　(民族、国家等)存在或灭亡，断绝或延续，形容局势非常危急："存亡绝续的关头"。

忖量
　　1. 揣度。
　　2. 思量。

忖摸
　　估摸；揣度。

搓手顿脚
　　形容焦急不耐烦。

蹉(cuō)跌
　　失足跌倒，比喻失误。

蹉跎
　　光阴白白地过去："岁月蹉跎"。

厝(cuò)火积薪(积薪厝火)
　　把火放在柴堆下面，比喻潜伏有极大危险(厝：放置)。

措置
　　安排；料理。

错叠
　　交错重叠在一起："山石错叠"。

D

达观
　　对不如意的事情看得开。

打憷
　　害怕；畏缩。

大醇小疵
　　大体上完美，只是个别小地方有些毛病。

大而化之
　　原指使美德发扬光大，进入化境，现常用来表示做事疏忽大意，马马虎虎。

大而无当
　　虽然大，但是不合用。

大放厥词
　　原指极力铺陈辞藻，现多指夸夸其谈、大发议论(多含贬义)。

大器晚成
　　指能担当大事的人物要经过长期的锤炼，所

以成就较晚,后来也指年纪较大后才成才或成名。

大千世界

原为佛教用语,世界的千倍叫小千世界,小千世界的千倍叫中千世界,中千世界的千倍叫大千世界。后用来指广阔无边的世界。

大相径庭

《庄子·逍遥游》:"大有径庭,不近人情焉。"后来用"大相径庭"表示彼此相差很远或矛盾很大。

大智若愚

指很有智慧和才能的人,不炫耀自己,外表好像很愚笨。

殚(dān)精竭虑

用尽精力,费尽心思。

箪食壶浆

古时老百姓用箪盛饭,用壶盛汤来欢迎他们爱戴的军队,后用来形容军队受欢迎的情况。

淡然(澹然)

形容不在意,不经心:"淡然一笑"。

当仁不让

《论语·卫灵公》:"当仁不让于师。"后泛指遇到应该做的事,积极主动去做,不退让。

当头棒喝

佛教禅宗和尚接待求学的人的时候,常常用棒一击或大喝一声,使其领悟。比喻促人醒悟的警告。

党同伐异

跟自己意见相同的就袒护,跟自己意见不同的就加以攻击,原指学术上派别之间的斗争,后用来指一切学术上、政治上或社会上的集团之间的斗争(党:偏袒)。

荡气回肠(回肠荡气)

形容文章、乐曲等十分动人。

道貌岸然

形容神态庄严(现多含讥讽意)。

得其所哉

指得到适宜的处所。也用来指安排得当,称心如意。

得陇望蜀

《后汉书·岑彭传》中,汉武帝刘秀给岑彭下令:"人苦不知足,既得陇,复望蜀。"教他平定陇西(今甘肃一带)以后领兵南下,攻取西蜀。后用"得陇望蜀"比喻贪得无厌。

得鱼忘筌

《庄子·外物》:"筌者所以在鱼,得鱼而忘筌。"筌是用来捕鱼的,得到了鱼,就忘掉筌。比喻达到目的以后就忘掉了原来的凭借。

登堂入室(升堂入室)

比喻学问或技能由浅入深,循序渐进,达到更高的水平。

等而下之

由这一等再往下,指比这一等差。

等量齐观

不管事物间的差异,同等看待。

等因奉此

"等因"和"奉此"都是旧时公文用语,"等因"用来结束所引来文,"奉此"用来引起下文。"等因奉此"泛指文牍,比喻例行公事、官样文章。

低首下心

形容屈服顺从的样子。

涤荡

洗涤;清除:"涤荡邪祟"。

底蕴

详细的内容;内情:"不知其中底蕴。"

牴牾(抵牾)

矛盾。

砥砺

1. 磨刀石。
2. 磨炼。
3. 勉励:"互相砥砺"。

砥柱中流(中流砥柱)

比喻坚强的、能起支柱作用的人或集体,就像立在黄河激流中的砥柱山(在三门峡)一样。

谛视

仔细地看:"凝神谛视"。

谛听
　　仔细地听:"屏息谛听"。

掂掇(diānduo)
　　1.掂:你掂掇这块石头有多重。
　　2.斟酌:你掂掇着办吧。
　　3.估计:我掂掇着这么办能行。

掂斤播两(掂斤簸两)
　　比喻过分计较小事。

颠沛
　　困顿;受挫折:"颠沛流离"。

颠扑不破
　　无论怎样摔打都不会破裂。比喻永远不会被推翻(多指理论、道理)。

凋敝
　　(生活)困苦;(事业)衰败。

窎(diào)远
　　(距离)遥远(窎:深远)。

跌宕(跌荡)
　　1.性格洒脱,不拘束;放荡不羁。
　　2.音调抑扬顿挫或文章富于变化:"跌宕有致"。

叠床架屋
　　床上架床,屋上加屋,比喻重复累赘。

叠嶂
　　重叠的山峰:"重峦叠嶂"。

蹀躞(xié)
　　1.小步走路。
　　2.颤抖;颤动。

东鳞西爪(一鳞半爪)
　　比喻零星片段的事物。

动辄得咎
　　动不动就得到责备或处分。

洞若观火
　　形容看得清楚明白。

洞烛其奸
　　看透对方的阴谋诡计。

兜头盖脸(兜头盖脑)
　　正对着头和脸。

斗(dǒu)方名士
　　指以风雅自命的无聊文人。

斗鸡走狗(斗鸡走马)
　　使鸡相斗,唆使着狗跑。多用于指纨绔子弟游手好闲,不务正业。

豆蔻年华
　　唐代杜牧《赠别》诗:"娉娉袅袅十三余,豆蔻梢头二月初。"后来称女子十三四岁的年纪为豆蔻年华。

读(dòu)
　　语句中的停顿。古代诵读文章,分"句"和"读",极短的停顿叫"读",稍长的停顿叫"句",后把"读"写作"逗"。现代所用逗号就是取这个意义,但分别句读的标准不同。
　　连称"句读"时,句是语气完整的一小段,读是句中语意未定、语气可停的更小的段落。

独具匠心
　　指具有与众不同的巧妙的构思。

独具只眼
　　能看到别人看不到的东西,形容眼光敏锐,见解高超。

独辟蹊径
　　自己开辟一条路,比喻独创一种新风格或者新方法。

独善其身
　　《孟子·尽心上》:"穷则独善其身。"意思是做不上官就搞好自身的修养。现在也指只顾自己,缺乏集体精神。

独擅胜场
　　独揽竞技场上的胜利,形容技艺高超。

黩武
　　滥用武力(黩:玷污;轻率)。

笃爱
　　深切地爱。笃:忠实;(病势)沉重;很,甚。

笃诚
　　诚笃:"笃诚之士"。

笃厚
　　忠实厚道。

笃实
　　1.忠诚老实:"笃实敦厚"。
　　2.实在:"学问笃实"。

笃学
　　专心好学:"笃学不倦"。

笃志
　　专心一意:"笃志经学"。

杜撰
　　没有根据地编造；虚构。

断喝
　　急促地大声叫喊。

敦促
　　恳切地催促。

敦聘
　　诚恳地聘请。

多难兴邦
　　国家多灾多难,可以激发人民发愤图强,战胜困难,使国家兴盛起来。

多事之秋
　　事故或事变多的时期,多用来形容动荡不安的政局。

咄嗟(jiē)立办
　　原指主人一吩咐,仆人立刻就办好,现在指马上就办好(咄嗟:吆喝)。

度(duó)德量力
　　衡量自己的品德能否服人,估计自己的能力能否胜任(度:推测;估计)。

朵颐
　　指鼓动腮帮嚼东西的样子:"大快朵颐"。

E

讹舛(chuǎn)
　　(文字)错误;舛误。

峨冠博带
　　高高的帽子和宽大的衣带,指古时士大夫装束。

鹅行鸭步(鸭步鹅行)
　　像鹅和鸭子那样走路,形容行动迟缓。

尔虞我诈(尔诈我虞)
　　彼此猜疑,互相欺骗(虞:猜测,预料;忧虑)。

耳濡目染
　　形容见得多、听得多了之后,无形中受到影响(濡:沾湿;沾上)。

耳熟能详
　　听的次数多了,熟悉得能详细说出来。

耳提面命
　　《诗经·大雅·抑》:"匪面命之,言提其耳"。意思是不但当面告诉他,而且揪着他的耳朵叮嘱。后来用"耳提面命"形容恳切地教导。

耳闻目睹
　　亲耳听见,亲眼看见。

F

发聋振聩(振聋发聩)
　　发出极大的声音,使耳聋的人也能听见,比喻用语言文字唤醒糊涂的人(聩:聋)。

发扬踔厉(发扬蹈厉)
　　指意气昂扬,精神奋发(踔 chuō:跳跃;超越;疾行)。

发纵指示(发踪指示)
　　放出猎狗,指示方向,要它追捕野兽。比喻指挥、调度。

伐善
　　夸耀自己的长处。

罚不当罪
　　处罚和所犯的罪行不相当,多指处罚过重。

翻云覆雨
　　杜甫《贫交行》诗:"翻手作云覆手雨,纷纷轻薄何须数。"后来用"翻云覆雨"比喻反复无常或玩弄手段。

烦(繁)冗
　　1.(事务)繁杂。

2.（文章）烦琐冗长。

蕃(fán)息
滋生；繁殖："万物蕃息"。

樊篱
篱笆，比喻对事物的限制。

繁缛(rù)
多而琐碎："礼仪繁缛"。

繁文缛节（繁文缛礼）
烦琐而不必要的礼节，也比喻其他烦琐多余的事项。

繁征博引
形容论证时大量引用的材料。

反哺
传说雏鸟长大后，衔食喂母鸟，比喻子女长大后奉养父母："反哺之情"。

反唇相讥
受到指责不服气而反过来讥讽对方。语本《汉书·贾谊传》，原文为"反唇而相稽"（稽：计较）。

犯憷(chù)
胆怯；畏缩。

饭辙
吃饭的门路；维持生计的办法。

泛家浮宅（浮家泛宅）
形容长时期在水上生活，漂泊不定。

梵呗
佛教做法事时念诵经文的声音："空山梵呗"。

方枘圆凿（圆凿方枘）
《楚辞·九辩》："圆凿而方枘兮，吾固知其龃龉而难入"。意思是说，方榫头和圆卯眼，两下合不起来，形容格格不入。

芳泽
古代妇女润发用的有香气的油，泛指香气。借指妇女的风范、容貌。

防微杜渐
在错误或坏事萌芽的时候及时制止，不让它发展（杜：阻塞）。

放浪形骸(hái)
行为放纵，不受世俗礼法的束缚。

放恣
骄傲放纵，任意胡为。

飞短流长（蜚短流长）
造谣生事，搬弄是非。

飞扬跋扈
骄横放肆。

菲菲
1.花草茂盛、美丽。
2.花草香气浓郁。

绯闻
桃色传闻。

霏霏
（雨、雪）纷飞；（烟、云等）很盛。

霏微
雾气、细雨等弥漫的样子："烟雨霏微"。

匪夷所思
指事物怪异或人的言行离奇，不是一般人按照常理所能想象的（夷：平常）。

菲酌
谦辞，不丰盛的酒饭："敬备菲酌，恭候光临。"

悱恻
形容内心悲苦："缠绵悱恻"。

斐然
1.有文采的样子："斐然成章"。
2.显著："成绩斐然"。

吠形吠声（吠影吠声）
《潜夫论·贤难》："一犬吠形，百犬吠声。"比喻不明察事情的真伪而盲目附和。

废然
形容消极失望的样子："废然而叹""废然而返"。

沸反盈天
形容喧哗吵闹，乱成一团。

沸沸扬扬
像沸腾的水一样喧闹，多形容议论纷纷。

分崩离析
　　形容国家、集团等分裂瓦解。

分道扬镳
　　指分道而行,比喻因目标不同而各奔前程或各干各的事(镳:目标)。

分庭抗礼
　　原指宾主相见,站在庭院两边,相对行礼。现在用来比喻平起平坐,互相对立。

纷披
　　散乱张开的样子:"枝叶纷披"。

纷至沓来
　　纷纷到来;连续不断地来。

雰雰
　　霜雪等很盛的样子:"雨雪雰雰"。

焚膏继晷(guǐ)
　　点燃灯烛来接替日光照明,形容夜以继日地用功读书或努力工作(膏:灯油;晷:日影)。

焚琴煮鹤(煮鹤焚琴)
　　把鹤煮了吃,拿琴当柴烧。比喻做煞风景的事。

奋袂(mèi)
　　指感情激动时把袖子一甩,准备行动:"奋袂而起"。

愤世嫉俗
　　对不合理的社会和习俗表示愤恨、憎恶。

丰赡
　　丰富;充足:"内容丰赡"。

丰腴(yú)
　　1. 丰满。
　　2.(土地)丰美肥沃。
　　3. 丰盛。

风驰电掣
　　形容像刮风和闪电那样迅速。

风刀霜剑
　　寒风像刀子、霜像剑一样刺人的肌肤,形容气候寒冷,也比喻恶劣的环境。

风花雪月
　　1. 原指古典文学里描写自然景物的四种对象,后转喻堆砌辞藻而内容贫乏的诗文。
　　2. 指男女情爱的事。

风流云散
　　形容四散消失。

风起云涌
　　1. 大风起来,乌云涌现。
　　2. 比喻事物迅速发展,声势浩大。

风骚
　　1. 风指《诗经》中的《国风》,骚指屈原的《离骚》,后用来泛指文学。
　　2. 在文坛居于领袖地位或在某方面领先叫领风骚。
　　3. 指妇女举止轻佻。

风声鹤唳
　　形容惊慌疑惧。

风调雨顺
　　指风雨适合农时。

风雨同舟
　　比喻共同度过困难。

风烛残年
　　比喻随时可能死亡的晚年。

峰回路转
　　形容山峰、道路迂回曲折。有时也比喻经过挫折后出现转机。

锋镝
　　刀刃和箭头,泛指兵器,也借指战争:"锋镝余生"。

逢场作戏
　　原指卖艺的人遇到合适的演出场地,就开场表演,后来指遇到机会,偶然玩玩,凑凑热闹。

凤毛麟角
　　比喻稀少而可贵的人或事物。

奉为圭臬
　　把某些言论或事物当作准则(圭臬:指圭表,比喻准则或法度)。

佛口蛇心
　　比喻嘴上说得好听,心肠却非常狠毒。

佛头着粪
　　佛头上着了鸟的粪便,比喻好东西上添上不好的东西,把好东西给糟蹋了(含讥讽意)。

夫子自道
　　指本意是说别人而事实上却正说着了自己。

扶桑
　　1.神话中海外的大树,据说太阳从这里出来。
　　2.传说中东方海中的古国名,旧时指日本。

佛(fú)戾
　　违背;违反。

服膺
　　(道理、格言等)牢牢记在心里;衷心信服。

怫然
　　生气的样子:"怫然作色"。

浮光掠影
　　比喻印象不深刻,好像水面的光和掠过的影子,一晃就消失。

桴鼓相应
　　用鼓槌打鼓,鼓就响起来,比喻相呼应和,配合得很紧密。

辐辏
　　人和物像车辐集中于车毂一样聚集:"车船辐辏"。

抚今追昔(抚今思昔)
　　接触当前的事物而回想过去。

拊(fǔ)膺
　　拍胸,表示悲痛:"拊膺长叹"。

俯仰由人
　　比喻一切受人支配。

釜底抽薪
　　抽去锅底下的柴火,比喻从根本上解决。

釜底游鱼
　　比喻处在极端危险境地的人。

辅车相依
　　《左传·僖公五年》:"谚所谓辅车相依、唇亡齿寒者,其虞虢(guó,周朝国名)之谓也。"(辅:颊骨;车:牙床。)比喻两者关系密切,相互依存。

付诸东流
　　把东西扔在东流的水里冲走,比喻希望落空,前功尽弃。

付梓
　　古代刻板印书以梓木为上等用料,因此把稿件交付刊印叫付梓。

附骥
　　蚊蝇附在壮马的尾巴上,可以远行千里。比喻依附名人而出名。

附丽
　　依附;附着:"无所附丽"。

附庸风雅
　　为了装点门面而结交名士,从事有关文化的活动。

腹诽(腹非)
　　嘴里虽然不说,心里认为不对。

腹心
　　1.比喻要害或中心部分:"腹心之患"。
　　2.比喻极亲近的人。
　　3.比喻真心诚意:"敢布腹心""腹心相照"。

赙(fù)仪
　　向办丧事的人家送的礼。

覆盆之冤
　　形容无处申诉的冤枉。(覆盆:反过来放着的盆子,里面阳光照不到。)

G

改弦更张
　　琴声不和谐,换了琴弦,重新安上,比喻改革制度或变更方法。

改弦易辙
　　改换琴弦,变更行车道路,比喻改变方法或态度。

概莫能外
　　一概不能超出这个范围;一概不能例外。

甘之如饴
感到像糖一样甜,表示甘愿承受艰难、痛苦。

感慨系之
感慨的心情联系着某件事,指对某件事有所感触而不禁慨叹。

感同身受
原指感激的心情如同亲身受到对方的恩惠一样(多用来代表别人表示谢意),现多指虽未亲身经历,但感受就同亲身经历过一样。

刚愎(bì)自用
倔强固执,自以为是(愎:乖僻;执拗)。

刚直不阿
刚强正直,不阿谀逢迎。

罡风(刚风)
道家称天空极高处的风,现在有时用来指强烈的风。

高风亮节
高尚的品格,坚贞的节操。

高山景行
《诗经·小雅·车辖》:"高山仰止,景行行止"(高山:比喻道德高尚;景行:比喻行为光明正大;止:语助词),后来用"高山景行"指崇高的德行。

高山流水
比喻知音难遇或乐曲高妙。

高视阔步
形容气概不凡或态度傲慢。

高屋建瓴(líng)
在房顶上用瓶子往下倒水(建:倾倒;瓴:盛水的瓶子),形容居高临下的形势。

高瞻远瞩(zhǔ)
形容眼光远大。

杲(gǎo)杲
(太阳)很明亮的样子:"杲杲日出""秋阳杲杲"。

槁(gǎo)木死灰
枯槁的树木和火灭后的冷灰。比喻心情冷淡,对一切事情无动于衷。

歌舞升平
唱歌跳舞,庆祝太平。多形容太平盛世,有时也指粉饰太平。

革故鼎新
去掉旧的,建立新的。多指改朝换代或重大变革。

格物致知
推究事物的原理法则而总结为理性知识(格:推究)。

隔岸观火
比喻见人有危难不援助而采取看热闹的态度。

隔靴搔痒
比喻说话作文等不中肯,没有抓住问题的关键。

更(gēng)仆难数(shǔ)
换了很多人来数,还是数不完,形容人或事物很多。

耕云播雨
指控制降雨,调节气候,多用于比喻。

赓续
继续:"赓续旧好"(赓:继续,连续)。

耿耿于怀
事情(多为令人牵挂的或不愉快的)在心里,难以排解。

耿介
正直,不同于流俗:"耿介之士"。

绠(gěng)短汲深
吊桶的绳子很短,却要打很深的井里的水,比喻能力薄弱,任务重大(多用于谦辞)。

公诸同好(hào)
把自己喜爱的东西给有同样爱好的人共同享受。

功败垂成
快要成功的时候遭到失败(含惋惜意)。

功成不居
立了功而不把功劳归于自己。

功成名就（功成名立，功成名遂）
功业建立了，名声也有了。

功亏一篑（kuì）
伪古文《禹书·旅獒》："为山九仞，功亏一篑。"堆九仞高的土山，只差一筐土而不能完成。比喻一件大事只差最后一点人力物力而不能成功（含惋惜意）。

功利主义
主张以实际功效或利益为行为准则的伦理观点。

攻城略地
攻占城池，夺取土地。

攻讦（jié）
揭发别人的过失或隐私而加以攻击（多指因个人或派系利益矛盾）。

躬逢其盛
亲自参加了盛典或亲身经历了盛世。

躬亲
亲自去做："事必躬亲"。

勾魂摄魄
形容事物具有强烈的吸引力，使人心神摇荡，不能自制。

勾稽（钩稽）
1. 查考。
2. 核算。

勾心斗角（钩心斗角）
原指宫室结构精巧工致，后来比喻各用心机，互相排挤。

苟简
苟且简略；草率简陋。

苟延残喘
勉强拖延一口未断的气，比喻勉强维持生存。

勾当（gòudàng）
事情，今多指坏事情。

诟（gòu）病
指责："为世诟病"。

够戗（够呛）
十分厉害，够受的。

孤芳自赏
比喻自命清高，自我欣赏。

孤陋寡闻
知识浅陋，见识不广。

姑妄听之
姑且听之，不必信以为真。

姑妄言之
姑且说之（对于自己不能深信不疑的事情，说给别人时常用此语表示保留）。

姑息养奸
由于无原则地宽容而助长坏人坏事。

古道热肠
指待人真挚热情。

汩（gǔ）汩
形容水流动的声音。

骨鲠在喉
鱼骨头卡在喉咙里，比喻心里有话没说出来，非常难受。

贾（gǔ）祸
招来祸害："骄贪贾祸"。

鹄（gǔ）的
1. 箭靶子的中心；练习射击的目标。
2. 目的。

瞽（gǔ）言
没有根据或不合情理的话（多用作谦辞）："瞽言刍议"。

固陋
见闻不广。

固若金汤
形容城池或阵地坚固，不易攻破（金：指金属造的城；汤：指滚水的护城河）。

故步自封（固步自封）
比喻安于现状，不求进步（故步：走老步子；封：限制住）。

故常
　　惯例；旧例："习为故常"。

故态复萌
　　旧日的习气或老毛病重新出现。

顾盼自雄
　　形容自以为了不起。

顾影自怜
　　望着自己的影子，自己怜惜自己，形容孤独失意的样子，也指自我欣赏。

瓜田李下
　　比喻容易引起怀疑的地方。

寡廉鲜耻
　　不廉洁，不知羞耻。

挂一漏万
　　形容列举不全，遗漏很多。

乖舛（chuǎn）
　　1. 荒谬；错误。
　　2. 不顺遂："命途乖舛"。

乖蹇（jiǎn）
　　（命运）不好："时运乖蹇"。

乖剌（là）
　　违背常情；乖戾："措置乖剌"。

乖戾（lì）
　　（性情、言语、行为）别扭不合情理："语多乖戾"。

乖谬（miù）
　　荒谬反常。

乖张
　　1. 怪僻，不讲情理："行为乖张"。
　　2. 不顺："命运乖张"。

乖违
　　1. 错乱反常："寒暑乖违"。
　　2. 违背；背离。
　　3. 离别；分离。

怪诞
　　荒诞离奇；古怪："荒诞不经（不经：不正常）"。

怪谲（jué）
　　怪异荒诞。

关张
　　指商店停止营业，也指商店倒闭。

冠冕堂皇
　　形容表面上庄严或正大光明的样子。

鳏寡孤独
　　泛指没有或者丧失劳动力而又无依无靠的人。

管窥蠡测
　　从竹管里看天，用瓢来量海水，比喻眼光狭窄，见识短浅。

管中窥豹
　　通过竹管的小孔来看豹，只看到豹身上的一块斑纹。比喻只见到事物的一小部分。有时同"可见一斑"连用，比喻从观察到的部分，可以推测全貌。

光风霁月（霁月光风）
　　雨过天晴时风清月明的景象，比喻开阔的胸襟和坦白的心地，也比喻太平清明的政治局面。

光怪陆离
　　形容现象离奇、色彩繁杂。

衮衮诸公
　　称众多居高位而无所作为的官僚（衮 gǔn：古代君王的礼服）。

聒（guō）**噪**
　　声音杂乱；吵闹。

国殇（shāng）
　　为国牺牲的人。

国是
　　国家大计。

果不其然
　　果然（强调不出所料）。

果腹
　　吃饱肚子："食不果腹"。

果决
　　果敢坚决："办事果决"。

裹挟
1.（风、流水等）把别的东西卷入,使随着移动。
2.（形势、潮流等）把人卷进去,迫使其采取某种态度。
3.用强迫手段使人跟从（做坏事）。

裹足不前
停止不进（多指有所顾忌）。

过从
来往;交往:"过从甚密"。

过屠门而大嚼
比喻心中羡慕而不能如愿以偿,只好用不实际的方法安慰自己（屠门:肉铺）。

过眼云烟
比喻很快就消失的事物。

过犹不及
事情办得过火,就跟做得不够一样,都是不好的（犹:如同）。

H

海市蜃楼
1.蜃景的通称。
2.比喻虚幻的事物。

海晏河清（河清海晏）
黄河的水清了,大海也平静了,用来形容天下太平。

邯郸学步
比喻模仿别人不成,反而丧失了原有的技能。

含垢忍辱
忍受屈辱。

含沙射影
传说水中有一种叫蜮(yù)的怪物,看到人的影子就喷沙子,被喷到的人就会得病,比喻暗地里诽谤中伤。

含辛茹苦
经受艰辛困苦（茹:吃）。

含饴弄孙
含着糖逗小孙子,形容老年人闲适生活的乐趣。

含英咀(jǔ)华
比喻琢磨和领会诗文的要点和精神。

寒来暑往
炎夏过去,寒冬来临,指时光流逝。

汗牛充栋
形容书籍极多（汗牛:用牛运输,牛累得出汗;充栋:堆满了屋子）。

汗青
1.古时候在竹简上记事,采来青色的竹子,要用火烤得竹板冒出水分才容易书写,因而后世把著作完成叫作汗青。
2.指史册。

汗颜
因羞惭而脸上出汗,泛指惭愧。

撼天动地
形容声音响亮或声势浩大。

翰墨
笔和墨,借指文章书画等。

瀚海
指沙漠:"瀚海无垠"。

杭育
从事重体力劳动（大多为集体操作）时呼喊的声音。

沆瀣一气
唐代崔瀣参加科举考试,考官崔沆取中了他。于是当时有人嘲笑说:"唐主门生,沆瀣一气。"后来比喻臭味相投的人结合在一起（沆瀣:夜间的水汽）。

毫无二致
丝毫没有两样;完全一样。

好自为之
自己妥善处置。

好善乐施
喜欢做善事,乐于拿财物帮助人。

好为人师
喜欢以教育者自居,不谦虚。

好逸恶劳
　　贪图安逸，厌恶劳动。

好整以暇
　　形容在繁忙之中，仍能严整有序，从容不迫。

浩瀚
　　1.形容水势盛大。
　　2.形容广大；繁多："典籍浩瀚"。

浩淼（浩渺）
　　形容水面之阔："烟波浩淼"。

浩然之气
　　正大刚直的精神。

浩如烟海
　　形容文献、资料等非常丰富。

浩叹
　　大声叹息。

何啻（chì）
　　用反问的语气表示不止："……何啻天壤之别。"

和光同尘
　　指不露锋芒，与世无争的处世态度。

和煦（xù）
　　温暖。

和易
　　态度温和；容易接近："和易近人"。

和衷共济
　　比喻同心协力，共同克服困难。

河汉
　　1.银河。
　　2.比喻不着边际，不可凭信的空话。
　　3.指不相信或忽视（某人的话）："幸毋河汉斯言"。

核减
　　审核后决定减少。

涸（hé）辙之鲋
　　在干涸的车辙里的鲫鱼。比喻处在困境中急待救援的人。

烘云托月
　　比喻从侧面加以点染以烘托所描绘的事物。

宏赡（shàn）
　　（学识等）丰富："学力宏赡"。

宏旨
　　大旨；主要的意思："无关宏旨"。

鸿鹄（hú）
　　天鹅，因飞得很高，所以用来比喻志向远大的人："鸿鹄高翔"。

鸿篇巨制
　　指规模宏大的著作。

黉（hóng）门
　　古代称学校的门，借指学校："黉门学子"。

后顾之忧
　　需要回过头来照顾的忧患，泛指来自后方或家里的忧患。

呼朋引类
　　招引同类的人，多指坏人结成一伙做坏事。

狐死首丘
　　古代传说狐狸如果死在外边，一定把头朝着它的洞穴，比喻不忘本或怀念故乡。

湖光山色
　　湖和山相映衬的秀丽景色。

虎踞龙蟠（虎踞龙盘）
　　像虎蹲着，像龙盘着。形容地势险要。

怙恶不悛（hù'è-bùquān）
　　坚持作恶，不肯悔改。

怙恃
　　1.依仗；凭借。
　　2.《诗经·小雅·蓼莪》："无父何怙，无母何恃。"后来用"怙恃"为父母的代称："少失怙恃"。

扈从
　　1.帝王或官吏的随从。
　　2.随从；跟随："随驾扈从"。

花前月下
　　花丛前，月光下，指环境美好，适于男女幽会，谈情说爱的地方。

花说柳说
说虚假而动听的话。

华而不实
只开花不结果,比喻外表好看,内容空虚。

华翰
敬辞,称对方的书信。

哗众取宠
用言论行动迎合众人,以博得好感或拥护。

画虎类狗(画虎类犬)
《后汉书·马援传》:"画虎不成反类狗。"比喻模仿得不到家,反而弄得不伦不类。

缓不济急
指迟缓的行动或办法赶不上迫切的需求:"临渴掘井,缓不济急。"

涣涣
形容水势盛大。

涣然
形容嫌隙、疑惑、误会等完全消除:"涣然冰释"。

焕然
形容有光彩:"焕然一新"。

皇天后土
指天和地。古人认为天地能主持公道,主宰万物。

遑遑(皇皇)
匆忙。

遑论
不必论及;谈不上:"生着无计,遑论享乐"。

惶遽(jù)
惊慌:"神色惶遽"。

惶悚(huángsǒng)
惶恐:"惶悚不安"。

锽锽
形容大而和谐的钟鼓声。

恢弘(恢宏)
1. 宽阔;广大:"气势恢弘"。
2. 发扬:"恢弘士气"。

恢恢
形容非常广大:"天网恢恢,疏而不漏"。

恢廓
1. 宽宏:"胸襟恢廓"。
2. 扩展:"恢廓祖业"。

回嗔(chēn)作喜
由生气变为高兴。

毁家纾难(nàn)
捐献全部家产,帮助国家减轻困难。

毁誉参半
毁谤和赞誉各占一半;说坏话和说好话。

讳疾忌医
怕人知道有病而不肯医治,比喻掩饰缺点,不愿改正。

讳莫如深
紧紧隐瞒。

讳言
不敢或不愿意说:"无可讳言"。

荟萃
(英俊的人物或精美的东西)汇集;聚集:"群英荟萃"。

诲(huì)淫诲盗
引诱人做奸淫、盗窃的事。

绘声绘色(绘声绘影)
形容叙述、描写生动逼真。

贿赂公行
公开行贿受贿。

晦(huì)明
1. 夜间和白天。
2. 昏暗和晴朗。

晦暝(晦冥)
昏暗:"风雨晦暝"。

晦涩
(诗文、乐曲等的含意)隐晦不易懂。

晦朔(shuò)
1. 从农历某月的末一天到下月的第一天。

2.从天黑到天明。

秽语
　　淫秽的话:"市井秽语"。

慧黠(xiá)
　　聪明而狡猾:"慧黠过人"。

昏聩(kuì)
　　眼花耳聋,比喻头脑糊涂,不明是非:"昏聩无能"。

浑浑噩噩
　　形容无知无语、糊里糊涂的样子。

浑金璞玉(璞玉浑金)
　　没有经过雕琢的玉,没有经过提炼的金。比喻未加修饰的天然美质。

火中取栗
　　比喻冒危险给别人出力,自己却上了大当,一无所得。

祸起萧墙
　　祸乱发生在家里,比喻内部发生祸乱。

霍然
　　突然;形容疾病迅速消除:"病体霍然"。

豁达
　　性格开朗;气量大:"豁达大度"。

豁然
　　形容通达开阔:"豁然开朗"。

J

鸡口牛后
　　《战国策·韩策一》:"宁为鸡口,无为牛后。"比喻宁愿在局面小的地方当家做主,不愿在局面大的地方任人支配。也说鸡尸牛从(尸:主)。

鸡零狗碎
　　比喻事物零零碎碎,不成片段,也比喻无关紧要的琐碎事情。

鸡鸣狗盗
　　比喻微不足道的技能。

鸡犬升天
　　传说汉代淮南王刘安修炼成仙,连鸡狗吃了剩下的仙药也都升了天。后用"鸡犬升天"比喻一人得势,同他有关系的人也跟着沾光。

积不相能
　　素来不和睦。

积非成是
　　长期沿袭下来的谬误,会被误认为是正确的。

积微成著
　　细微的事物经过长期的积累,就会逐渐变得显著。

积羽沉舟
　　羽毛虽轻,堆积多了也可能把船压沉。比喻细微的事物积累多了也可以产生巨大的作用。

积重难返
　　指长期形成的不良风俗、习惯不易改变。

积铢累寸(铢积寸累)
　　形容一点一滴地积累(铢:古代的重量单位,一两的1/24)。

赍恨
　　抱恨:"赍恨而亡"。

赍赏
　　赏赐。

跻(jī)**身**
　　使自己上升到(某种行列、位置等);置身。

箕斗
　　1.箕宿和斗宿,泛指星星。
　　2.《诗经·小雅·大东》:"维南有箕,不可以簸扬;维北有斗,不可以挹酒浆。"后来用"箕斗"比喻虚有其名。
　　3.手指印;斗箕:"验明斗箕"。

箕踞
　　古代席地而坐时臀部紧挨着脚后跟,如果随意伸开两腿,像个簸箕,就叫箕踞,是一种不拘礼节、傲慢不敬的坐法。

激浊扬清(扬清激浊)
　　冲去污水,让清水上来,比喻抨击坏人坏事,奖励好人好事。

羁旅
　　长久寄居他乡。

吉光片羽
古代传说,吉光是神兽,毛皮为裘,入水数日不沉,入火不焦。"吉光片羽"指神兽的一小块毛皮,比喻残存的珍贵文物:"吉光片羽,弥足珍贵。"

岌岌
1. 形容山势高耸。
2. 形势十分危险,快要倾覆或灭亡:"岌岌可危"。

汲汲
形容心情急迫,努力追求。

佶屈聱牙(诘屈聱牙)
(文章)读起来不顺口(佶屈:曲折;聱牙:拗口)。

亟亟
急迫;急忙:"亟亟奔走";"不必亟亟"。

急公好义
热心公益,爱帮助别人。

急功近利
急于求目前的成效和利益。

疾恶如仇(嫉恶如仇)
恨坏人坏事像痛恨仇敌一样。

疾首蹙额
形容厌恶、痛恨的样子(疾首:头痛;蹙额:皱眉)。

疾言厉色
说话急躁,神色严厉,形容发怒时的神情。

集腋成裘
狐狸腋下的皮虽然很小,但是聚集起来就能缝成一件皮袍。比喻积少成多。

辑佚
1. 辑录前人或今人通行的集子以外的散佚的文章或作品。
2. 辑佚而成的书或文章(多用于书名)。

嫉贤妒能
对品德、才能比自己强的人心怀怨恨嫉妒。

家徒四壁(家徒壁立)
家里只有四堵墙,形容十分贫穷。

嘉言懿行
有教育意义的好言语和行为。

戛(jiá)然
1. 形容嘹亮的鸟鸣声:"戛然长鸣"。
2. 形容声音突然而止:"戛然而止"。

价值连城
战国时赵惠文王得到楚国的和氏璧,秦昭王要用十五座城池来换取。后用"价值连城"形容物品价值特别高,极其珍贵。

驾轻就熟
驾轻车,就熟路,比喻事情熟悉,做起来容易。

坚苦卓绝
(在艰难困苦中)坚韧刻苦的精神超越寻常。

坚忍不拔
形容信念坚定,意志顽强,不可动摇。

肩摩毂击(摩肩击毂)
肩膀和肩膀相接触,车轮和车轮相碰撞,形容行人车辆非常拥挤。

肩摩踵接(摩肩接踵)
肩碰肩,脚碰脚,形容人很多,很拥挤。

艰苦卓绝
形容斗争十分艰苦,超出寻常。

兼容并包
把各个方面或各种事务都容纳进去。

兼收并蓄(兼容并蓄)
把内容不同、性质相反的东西都吸收进来。

兼祧(tiāo)
宗法制度下一个男子兼做两房或两家的继承人。

见风是雨
比喻只看到一点迹象,就轻率地信以为真并做出某种反应。

见仁见智
《易经·系辞上》:"仁者见之谓之仁,智者见之谓之智。"指对同一个问题各人有各人的见解。

见危授命
在危亡关头勇于献出生命。

见微知著
　　见到一点苗头就能知道它的发展趋势或问题的实质。

见异思迁
　　看见不同的事物就改变主意，指意志不坚定，喜爱不专一。

剑拔弩张
　　形容形势紧张，一触即发。

江河日下
　　江河的水天天向下游流，比喻情况一天天坏下去。

江郎才尽
　　南朝江淹年少时以文才著称，晚年诗文无佳句，人们说他才尽了。后来用"江郎才尽"比喻才思枯竭。

匠心独运
　　在文学、艺术等方面独具创造性地运用巧妙的心思。

交相辉映
　　（各种光亮、彩色等）相互映照。

骄奢淫逸
　　骄横奢侈，荒淫无度。

胶柱鼓瑟
　　比喻固执拘泥，不能变通（柱：瑟上调弦的短木。柱被粘住，就不能调整音高）。

佼佼
　　胜过一般水平的："庸中佼佼"。

矫枉过正
　　矫正偏差做过了头。

矫揉造作
　　形容过分做作，极不自然。

皎皎
　　形容很白很亮。

教学相长
　　通过教学，不但学生得到进步，教师自己也能得到提高。

嗟（jiē）来之食
　　春秋时齐国发生饥荒，有人在路上施舍饮食，对一个饥饿的人说"嗟，来食"，饥饿的人说，我就是不吃"嗟来之食"，才到这个地步的。终于不食而死。今泛指带有侮辱性的施舍。

街谈巷议
　　大街小巷里人们的谈论。

街头巷尾
　　指大街小巷。

洁身自好（hào）
　　指保持自身纯洁，不同流合污。也指怕招惹是非，只关心自己，不关心公共事情。

桀骜
　　倔强："桀骜不驯"。

桀犬吠尧
　　《汉书·邹阳传》记载，邹阳从狱中上书："桀之犬可使吠尧"，桀的狗向尧狂吠，比喻走狗一心为它的主子效劳。

竭诚
　　竭尽忠诚，全心全意。

竭蹶
　　原指走路艰难，后来用来形容经济困难。

竭泽而渔
　　排尽湖中或池中的水捉鱼，比喻取之不留余地，只顾眼前利益，不顾长远利益。

解民倒悬
　　《孟子·公孙丑上》："万乘之国行仁政，民之悦之，犹解倒悬也。"后用"解民倒悬"比喻把人民从困苦危难的处境中解救出来。

解颐
　　开颜而笑（颐：面颊）。

戒惧
　　警惕，畏惧。

芥蒂
　　梗塞的东西，比喻心里的嫌隙或不快。

界定
　　划定界限，确定所属范围。

借水行舟（借风使船）
比喻借用别人的力量以达到自己的目的。

金城汤池
金属造的城墙,灌满滚水的护城河,形容坚固不易攻破的城池。

金刚努目（金刚怒目）
形容面目凶恶。

矜持
1.庄重严肃:"矜持不苟"。
2.拘谨;拘束。

矜夸
骄傲自夸:"力戒矜夸"。

襟抱
胸襟;抱负。

紧锣密鼓
锣鼓点敲得很紧,比喻正式或公开活动之前的紧张的舆论准备。

锦心绣腹（锦心绣口）
形容文辞优美。

锦衣玉食
华美的衣服,珍贵的食品,形容奢侈的生活。

谨言慎行
说话做事都谨慎小心。

泾渭分明
泾河水清,渭河水浑,泾河的水流入渭河时,清浊不混,比喻界限很清楚。

经年累月
经历很多年月,形容时间很长。

荆棘载途
沿路都是荆棘,比喻环境困难,障碍极多。

菁菁
草木茂盛。

旌旗
各种旗子。

惊世骇(hài)俗（惊世震俗）
因言行异常而使人震惊。

径情直遂
随着意愿顺利地获得成功。

径庭
相差很远。

敬谢不敏
表示推辞做某件事的客气话(谢:谦辞;不敏:没有才能)。

静谧(mì)
安静:"园林静谧"。

镜花水月
镜中的花,水里的月,比喻虚幻的景象。

鸠(jiū)形鹄(hú)面
形容人因饥饿而很瘦的样子(鸠形:腹部低陷,胸骨突出;鹄面:脸上瘦得没有肉。)

鸠占鹊巢
比喻强占别人的房屋、产业等。

酒酣耳热
形容酒兴正浓。

咎由自取
遭受责备、惩处或祸害是自己造成的。

居安思危
处在安定的环境而想到可能出现的危难。

居心叵测
存心险恶,不可推测。

矩矱(yuē)
规矩;法度。

举案齐眉
汉代梁鸿的妻子孟光给丈夫送饭时,总是把端饭的托盘举得和眉毛一样高,以表示尊敬。后人用来形容夫妻互敬互爱。

举步维艰
迈步艰难,比喻办事情每向前进行一步都十分不容易。

举手投足
一抬手一踏步,泛指一举一动。

举重若轻
比喻做繁难的事或者处理棘手的问题轻松而

不费力。

拒谏饰非
拒绝别人的劝说,掩饰自己的错误。

遽（jù）然
突然。

隽（juàn）永
（言语、诗文）意味深长：“语颇隽永,耐人寻味。”

隽语
寓意深刻,耐人寻味的话语：“隽语箴言”。

狷（juàn）急
性情急躁。

狷介
性情正直,不肯同流合污：“狷介之士”。

眷顾
关心照顾。

K

开门揖盗
开门请强盗进来,比喻引进坏人来危害自己。

开宗明义
《孝经》第一章的篇名,说明全书宗旨,后来指说话作文一开始就说出主要的意思。

慨（kǎi）然
1.感慨地：“慨然长叹”。
2.慷慨地：慨然应允。

可操左券
古代称契约为卷,用竹做成,分左右两片,立约的人各拿一片,左券常用作索偿的凭证。“可操左券”比喻成功有把握。

可丁可卯（可钉可铆）
1.就着某个数量不多不少或就着某个范围不大不小。
2.指严格遵守制度,不通融。

可歌可泣
值得歌颂,使人感动得流泪,指悲壮的事迹使人非常感动。

可圈可点
文章精彩,值得加以圈点,形容表现好,值得肯定或赞扬。

刻不容缓
片刻也不能拖延,形容形势紧迫。

刻舟求剑
比喻拘泥成例,不知道跟着情势的变化而改变看法或办法。

恪尽职守
谨慎认真地做好本职工作。

恪守
严格遵守。

肯綮（qìng）
筋骨结合的地方,比喻事物的关键：“深中肯綮”。

溘（kè）然
忽然；突然：“溘然长逝”。

空谷足音
在空寂的山谷里听到人的脚步声（语本《庄子·徐无鬼》：“夫逃虚空者……闻人足音跫然而喜矣”）。比喻难得的音信、言论或事物。

空穴来风
有了洞穴才有风进来（语出宋玉《风赋》）。比喻消息或传说不是完全没有原因的。现多用来比喻消息和传说毫无根据。

空中楼阁
指海市蜃楼,多用来比喻虚幻的事物或脱离实际的理论、计划。

口若悬河
形容能言善辩,说话滔滔不绝。

口血未干
古人订立盟约时要在嘴上涂上牲畜的血。“口血未干”指订立盟约不久（多用于订立盟约不久就毁约）。

苦思冥想
深沉的思索。

苦心孤诣
费尽心思钻研或经营(孤诣:指别人所达不到的)。

夸父追日
比喻决心大或不自量力。

脍炙人口
美味人人都爱吃,比喻好的诗文或事物,人人都称赞(炙:烤熟的肉。)

匡时
挽救危难的时局:"匡时济世"。

匡正
纠正;改正。

旷垠
形容原野空旷辽阔,一望无际。

旷代
1. 当代人没有人比得上:"旷代文豪"。
2. 经历很长久的时间:旷代难逢的盛事。

旷荡
1. 空阔;宽广。
2. (思想,心胸)开朗:"心胸旷荡"。

旷废
耽误,荒废:"旷废学业"。

旷日持久
多费时日,拖得很久。

旷达
心胸开阔,想得开。

旷费
浪费:旷费时间。

旷古
1. 自古以来(都没有):"旷古未闻"。
2. 远古;往昔。

旷职
(工作人员)不请假而缺勤。

旷远
1. 空旷辽远。
2. 久远:"年代旷远"。

岿(kuī)然
高大独立的样子:"岿然独存"。

岿巍(wēi)
高大矗立的样子。

窥豹一斑
比喻只见到事物的一小部分。

揆度(kuíduó)
估量;揣测:"揆度良久"。

揆情度理
按照一定情理推测揣度。

暌(kuí)隔
离别;分离。

睽睽
形容注视:"众目睽睽"。

睽异
(意见)不合。

跬(kuǐ)步
半步。

匮竭
贫乏,以至于枯竭。

愦(kuì)乱
昏乱。

愧汗
因羞愧而流汗,形容羞愧到了极点:"不胜愧汗"。

愧怍(zuò)
惭愧。

廓落
空阔寂静的样子。

廓清
1. 澄清;肃清:"廓清天下"。
2. 清除:"廓清障碍"。

L

岚烟
山间雾气:"岚烟飘渺"。

阑珊
将尽;衰落:"春意阑珊""意兴阑珊"。

蓝青官话
方言地区的人讲的普通话,夹杂着方言,旧时称为蓝青官话(蓝青:比喻不纯粹)。

滥觞
1. 江河发源的地方,水少只能浮起酒杯,比喻事物的起源。
2. 起源:"词滥觞于唐,兴盛于宋。"

滥竽充数
比喻没有真正的才干,而混在行家里面充数,或拿不好的东西混在好的里面充数。

狼奔豕突
狼和猪东奔西跑,比喻成群的坏人乱窜乱撞。

榔槺
器物长大,笨重,用起来不方便。

稂莠(lángyǒu)
稂和莠,都是形状像禾苗而妨碍禾苗生长的杂草,比喻坏人。

朗朗
1. 形容声音清晰响亮:"朗朗上口""朗朗笑语"。
2. 形容明亮:"朗朗星光"。

阆苑(làngyuàn)
传说中神仙居住的地方,诗文中常用来指宫苑。

劳师动众
原指出动大批军队,现多指出动大批人力(含小题大做之意)。

劳燕分飞
古乐府《东飞伯劳歌》:"东飞伯劳西飞燕。"后常用"劳燕分飞"比喻人别离(现多指夫妻)。

老骥伏枥
曹操《步出夏门行》诗:"老骥伏枥,志在千里。烈士暮年,壮心不已。"比喻有志的人虽年老而仍有雄心壮志。

老谋深算
周密的策划、深远的打算。形容人办事精明老练。

老气横秋
1. 形容人摆老资格,自以为了不起的样子。
2. 形容人没有朝气,暮气沉沉的样子。

老生常谈
原指老书生的平凡议论,今指很平常的老话。

老态龙钟
形容年老体弱、行动不灵便的样子。

老于世故
形容富有处世理念(多含贬义)。

乐不思蜀
泛指乐而忘返。

乐此不疲(乐此不倦)
因喜欢做某件事而不知疲倦。形容对某事特别爱好而沉浸其中。

乐天知命
相信宿命论的人认为自己的一切都由命运支配,于是安于自己的处境,没有任何忧虑。

勒掯(kèn)
强迫或故意为难。

雷厉风行
像雷一样猛烈,像风一样快,形容执行政策法令严格而迅速。

耒耜(lěisì)
古代一种像犁的农具,也用作农具的统称。

磊落
1. (心地)正大光明。
2. 多而错杂的样子:"巨岩磊落,石径崎岖。"

冷眼旁观
指用冷淡或冷静的眼光从旁观看。多指可以参与而不愿意参与。

离经叛道
原指不遵循经书中所说的道理,背离儒家的传统。现多比喻背离占主导地位的思想或传统。

离弦走板
比喻说话或做事偏离公认的准则。

离辙
比喻离开正确的道路或正题。

嫠(lí)妇
寡妇。

罹难
遇灾、遇险而死;被害。

蠡测
以蠡测海的略语,比喻以浅见揣度:"管窥蠡测"。

礼尚往来
在礼节上讲究有来有往。现也指你对我怎么样,我也对你怎么样。

礼贤下士
古代指帝王或大臣敬重有才能的人,降低自己的身份与他们结交。现多指社会地位高的人重视和延揽人才。

礼义廉耻
指崇礼、行义、廉洁、知耻,是古代推行的道德准则。

李代桃僵
古乐府《鸡鸣》:"桃生露井上,李树生桃旁。虫来啮桃根,李树代桃僵。"比喻以此代彼或代人受过。

里出外进
不平整;参差不齐。

里勾外连(里勾外联)
内外勾结,串通一气。

里急后重
痢疾的症状。

俚(lǐ)语
粗俗的或通行面极窄的方言词。

理屈词穷
理由已被驳倒,无话可说。

理所当然
从道理说应当这样。

理喻
用道理来解说,使当事人明白。

力不从心
心里想做,可是能力或力量够不上。

力透纸背
1.形容书法遒劲有力。
2.形容文章深刻有力。

力挽狂澜
比喻尽力挽回险恶的局势。

历陈
一条一条地陈述。

历历
(物体或景象)一个一个清清楚楚的:"历历可数"。

历年
过去的很多年;以往各年。

厉兵秣马
喂饱马,磨快兵器,指准备作战。

励精图治
振作精神,想办法把国家治理好。

励志
奋发志气,把精力集中在某方面:"励志图强"。

利钝
锋利或不锋利:"成败利钝"。

利令智昏
贪图私利使头脑发昏,丧失理智。

利欲熏心
贪财图利的欲望迷住了心窍。

沥沥
形容水声或风声。

莅任
官员到职:"莅任视事"。

连理
1.不同根的草木枝干连生在一起,古人认为是吉祥的征兆:"嘉禾连理"。
2.比喻恩爱夫妻。

连篇累牍
表示用过多篇幅叙述。

涟洏(ér)
　　形容涕泪交流。

涟漪
　　细小的波纹。

练达
　　阅历多而通达人情世故："练达老成"。

悢(liàng)悢
　　1.悲伤;怅惘。
　　2.形容眷恋。

谅察
　　(请人)体察原谅(多用于书信)："不当之处,尚请谅察"。

聊备一格
　　姑且当作一种规格,表示暂且用来充数。

聊胜于无
　　比完全没有好一点。

聊以自慰
　　姑且用来安慰自己。

聊以卒岁
　　勉强度过一年。多形容生活艰难,勉强度日。

寥廓
　　高远空旷。

寥落
　　1.稀少："疏星寥落"。
　　2.冷落;冷清："荒园寥落"。

寥若晨星
　　稀少得好像早晨的星星。

缭绕
　　回环旋转。

了如指掌
　　形容对情况非常清楚,好像指着自己的手掌给人看。

林林总总
　　形容繁多。

林薮
　　1.指山林水泽,草木丛生的地方。

　　2.比喻事物繁密的处所。

临渴掘井
　　比喻平时没有准备,事到临头才想办法。

临深履薄
　　《诗经·小雅·小旻》:"战战兢兢,如临深渊,如履薄冰。"后用"临深履薄"比喻谨慎戒惧。

临危受命
　　在危难时接受任命。

临危授命
　　在危亡关头勇于献出生命。

临渊羡鱼
　　《汉书·董仲舒传》:"临渊羡鱼,不如退而结网。"后用"临渊羡鱼"形容只有愿望,不去实干,就无济于事。

淋漓尽致
　　形容文章或谈话详尽透彻,也指暴露得很透彻。

琳琅
　　美玉,比喻优美珍贵的东西。

嶙峋
　　1.形容山石突兀、重叠："怪石嶙峋"。
　　2.形容人消瘦露骨："瘦骨嶙峋"。

遴选
　　1.选拔(人才)。
　　2.泛指挑选。

霖雨
　　连下几天的雨。

鳞次栉比
　　像鱼鳞和梳子的齿一样,一个挨着一个地排列着,多用于形容房屋等密集。

麟凤龟龙
　　古代称麟凤龟龙为四灵,用来比喻高尚的人。

凛(lǐn)凛
　　1.寒冷:"寒风凛凛"。
　　2.严肃;可敬畏的样子:"威风凛凛"。

伶仃(零丁)
　　1.孤独;没有依靠。

2.瘦弱:"瘦骨伶仃"。

伶俜(pīng)
孤独;孤单:"伶俜无依"。

泠(líng)泠
1.形容清凉:"晨风泠泠"。
2.形容声音清越:"泉水激石,泠泠作响"。

玲珑剔透
1.形容器物精致,孔穴明晰,结构奇巧(多指镂空的工艺品和供玩赏的太湖石等)。
2.形容人聪明、伶俐。

凌轹(lì)(陵轹)
1.欺压:"凌轹乡里"。
2.排挤:"凌轹同人"。

凌夷
衰败;走下坡路:"风俗凌夷"。

聆教
听取教诲。

令出法随
法令颁布了就要执行,违反了法令就要依法惩处。

令闻
美好的名声(令:美好)。

流金铄(shuò)石(铄石流金)
能使金石熔化,比喻天气极热。

流光溢彩
形容光彩流动闪烁。

流星赶月
形容非常迅速,好像流星追赶月亮一样。

柳暗花明
形容柳树成荫,繁华耀眼的美景。多用来比喻在困境中看到希望。

六神无主
形容惊慌或着急而没有主意(六神:古人指主宰心、肺、肝、肾、脾、胆六脏之神,泛指心神)。

搂头盖脸
正对着头和脸。

镂骨铭心
刻骨铭心(镂 lòu:雕刻)。

炉火纯青
相传道家炼丹,到炉子里的火焰发出纯青的火焰的时候,就算成功了。比喻学问、技术或办事达到了纯熟完善的地步。

胪列
1.列举。
2.陈列:"珍馐胪列"。

鲁鱼亥豕
把"鲁"字写成"鱼"字,把"亥"字写成"豕"字。指文字传写刊刻错误。

鲁直
鲁莽而直率。

陆离
形容色彩繁杂:"光怪陆离"。

碌碌
1.碌碌:平庸,没有特殊能力:"碌碌无为"。
2.形容事物繁杂、辛辛苦苦的样子。

簏簌(lùsù)(麗簌)
形容下垂。

旅进旅退
跟大家共同进退,形容自己没有什么主张,跟着别人走。

缕陈
缕述(多指下级向上级陈述意见):"具函缕陈"。

缕析
详细分析:"条分缕析"。

履险如夷
行走在险峻的地方像走在平地上一样,比喻处于险境而毫不畏惧,也比喻经历危险,但很平安。

略识之无
指识字不多("之"和"无"是古汉语常用的字)。

沦肌浃髓(jiāsuǐ)
浸透肌肤,深入骨髓,比喻感受或影响极深。

论点
议论中的确定意见以及论证这一意见的理由。

论据
1. 逻辑学指用来证明论题的判断。
2. 立论的依据(多指事实)。

罗致
延聘；搜罗(人才)："罗致贤士"。

洛阳纸贵
晋代左思《三都赋》写成以后，抄写的人非常多，洛阳的纸都因此涨价了。指著作广泛流传，风行一时。

落井下石
比喻趁人危急的时候加以陷害。

M

马齿徒增
《穀梁传·僖公二年》："壁则犹是也，而马齿加长矣。"后用"马齿徒增"谦称自己虚度年华，没有成就。

瞒天过海
比喻用欺瞒的手段暗中行动。

满腹经纶
比喻人很有政治才能，也比喻很有才学。

蔓草难除
蔓(wàn)生的杂草难以铲除干净，比喻邪恶势力或不良现象等一旦蔓延开来就很难根除。

漫语
1. 泛泛的话，不着边际的话。
2. 不拘形式的随意谈论(多用于书名或文章标题)：《青春漫语》。

慢条斯理
形容动作缓慢，不慌不忙。

芒刺在背(如芒在背)
形容坐立不安，像芒和刺扎在背上一样。

盲人瞎马
《世说新语·排调》："盲人骑瞎马，夜半临深池。"比喻情况极端危险。

茫然若失
神情迷茫，好像丢失了什么。

莽苍
1. (原野)景色迷茫。
2. 指原野。

毛举细故(毛举细务)
烦琐地列举细小的事物。

耄耋(màodié)
指老年；高龄(耋：七八十岁的年纪)："寿登耄耋"。

貌合神离
表面上关系很密切，而实际上怀着两条心。

眉高眼低
指脸上的表情、神色。

每况愈下
意思是愈下愈甚。后用来指情况愈来愈坏(况：甚)。

美不胜收
美好的事情太多，一时接受不完(看不过来)。

美轮美奂
《礼记·檀弓下》里说，春秋时晋国大夫赵武建造宫室落成后，人们前去祝贺。大夫张老说："美哉轮焉，美哉奂焉！"后来"美轮美奂"形容房屋高大美观，也形容装饰、布置等美好漂亮(轮：高大；奂：众多)。

媚悦
有意讨人喜欢："媚悦流俗"。

门可罗雀
大门前面可以张网捕雀，形容宾客稀少，十分冷落。

门里出身
出身于具有某种专业或技术传统的家庭或行业。

门庭若市
门口和庭院里热闹得像市场一样，形容交际来往的人很多。

孟浪
　　鲁莽；冒失。

梦笔生花（生花之笔）
　　传说李少白（李白）少年时梦见笔尖生花，从此才华横溢，名闻天下。比喻杰出的写作才能。

梦幻泡影
　　比喻空虚而容易破灭的幻想。

梦寐以求
　　睡梦中都想着寻找，形容迫切地希望着。

迷津
　　使人迷惑的错误道路（津原指渡河的地方，后来多指处事的方向）。

靡费
　　浪费。

米珠薪桂
　　米像珍珠，柴像桂木。形容物价昂贵，生活艰难。

弭谤
　　止息诽谤。

弭除
　　消除："弭除成见"。

敉（mǐ）平
　　平定："敉平叛乱"。

靡（mǐ）丽
　　华丽；奢华。

靡靡
　　颓废淫荡；低级趣味的乐曲："靡靡之音"。

靡然
　　一边倒的样子。

秘而不宣
　　守住秘密，不肯宣布。

密云不雨
　　满天浓云而不下雨，比喻事情正在酝酿，尚未发作。

绵亘（gèn）
　　接连不断（多指山脉等）。

勉为其难
　　勉强做能力所不及的事。

缅怀
　　怀念；追想（以往的人或事），含崇敬意。

面面相觑（qù）
　　你看我，我看你，形容大家因恐惧或无可奈何而互相望着，都不说话。

眄（miàn）视
　　斜着眼看。

苗而不秀
　　《论语·子罕》："苗而不秀者有矣夫！"只长了苗而没有秀穗。比喻资质虽好，但没有成就。也比喻徒有其表。

渺茫
　　1.因遥远而模糊不清："音信渺茫"。
　　2.因没有把握而难以预期："前途渺茫"。

灭此朝食
　　消灭了敌人以后再吃早饭，形容痛恨敌人，希望立刻加以消灭。

名缰利锁
　　名和利像缰绳和锁链，会把人束缚住。

名列前茅
　　指名次列在前面（前茅：春秋战国时期楚国行军，有人会手着茅当旗子走在队伍的前面）。

名落孙山
　　宋代人孙山考了末一名回家，有人向他打听自己的儿子考中了没有，孙山说："解名尽处是孙山，贤郎更在孙山外。"后用来婉言应考不中或选拔时落选。

名正言顺
　　名义正当，道理也讲得通。

明察秋毫
　　比喻人非常精明，任何小问题都看得很清楚（秋毫：秋天鸟兽身上新长的细毛，比喻微小的事物）。

明火执仗
　　点着火把，拿着武器，公开活动（多指抢劫）。

明日黄花

苏轼《九日次韵王巩》诗："相逢不用忙归去,明日黄花蝶也愁。"原指重阳节过后,菊花即将枯萎,便再也没有什么好观赏的了。后用"明日黄花"比喻已失去新闻价值的报道或已失去应时作用的事物。

明效大验

很明显的效验。

明哲保身

原指明智的人不参与可能给自己带来危险的事,现指因怕犯错或有损自己的利益而对原则性问题不置可否的处世态度。

明珠暗投

比喻怀才不遇或好人失足去参加坏集团,也泛指珍贵的东西得不到赏识。

冥思苦想（冥思苦索）

深沉地思索。

没齿不忘

终生不能忘记。

莫可指数（shǔ）

掰着手指头也数不过来,形容数量很多。

莫名其妙（莫明奇妙）

没有人能说明白它的奥妙（道理）,表示事情很奇怪,使人不明白。

莫须有

意思是"也许有吧"。后用来表示凭空捏造。

莫衷一是

不能得出一致的结论。

漠然

不关心不在意的样子。

蓦然

猛然;不经心地。

墨守成规

战国时期墨子善于守城,后用"墨守成规"形容因循守旧,不肯改进。

木雕泥塑（泥塑木雕）

用木头雕刻或用泥土塑造的偶像,形容人呆板或静止不动。

木本水源

比喻事物的根本。

目不见睫

眼睛看不见自己的睫毛,比喻没有自知之明。

目不交睫

形容夜间睡不着觉或不睡觉。

目不窥园

汉董仲舒专心读书,"三年目不窥园"。后世用来形容专心读书。

目不识丁

《旧唐书·张弘靖传》："今天下无事,汝辈挽得两石力弓,不如识一丁字。"据说"丁"应写作"个",因为字形相近而误。后来形容人不识字说"不识一丁"或"目不识丁"。

目不暇给（目不暇接）

东西太多,眼睛看不过来。

目不转睛

不转眼珠地（看）,形容注意力集中。

目光如豆

形容眼光短浅。

目光如炬

眼光像火炬那样亮,形容见识远大。

目迷五色

形容颜色又杂又多,因而看不清楚。比喻事物错综复杂,分辨不清。

目无全牛

一个杀牛的人最初杀牛,眼睛看到的是整个的牛（全牛）,三年以后,技术纯熟了,动刀时只看到皮骨间隙,而看不到全牛。用来形容技艺已达到了十分纯熟的地步。

目无余子

眼睛里没有旁人,形容骄傲自大。

沐猴而冠（guàn）

沐猴（猕猴）戴帽子,装成人的样子。比喻装扮得像个人物,而实际并不像。

暮景
    1.傍晚的景色。
    2.老年时的境况:"桑榆暮景"。

N

耐人寻味
    意味深长,值得仔细体味琢磨。

南辕北辙
    心里想往南去,却驾车往北走。比喻行动和目的相反。

难解难分
    1.双方相持不下(多指竞争或打斗、争吵),难以分出胜负。
    2.形容双方关系异常亲密,难于分离。

难能可贵
    难以做到的事居然做到,值得珍惜。

赧(nǎn)然
    形容难为情的样子:"赧然一笑"。

赧颜
    因害羞而脸红:"赧颜苟活""赧颜汗下"。

难兄难弟(nánxiōng-nándì)
    东汉陈元方和陈季方的儿子是堂兄弟,都夸耀自己父亲的功绩,争个不休,就去问祖父陈寔。陈寔说:"元方难为弟,季方难为兄。"后用来形容兄弟都非常好。今多反用,讽刺两人都同样坏。

难言之隐
    难于说出口藏内心深处的事情。

难兄难弟(nànxiōng-nàndì)
    彼此曾共患难的人;彼此同处于困难境地的人。

囊揣
    1.虚弱;懦弱(多见于早期白话)。
    2.猪狗腹部的肥而松的肉。也作"囊膪(chuài)"。

譊(náo)譊
    形容争辩的声音。

脑满肠肥
    形容不劳而食的人吃得很饱,养得很胖。

讷(nè)讷
    形容说话迟钝:"讷讷不出于口"。

泥牛入海
    比喻一去不复返。

泥沙俱下
    泥土和沙子都跟着流下来,比喻好坏不同的人或事物混杂在一起。

泥足巨人
    比喻实际非常虚弱的庞然大物。

拟于不伦
    拿不能相比的人或事物来比方。

拟作
    模仿别人的风格或假托别人的口吻而写的作品。

匿(nì)影藏形(匿影潜形)
    隐藏形迹,不露真相。

年高德劭
    年纪大,品德好。

鸟尽弓藏
    比喻事情成功以后,把曾经出过力的人一脚踢开。

涅而不缁
    用涅染也染不黑。比喻品德高尚,不受外界污染。

涅槃
    佛教用语,原指超脱生死的境界,现用作死(指佛或僧人)的代称。

牛刀小试
    比喻有很大的本领,先在小事情上施展一下。

牛溲马勃
    牛溲是牛尿(一说车前草),马勃是一种菌类,都可做药用,比喻虽然微贱但是有用的东西。

弄巧成拙
    想要巧妙的手段,结果反而坏了事。

奴颜婢膝
    形容卑躬屈膝奉承巴结的样子。

奴颜媚骨
　　形容卑躬屈膝谄媚讨好的样子。

O

呕心沥血
　　形容费尽心思。

P

排奡(aò)
　　(文笔)矫健："其文纵横排奡"。

攀龙附凤
　　巴结或投靠有权势的人。

盘根错节
　　树根盘绕，木节交错。比喻事情复杂，不易解决。

盘马弯弓
　　韩愈《雉带箭》诗："将军欲以巧伏人，盘马弯弓惜不发。"比喻先做出惊人的姿势，不立刻行动(盘马：骑着马绕圈子；弯弓：张着弓要射箭)。

盘陀(盘陁)
　　1.形容石头不平的样子。
　　2.形容曲折回旋的样子。

磐石
　　厚而大的石头："安如磐石"。

判若鸿沟
　　形容界限很清楚，区分很明显。

判若天渊(判若云泥)
　　高低差别好像天上的云彩和地下的泥土的距离那样远。

滂湃
　　形容水势浩大。

滂沱
　　形容雨下得很大："涕泗滂沱"。

旁征博引
　　为了表示论证充足而广泛地引用材料。

抛砖引玉
　　谦辞，比喻用粗浅的、不成熟的意见引出人

高明的、成熟的意见。

袍笏(hù)**登场**
　　身着官服，手执笏板，登台演剧，比喻上台做官(含讽刺意)。

袍泽
　　"袍"和"泽"都是古代的衣服名称，后来称军队中的同事叫袍泽："袍泽之谊""袍泽故旧"。

盆满钵满
　　形容赚的钱很多。

朋比为奸
　　互相勾结干坏事。

蓬荜生辉(蓬荜增辉)
　　谦辞，表示别人到自己家来或张挂别人给自己题赠的字画等而使自己非常光荣(蓬荜：蓬门荜户的略语)。

蓬户瓮牖(yǒu)
　　用蓬草编成的门，破瓮做的窗户，形容穷苦人家所住的简陋的房屋。

披肝沥胆
　　比喻开诚相见，也比喻极尽忠诚。

披坚执锐
　　穿上坚固的铠甲，拿起锐利的武器。多指将领亲赴战场打仗。

披荆斩棘
　　1.比喻扫除前进中的困难和障碍。
　　2.比喻克服创业中的种种艰辛。

披靡
　　1.(草木)随风散乱地倒下。
　　2.(军队)溃散："望风披靡"。

披沙拣金
　　比喻从大量的事物中选择精华。

披星戴月
　　形容早出晚归，辛勤劳动，或昼夜赶路，旅途劳顿。

皮里阳秋
　　指藏在心里说不出来的评论。"阳秋"即"春秋"，晋简文帝(司马昱)母郑氏为阿春，避讳"春"字改称。这里用来代表"批评",因为相传孔子修《春秋》,意含褒贬。

疲于奔命
原指不断受到命令或逼迫而疲劳奔走,后来也指事情繁多忙不过来。

否(pǐ)极泰来
坏的到了尽头,好的就来了(否、泰:六十四卦中的卦名,否是坏的卦,泰是好的卦)。

擗(pǐ)踊
悲痛时搥胸顿足。

媲(pì)美
美(好)的程度差不多;比美。

偏利共栖(偏利共生)
两种不同的生物生活在一起,对其中一种有利,而对另一种无害,这种生活方式叫作偏利共生。

偏颇
偏于一面;不公平。

骈(pián)拇枝指(略语:骈枝)
骈拇,指脚大拇指和二拇指相连;枝指,指手的大拇指或小拇指旁多长出来的一个手指。骈拇枝指比喻多余的或不必要的事物。

骈阗(tián)(骈填,骈田)
聚集;罗列:"士女骈阗"。

谝(piǎn)
夸耀;显示:"谝能"。

片纸只字(片言只字)
指零碎的文字材料。

平地楼台
比喻原来没有基础而白手建立起来的事业。

破釜沉舟
项羽和秦兵打仗,过河时把锅都打破,船都击沉,表示不再回来。比喻下决心,不顾一切干到底。

剖腹藏珠
剖开肚子来藏珍珠,比喻为物伤身,轻重倒置。

扑朔迷离
《木兰辞》:"雄兔脚扑朔,雌兔眼迷离,两兔傍地走,安能辨我是雄雌。"雄兔脚乱动,雌兔眼半闭

着,但是跑起来的时候就很难辨别。比喻事物错综复杂,难于辨别。

铺张扬厉
原指极力宣扬,后多形容极其铺张。

曝(pù)
晒:"一曝十寒"。

Q

凄恻
哀伤;悲痛:"缠绵凄恻"。

凄风苦雨(凄风冷雨)
形容天气恶劣,比喻境遇悲惨凄凉。

凄迷
1.(景物)凄凉而迷糊:"月色凄迷"。
2.悲伤;怅惘:"神色凄迷"。

凄婉
1.哀伤:"凄婉之情"。
2.(声音)悲伤而婉转:"笛声凄婉"。

凄然
形容悲伤:"凄然泪下"。

凄惘
悲伤失意;怅惘:"凄惘之情"。

期期艾艾
汉代周昌口吃,有一次跟汉高祖争论一件事,说:"臣口不能言,然臣期期知其不可"。有三国时魏臣邓艾也口吃,说到自己的时候连说"艾艾"。后来用"期期艾艾"形容口吃。

期颐
《礼记·曲礼上》:"百岁曰期,颐。"指百岁高龄的人需要颐养。后来用"期颐"指人一百岁。

期许
期望(多用于晚辈):"有负师长期许"。

欺世盗名
欺骗世人,盗取名誉。

蹊跷(qīqiāo)
奇怪;可疑。

齐东野语
《孟子·万章上》:"此非君子之言,齐东野人之语也。"后用"齐东野语"比喻道听途说,不足为凭的话。

奇光异彩
奇特瑰丽的光芒和色彩。

奇文共赏
新奇的文章共同欣赏(语本晋陶潜《移居》诗:"奇文共欣赏,疑义相与析")。现多指把荒谬、错误的文章发表出来供大家识别和批判。

歧路亡羊
杨子的邻居把羊丢了,没有找到。杨子问:"为什么没找到?"邻人说:"岔路很多,岔路上又有岔路,不知道往哪儿去了。"比喻因情况复杂多变而迷失了方向,误入歧途。

歧义
(语言文字)两种或多种不同意义,有两种或几种可能的解释。

耆(qí)宿
指在社会上有名望的老人。

乞哀告怜
乞求别人哀怜和帮助。

企足而待
抬起脚后跟来等待,比喻不久的将来就能实现。

起承转合
旧时写的文章常用的行文顺序,"起"是开始,"承"是承接上文,"转"是转折,"合"是全文结束。泛指文章做法。

绮(qǐ)丽
鲜艳美丽(多用于形容风景)。

气冲牛斗(气冲斗牛)
形容气势或怒气很盛(牛斗:二十八宿中的牛宿和斗宿,借指天空)。

气冲霄汉
形容大无畏的精神和气概。

气贯长虹
形容正气磅礴,像是要贯通天空的长虹一样。

气急败坏
上气不接下气,狼狈不堪,形容十分慌张或恼怒。

气壮山河
形容气概像高山大河那样雄伟豪迈。

弃甲曳兵
丢掉铠甲,拖着兵器,形容打败仗逃跑时十分狼狈的样子。

泣不成声
哭得喉咙哽住,出不来声音,形容极度悲伤。

器宇
人的外表;风度:"器宇轩昂"。

恰如其分
办事或说话正合分寸。

千钧一发(一发千钧)
千军的重量系在一根头发上,比喻极其危险(钧:古代重量单位,一钧等于三十斤)。

千载一时
一千年才有这么一个机会,形容机会难得。

阡陌(mò)
田地中间纵横交错的小路。

芊绵(芊眠)
草木茂盛繁密。

芊芊
草木茂盛:"青草芊芊"。

牵强附会
把关系不大的事物勉强地扯在一起,勉强比附。

悭(qiān)吝
吝啬;小气。

谦谦君子
指谦虚谨慎,能严格要求自己、品格高尚的人。

愆(qiān)期
延误日期。

愆尤
过失;罪过。

钤(qián)记
旧时机关团体使用的图章,多为长形,不及印或关防郑重。

钳口结舌
形容不敢说话。

潜移默化
指人的思想或性格受其他方面的感染而不知不觉地起了变化。

潜踪
隐藏踪迹(多含贬义)。

黔首
古代称老百姓。

浅尝辄止
略为尝试一下就停下来,指对知识、问题等不作深入研究。

浅露
(措辞)不委婉,不含蓄:"词义浅露"。

浅陋
见识贫乏;见闻不广。

谴谪(zhé)
官吏因犯罪而遭贬谪。

倩影
指女子美丽的身影。

戗(qiāng)风
逆风;顶风。

戕(qiāng)害
严重损害;伤害。

强弩之末
《汉书·韩安国传》:"强弩之末,力不能透鲁缟。"强弩射出的箭,到了最后力量弱了,连鲁缟(薄绸子)都穿不透,比喻很强的力量已经微弱。

强(qiǎng)词夺理
本来没有理,硬说成有理。

强(qiǎng)人所难
勉强别人做为难的事。

强(qiǎng)颜
勉强做出笑容:"强颜欢笑"。

翘楚(qiáochǔ)
《诗经·周南·汉广》:"翘翘错薪,言刈其楚。"郑玄注:"楚,杂薪之中尤翘翘者。"原指高出杂树丛的荆树,后用来比喻杰出的人才:"医中翘楚"。

翘企
翘首企足,形容盼望殷切:"不胜翘企"。

翘望
1. 抬起头来望。
2. 殷切希望。

谯楼
1. 城门上的瞭望楼。
2. 鼓楼。

巧取豪夺
用欺诈的手段取得,或凭强力夺取(财物、权利)。

巧舌如簧
舌头灵巧就像乐器里的簧片一样,形容能说会道,善于狡辩。

巧言令色
指用花言巧语和假装和善来讨好别人(令:美好)。

悄然
1. 形容忧愁的样子:"悄然落泪"。
2. 形容寂静无声:"悄然离去"。

悄寂
寂静无声:"山野悄寂"。

诮(qiào)呵
责备,呵斥:"诮呵之词"。

切磋琢磨
古代把骨头加工成器物叫"切",把象牙加工成器物叫"磋",把玉加工成器物叫"琢",把石头加工成器物叫"磨"。比喻互相商量研究,学习长处,纠正缺点。

切(qiè)肤之痛
切身感受到的痛苦。用于比喻,形容程度极深。

切骨之仇
形容极深的仇恨。用于比喻,形容程度极深。

惬（qiè）当
　　恰如其分；适当。
惬怀
　　称心；满意。
惬意
　　满意；称心；舒服。
锲而不舍
　　雕刻一件东西，一直刻下去不放手，比喻有恒心，有毅力。
亲和力
　　1.两种或两种以上的物质结合成化合物时互相作用的力。
　　2.比喻使人亲近，愿意接触的力量。
亲痛仇快
　　亲人痛心，仇人高兴。
亲炙（zhì）
　　直接受到教诲或传授："久仰大名，无由亲炙"。
秦楼楚馆
　　旧时指歌舞场所，也指妓院。
琴瑟
　　琴和瑟两种乐器一起合奏，声音和谐，用来比喻融洽的感情（多用于夫妇）："琴瑟甚笃"。
勤勤
　　形容诚恳或殷勤："雅意勤勤"。
沁人心脾
　　指呼吸到新鲜空气或喝了清凉饮料使人感到舒适。现也用来形容欣赏了美好的诗文、乐曲等人以清新爽朗的感觉。
青出于蓝
　　《荀子·劝学》："青，取之于蓝，而青于蓝。"蓝色从蓼蓝提炼而成，但是颜色比蓼蓝更深。后用来"青出于蓝"比喻学生甚于老师，后人甚于前人。
轻车简从（轻装简从）
　　指有地位的人出门时，行装简单，跟随的人不多。
轻车熟路
　　驾着轻便的车在熟路上走，比喻对情况熟悉，做起来容易。
轻歌曼舞
　　轻松愉快的音乐和优美柔和的舞蹈。
轻口薄舌（轻嘴薄舌）
　　形容说话刻薄。
轻诺寡信
　　随便答应人，很少能守信用。
倾箱倒箧
　　把箱子里的东西都倒出来，比喻尽其所有。
卿卿我我
　　形容男女间非常亲昵。
清规戒律
　　1.僧尼、道士必须遵守的规则和戒律。
　　2.借指束缚人的死板的规章制度。
情不自禁
　　抑制不住自己的感情。
情窦初开
　　指刚懂得爱情（多指少女）。
情景交融
　　指文学作品把写景和抒情紧密地结合起来。
情愫（情素）
　　1.感情。
　　2.本心；真情实意："互倾情愫"。
情随事迁
　　思想感情随着情况的变迁而发生变化。
情投意合
　　双方思想感情融合；心意相合。
情有独钟
　　因对某人或某事情特别喜爱而感情专注。
䞍（qíng）等
　　1.坐等（批判、惩罚）。
　　2.坐享（现成的）。
请君入瓮
　　武则天命来俊臣审周兴，周兴不知。来假问周："犯人不肯认罪怎么办？"周说："取一大瓮，周围用炭火烤，把犯人装进去，还有什么事他不会承认呢?"来叫人搬来一大瓮,四面加火,对周说:"奉命审你,请入瓮。"周吓得磕头认罪。比喻拿某人整治别人的法子来整治他自己。

罄竹难书
把竹子用完了都写不完,比喻事实(多指罪恶)很多,难以说完。

穷兵黩武
使用全部武力,任意发动侵略战争。

穷极无聊
指困窘到极点,无所依托,无事可做,非常无聊。

穷奢极侈(穷奢极欲)
极端奢侈,极度享受。

穷途潦(liáo)倒
形容无路可走,非常失意。

穷乡僻壤
荒凉贫穷而偏僻的地方。

穷形尽相
原指刻画十分细致生动,现在也用来指丑态毕露。

穷原竟委
深入探求事物的始末。

穷源溯流
追究事物的根源并深寻其发展的途径。

茕(qióng)茕
1.形容孤孤单单,无依无靠。
2.忧愁。

穹隆
指天空中间高四周下垂的样子,也指高起成拱形的。

穹庐
游牧民族居住的圆顶帐篷,用毡子做成。

求全责备
苛责别人,要求完美无缺。

求真务实
追求真理,讲求实际。

遒劲
雄健有力。

曲突徙薪
有一家的烟囱很直,旁边堆着许多柴火,有人劝主人改建弯曲的烟囱,把柴火搬开,不然有着火的危险。主人不听,不久果然发生了火灾。比喻事先采取措施,防止危险发生。

曲意逢迎
违背自己的本心去迎合别人的意思。

趋炎附势
奉承依附有权势的人。

趋之若鹜
像鸭子一样成群地跑过去,多比喻许多人争着去追逐(不好的事物)。

曲高和寡
曲调高深,能跟着唱的人很少。旧指知音难觅,现比喻言论或艺术作品不通俗,能理解或欣赏的人很少。

曲终人散
乐曲终了,听众散去,比喻事情结束,人们各自离去。

取精用弘(取精用宏)
从大量的材料里提取精华。

阒(qù)然
形容寂静无声的样子:"四野阒然"。

诠释
说明;解释。

犬儒
原指古希腊抱有玩世不恭思想的一派哲学家,后泛指玩世不恭的人。

犬牙交错
形容交界处参差不齐,像狗牙一样。泛指局面错综复杂。

畎(quǎn)亩
田间;田地(畎:田间小沟)。

阙如
欠缺;空缺:"暂付阙如"。

阙疑
把疑难问题留着，不下判断："暂作阙疑"。

鹊巢鸠(jiū)占
比喻强占别人的房屋、土地、产业等。

群策群力
大家共同出主意，出力量。

群轻折轴
许多不重的东西累积起来也能压断车轴。比喻小的坏事任其发展下去，也能造成严重的后果。

群威群胆
很多人团结一致所表现的力量和勇敢精神。

麇(qún)集
群集；聚集。

R

燃眉之急
像火烧眉毛那样的紧急，比喻非常急迫的情况。

冉冉
1.（毛、枝条等）柔软下垂的样子。
2.慢慢地。

瀼(ráng)瀼
形容露水多。

穰穰
五谷丰饶："穰穰满家"。

攘臂
挽起袖子，伸出胳膊（表示激奋或发怒）。

攘攘
形容纷乱。

扰攘
骚乱；纷乱："干戈扰攘"。

人老珠黄
比喻妇女老了被轻视，像珍珠年代久了变黄就不值钱一样。

人莫予(yú)毒
目空一切，认为没有人能伤害我（毒：伤害）。

人情世故
为人处世的道理。

人声鼎沸
人群发出的声音像水在锅里沸腾一样，形容人声嘈杂喧闹。

人为刀俎(zǔ)，我为鱼肉
比喻人家掌握生杀大权，自己处在被宰割的地位。

人云亦云
人家说什么，自己也跟着说什么，形容没有主见。

忍俊不禁(jīn)
忍不住笑。

忍辱含垢
忍受耻辱。

荏(rěn)苒
（时间）渐渐过去："光阴荏苒"。

稔(rěn)知
熟知："稔知其为人"。

日就月将
每天有成就，每月有进步，形容积少成多（就：成就；将：前进）。

日暮途穷
天黑下去了，路走到头了，比喻到了末日。

日上三竿
太阳升起来，已经有三根竹竿那么高，多用来形容人起得晚。

融会贯通
参合多方面的知识或道理而得到全面透彻的领悟。

如臂使指
《汉书·贾谊传》："如身之使臂，臂之使指。"比喻指挥如意。

如法炮(páo)制
依照成法泡制药剂，泛指照现成的办法办事。

如火如荼
像火那样红，像荼（茅草的白花）那样白。原比喻军队军威之盛,现用来形容旺盛、热烈或激烈。

如泣如诉
　　好像在哭泣,又好像在诉说,形容声音凄切、悲苦。

如日中天
　　比喻事物正发展到十分旺盛的阶段。

如汤沃雪
　　像热水浇在雪上,比喻事情极易解决。

如蚁附膻(shān)
　　像蚂蚁附着在有膻味的东西上,比喻许多臭味相投的人追求某种恶劣的事物,也比喻依附有钱有势的人。

如影随形
　　好像影子老是跟着身体一样,比喻两个人常在一起,十分亲密。

如坐针毡
　　形容心神不宁。

茹毛饮血
　　原始人不会用火,连毛带血生吃禽兽。

孺(rú)子可教
　　指年轻人有出息,可以把本事传授给他。

入境问俗
　　《礼记·曲礼上》:"入境而问禁,入国而问俗。"进入别国的境界,先问清他们的禁令;进入别国的都城,先问清他们的风俗。现在说成"入国问禁"和"入境问俗"。

入木三分
　　形容书法有力,也用来比喻议论、见解深刻。

入主出奴
　　韩愈《原道》:"入于彼,必出于此;入者主之,出者奴之;入者附之,出者污之。"意思是说崇信了一种说法,就必然会排斥另一种说法;把前者奉作主人,把后者当作奴仆;附和前者,污蔑后者。后用"入主出奴"来比喻在学术上存在门户之见。

溽(rù)热
　　潮湿而闷热。

溽暑
　　夏天潮湿而闷热的气候。

S

飒然
　　形容风、声:"有风飒然而至。"

飒飒
　　形容风雨声:"秋风飒飒"。

飒爽
　　豪迈而矫健:"飒爽英姿"。

三缄(jiān)其口
　　形容说话十分谨慎,不肯或不愿开口。

三灾八难
　　佛教指水灾、火灾、风灾为三大灾;刀兵、饥馑、疫病为三小灾。八难指影响见佛求道的八种障碍,如作恶多端、安逸享受、盲哑残疾、自恃聪明才智等。后指各种灾难、疾病。

桑榆暮景
　　落日的余晖照在桑榆树梢上,比喻老年的时光。

桑田沧海(沧海桑田)
　　大海变成农田,农田变成大海,比喻世事变化很大。

桑梓
　　《诗经·小雅·小弁》:"唯桑与梓,必恭敬止。"是说家乡的桑树和梓树是父母种的,对它要表示敬意。后人用来指故乡。

瑟瑟
　　1. 形容轻微的声音:"秋风瑟瑟"。
　　2. 形容颤抖:"瑟瑟发抖"。

杀鸡取卵
　　比喻只顾眼前的好处而损害长远的利益。

杀身成仁
　　为正义或崇高的理想而牺牲生命。

煞有介事(像煞有介事)
　　好像真有这回事似的。多指大模大样,好像什么了不起。

山高水低
　　比喻意外发生的不幸事情(多指死亡)。

删繁就简
删去多余的文字或内容使简明扼要。

擅扬
压倒全场;在某种专长方面超过一般人:"擅扬之作"。

伤心惨目
非常悲惨,使人不忍心看。

赏心悦目
指因欣赏美好的情景而心情舒畅。

上下其手
比喻玩弄手法,暗中作弊。

稍纵即逝
稍微一放松就消逝去了,形容时间、机会等极易失去。

韶光
1. 美丽的春光。
2. 比喻美好的青年时代。

韶秀
清秀:"仪容韶秀"。

少安毋(wú)躁
耐心等待一下,不要急躁。

少不更事
指人年纪轻,经历的事不多,缺少经验。

少年老成
原指人虽年轻,却很老练,举动谨慎,现在多指年轻人缺乏朝气。

舍本逐末
舍弃事物的根本的、主要的部分,而去追求细枝末节。形容轻重倒置。

舍近求远
舍弃近的寻找远的,形容做事走弯路或追求不切实际的东西。

舍生取义
为正义而牺牲生命。

舍生忘死(舍死忘生)
形容不顾性命危险。

慑服
1. 因恐惧而顺从。
2. 使恐惧而屈服。

申饬(chì)
1. 告诫。也作申敕。
2. 同"申斥"。

参商
参和商都是二十八宿之一,两者不同时在天空中出现,比喻亲友不能会面,也比喻感情不和睦:"参商之阔"。

深闭固拒
比喻坚决不接受新事物或别人的意见。

深藏若虚
形容把宝贵的东西收藏起来,好像没有这东西似的。比喻人有知识才能但不爱在人前表现。

深笃(dǔ)
(感情)深厚诚挚。

深居简出
平日老在家待着,很少出门。

深文周纳
定罪名很苛刻,想尽办法把无罪的人定成有罪,泛指不根据事实而牵强附会地妄加罪名。

深恶(wù)痛绝
厌恶、痛恨到极点。

神不守舍
指心神不定(舍:这里指人的躯体)。

哂(shěn)纳
客套话,用于请人收下礼物。

哂笑
讥笑。

升堂入室(登堂入室)
比喻学问或技能由浅入深,循序渐进,达到更高的水平。

生杀予夺
指统治者掌握生死、赏罚的大权。

生死攸关
关系到人的生存和死亡(攸:所)。

绳锯木断
　　比喻力量虽小,只要坚持不懈,事情就能成功。

绳墨
　　木工打直线的工具,比喻规矩或法度:"不中绳墨"。

圣经贤传(zhuàn)
　　旧称儒家的代表性著作为"圣经贤传"(圣经:传说经圣人手订的著作;贤传:贤人阐释经书的著作)。

盛馔(zhuàn)
　　丰盛的饮食。

尸位素餐
　　空占着职位而不做事。

失之东隅,收之桑榆
　　比喻这个时候失败了,另一个时候得到了补偿(东隅:东方日出处,指早晨;桑榆:西方日落处,日落时太阳的余晖照在桑榆树梢上,指傍晚)。

失之交臂
　　形容当面错过、失掉好机会(交臂:因彼此走得很靠近而胳膊碰胳膊)。

师心自用
　　固执己见,自以为是。

十恶不赦
　　形容罪大恶极,不可饶恕(十恶:古代刑法指不可赦免的十种重大罪名,即谋反、谋大逆、谋叛、恶逆、不道、大不敬、不孝、不睦、不义、内乱,现在借指重大的罪行)。

十目所视,十手所指
　　表示监督的人很多,不允许做坏事,做了也隐瞒不住。

十三点
　　1.形容人傻里傻气或言行不合情理。
　　2.指傻里傻气,言行不合情理的人。

石破天惊
　　唐代李贺《李凭箜篌引》诗:"女娲炼石补天处,石破天惊逗秋雨。"形容箜篌的声音忽而高亢,忽而低沉,使人震惊,有不可名状的奇境。后多用来比喻文章议论新奇惊人。

时不我待
　　时间不等人,指要抓紧时间。

时乖运蹇(jiǎn)(时乖命蹇)
　　指时运不好。

时过境迁
　　随着时间的推移,境况发生变化。

时来运转
　　时机来了,运气有所好转。

实至名归(实至名随)
　　有了真正的学识、本领或业绩,相应的声誉自然就随之而来。

拾人牙慧
　　拾取人家的只言片语,当作自己的话。

食不甘味
　　形容心里有事,吃东西都不知道滋味。

食古不化
　　指学了古代的文化知识不善于理解和应用,跟吃了东西不能消化一样。

食亲财黑
　　指人贪财自私,爱占便宜。

食言而肥
　　形容为了自己占便宜而说话不算数,不守信用。《左传·哀公二十五年》:"是食言多矣,能无肥乎!"

矢志
　　发誓立志:"矢志不移"。

始作俑者
　　孔子反对用俑殉葬,他说,开始用俑殉葬的人,大概没有后嗣了吧!(见于《孟子·梁惠王上》)比喻恶劣风气的创始者。

世态炎凉
　　指有钱有势时,人就巴结,无钱无势时,人就冷淡。

事过境迁
　　事情已经过去,客观环境也改变了。

视若无睹
　　虽然看了,却像没有看见一样,形容对眼前事物漠不关心。

拭目以待
　　擦亮眼睛等待着,形容殷切期望或等待某件事情的实现。

适逢其会
　　恰巧碰到那个时机。

适可而止
　　到了适当的程度就停止(指做事不过分)。

恃才傲物
　　依仗自己的才能而骄傲自大,轻视旁人(物:众人)。

舐(shì)犊情深
　　比喻对子女关心、疼爱的感情非常深。

释怀
　　(爱憎、悲喜、思念等感情)在心中消除,多用于否定:"难以释怀"。

释然
　　形容疑虑、嫌隙等消逝而心中平静。

嗜痂之癖
　　《南史·刘穆之传》:"穆之孙邕,性嗜食疮痂,以为味似腹鱼。"后来用"嗜痂之癖"比喻人的乖僻嗜好,也比喻形成乖僻的嗜好。

嗜欲
　　指耳目口鼻等方面贪图享受的要求。

噬脐莫及
　　《左传·庄公六年》:"若不早图,后君噬齐(同脐)其及图之乎?"杜预注:"若啮腹齐,喻不可及。"意思是咬自己的肚脐是够不着的,后来用"噬脐莫及"比喻后悔莫及。

手到擒来
　　手一到就能把敌人擒拿过来,比喻做事很有把握或毫不费力就能成功。

手疾眼快(眼疾手快)
　　形容做事机警敏捷。

手不释卷
　　手里的书舍不得放下,形容读书勤奋或看书入迷。

手眼通天
　　形容手段高明,善于钻营,也比喻跟有权势的高层人物有交往。

手足无措
　　形容举动慌乱或没有办法应付。

守口如瓶
　　形容说话慎重或严守秘密。

守望相助
　　为了防御外来的侵害,邻近的村落协同看守瞭望,遇事相互帮助。

首日封
　　邮政部门发行新邮票的当天,把新邮票贴在特制的信封上,并盖上邮戳,这种信封叫作首日封。

首善之区
　　最好的地方,指首都。

首鼠两端
　　迟疑不决或动摇不定(首鼠:踌躇)。

受宠若惊
　　受到过分的宠爱待遇而感到意外的惊喜。

瘦骨嶙峋
　　形容人十分瘦(嶙峋 línxún,形容山石突兀、重叠)。

殊途同归
　　经过不同的道路走到同一目的地,比喻采取不同的方法而达到相同的结果。

倏(shū)地
　　极快地;迅速地。

倏忽
　　很快地;忽然。

倏然
　　忽然;形容极快。

熟视无睹
　　虽然经常看见,还跟没看见一样,指对客观事物不关心。

蜀犬吠日
柳宗元在《答韦中立论师道书》中说,四川地方多雾,那里的狗不常见日出,每逢日出,狗都叫起来,后用"蜀犬吠日"来比喻少见多怪。

数典忘祖
比喻忘掉本来的情况或事物的本源。

数米而炊
数米粒做饭,比喻做用不着做的琐碎小事,后来也形容吝啬或生活困窘。

束手待毙
比喻遇到危险或困难,不积极想办法解决,却坐着等死或等待失败。

束脩(xiū)
送给教师的报酬。

束之高阁
把东西捆起来,放在高高的架子上面,比喻扔在一边,不去用它或管它。

述而不作
指只阐述他人学说,而不加自己的创见。

率由旧章
一切照规矩办事。

水到渠成
水流到的地方自然成渠,比喻条件成熟,事情自然成功。

水滴石穿(滴水穿石)
比喻力量虽小,只要坚持不懈,事情就能成功。

水米无交
比喻彼此毫无交往,特指居官清廉,跟百姓没有经济上的来往。

水磨(mò)工夫
比喻细致精密的工夫。

水榭
临水或在水上的供人游玩和休息的房屋。

水性杨花
形容妇女作风轻浮,用情不专一。

吮痈舐痔
给人嘬痈疽的脓,舔痔疮,比喻不择手段地谄媚巴结。

顺风吹火
比喻费力不多,事情容易做。

硕大无朋
形容无比的大(朋:伦比)。

耸(sǒng)人听闻
故意说夸大或惊奇的话,使人震惊。

耸峙
耸立。

悚(sǒng)然
害怕的样子:"毛骨悚然"。

搜索枯肠
形容竭力思索(多指写诗文)。

绥靖
安抚,使保持地方安静。

随波逐流
随着波浪起伏,跟着流水漂流,比喻没有主见,跟着潮流走。

T

他山攻错
《诗经·小雅·鹤鸣》:"它山之石,可以为错。"又:"它山之石,可以攻玉。"(错:磨刀石;攻:治;它,后多写作他)后采用攻错来比喻借别人的长处弥补自己的短处。

獭祭
獭贪食,常捕鱼陈列水边,称为祭鱼。后用"獭祭"比喻罗列典故或堆砌典故。

阘懦(tànuò)
地位低下,软弱无能。

阘茸(tàróng)
卑贱;低劣。

太阿倒持
倒持着太阿(宝剑名)剑,比喻把权柄给人家,自己反而受到威胁或祸害。

泰斗
　　泰山北斗。

泰然自若
　　形容镇定、毫不在意的样子。

贪赃枉法
　　官吏收受贿赂,利用职权歪曲和破坏法律。

谈言微中(zhòng)
　　说话委婉而中肯。

弹冠(guān)相庆
　　《汉书·王吉传》:"吉与贡禹为友,世称'王阳在位,贡公弹冠',言其取舍同也"(弹冠:掸去帽子上的尘土,准备做官)。后来用"弹冠相庆"指一人当了官或升了官,他的伙伴也相互庆贺将有官可做。

叹为观止
　　春秋时吴国的季札在鲁国观看各种乐舞,看到舜时的乐舞,十分赞美,说看到这里就够了,再有别的乐舞也不必看了。后来指赞美看到的事物好到极点,也说"叹观止矣"。

探本穷源(探本溯源)
　　追本溯源。

探骊得珠
　　《庄子·列御寇》上说,黄河边上有人泅入深水,得到一颗价值千金的珠子。他父亲说:"这样珍贵的珠子,一定是在万丈深渊的黑龙下巴底下取得,而且是在它睡时取得的。"后来用"探骊得珠"比喻做文章扣紧主题,抓住要领(骊:黑龙)。

探赜(zé)索隐
　　探究深奥的道理,搜索隐秘的事迹(赜:深奥)。

唐突
　　1.乱闯;冒犯。
　　2.莽撞;冒失。

堂而皇之
　　1.形容公开或不加掩饰。
　　2.形容体面或气派大。

堂客
　　1.女客人。
　　2.〈方〉泛指妇女。
　　3.〈方〉妻。

棠棣(唐棣)
　　古书上说的一种植物。

溏心
　　蛋煮过或腌过后蛋黄没有完全凝固的。

螳臂当车(螳臂挡车)
　　螳螂举起前腿想挡住车子前进。语本《庄子·人间世》:"汝不知夫螳螂乎,怒其臂以当车辙,其不胜任也。"比喻不正确估计自己的力量,去做办不到的事情,必然招致失败。

倘来之物
　　无意中得到的或不应收而收到的财物。

饕餮(tāotiè)
　　1.传说中的一种凶恶贪食的野兽,古代鼎、彝等铜器上面常用它的头部形状做装饰,叫作饕餮纹。
　　2.比喻凶恶贪婪的人。
　　3.比喻贪吃的人。
　　4.丰盛的;可以充分享用的。

提纲挈(qiè)领
　　提住网的总绳,提住衣服的领子,比喻把问题简明扼要地提示出来。

体大思精
　　规模宏大,思虑精密(多形容大部头的著作)。

体例
　　著作的编写格式,文章的组织形式。

倜傥(俶傥)
　　洒脱;不拘束。

倜然
　　1.超然或特出的样子。
　　2.疏远的样子。

涕零
　　流泪。

惕厉
　　警惕;戒惧:"日夜惕厉"。

天荒地老(地老天荒)
　　指经过的时间很长。

天马行空
　　1.神马在空中奔腾飞驰,多形容诗文、书法、言行等气势豪放,不受拘束。
　　2.形容说话做事不着边际。

天怒人怨
　　形容为害作恶十分严重,引起普遍的愤怒。

天网恢恢
　　天道像一个广阔的大网,作恶者逃不出这个网,也就逃不出天道的惩罚(恢恢:形容非常广大)。

天香国色(国色天香)
　　原是赞美牡丹的话,后常用来称美女。

天悬地隔
　　比喻相差悬殊。

天造地设
　　自然形成而合乎理想。

天作之合
　　上天成全的婚姻(多用于新婚的颂词)。

恬然
　　满不在乎的样子:"处之恬然"。

恬不知耻
　　做了坏事满不在乎,不以为然。

恬淡
　　1.不追求名利;淡泊:"恬淡寡欲"。
　　2.恬静,安适。

觍(tiǎn)颜
　　1.表现出惭愧的样子(脸色)。
　　2.厚颜:"觍颜惜命"。

佻(tiāo)巧
　　1.轻佻巧诈。
　　2.(文辞)细巧而不严肃。

佻㒓(tà)
　　轻薄:"心性佻㒓。"

调三窝四(调三斡四)
　　搬弄是非,挑拨离间。

调嘴学舌(调嘴弄舌)
　　指背地里说人长短,搬弄是非(调嘴:耍嘴皮子;学舌:把听到的话告诉别人)。

眺望
　　从高处往远处看。

亭亭玉立
　　形容美女身材修长或花木形体挺拔。

铤而走险
　　指因无路可走而采取冒险行动(铤:快走的样子)。

恫瘝(tōngguān)在抱
　　把人民的疾苦放在心上(恫:病痛;瘝:病,痛苦)。

通都大邑
　　交通便利的大都市。

通情达理
　　懂得道理,说话做事合情合理。

通衢(qú)
　　四通八达的道路;大道:"通衢要道"。

通权达变
　　为了应付当前的情势,不按照常规做事,而采取适合实际需要的灵活办法。

同恶相济
　　坏人跟坏人相互帮助,共同作恶。

同声相应,同气相求
　　同类性质的事物相互感应,形容志趣相投的人自然地结合在一起。

同室操戈
　　一家人动起刀枪来,比喻内部相斗。

同舟共济
　　比喻同心协力,共同渡过困难。

痛定思痛
　　悲痛的心情平静之后,回想以前的痛苦。

痛心疾首
　　形容痛恨到极点(疾首:头痛)。

偷奸取巧
　　用狡猾的手段使自己不费心而得到好处。

偷梁换柱
　　比喻用欺骗的手法暗中改变事物的内容或事

情的性质。

偷天换日
比喻暗中玩弄手法,改变重大事物的真相来欺骗别人。

投畀(bì)豺虎
(把坏人)扔给豺狼虎豹吃掉,后来用以表示对坏人十分愤恨。

投鞭断流
比喻人马众多,兵力强大。

投井下石
比喻乘人之危,加以陷害。

投桃报李
他送给我桃,我把李子回送他,语本《诗经·大雅·抑》:"投我以桃,报之以李。"比喻友好往来。

投鼠忌器
要打老鼠又怕打坏了它旁边的器物。比喻想打坏人又有所顾虑。

图穷匕见
比喻事情发展到最后,真相或本意露出来了。

徒托空言
只说空话,并不实行。

涂炭
1.烂泥和炭火,比喻极困苦的境遇。
2.使处于极困苦的境遇;蹂躏:"涂炭百姓"。

兔死狗烹
比喻事情成功以后,把曾经出过大力的人杀掉。

兔死狐悲
比喻因同类的灭亡而感到悲伤。

兔脱
比喻很快地逃走。

推本溯源
推究根源;找原因。

推波助澜
比喻促使或助长事物(多指坏的事物)的发展,使扩大影响。

推陈出新
去掉旧事物的糟粕,取其精华,并使它向新的方向发展(多指继承文化遗产)。

推诚相见
用真心相待。

推己及人
用自己的心思推想别人的心思;设身处地替别人着想。

推襟送抱
比喻推诚相见(襟抱:指心意)。

推心置腹
比喻真心待人。

退避三舍
春秋时,晋国同楚国在城濮作战,晋文公遵守以前的诺言,把军队撤退九十里(舍:古代行军三十里为一舍)。后用来比喻对人让步,不与相争。

吞云吐雾
形容人吸鸦片、香烟时喷吐出浓重烟雾的样子(含讥讽意)。

脱胎换骨
比喻彻底改变立场观点。

脱颖而出
战国时代,秦兵攻打赵国。赵国平原君奉命到楚国求救,要选二十名文武双全的门客一起去,但缺一人,毛遂自荐请求跟着一起去。平原君说,贤能的人在众人当中就像锥子放在布袋里,尖儿就立刻会露出来,你来我门下已经三年,没听到过对你的赞扬,你没什么能耐,不去吧!毛遂说,假使我毛遂早能像锥子放在布袋里似的,"乃脱颖而出,非特其末见而已",就是说,连锥子上部的环儿也会露出来,岂止露出尖儿(颖:按旧注指锥子把儿上的环)。后来用"脱颖而出"比喻人的才能全部显示出来。

唾余
比喻别人的无足轻重的言论或意见:"拾人唾余"。

唾面自干
人家往自己脸上吐唾沫,不擦它而让它自干。

指受了侮辱,极度容忍,不加反抗。

唾手可得
　　比喻非常容易得到(唾手:往手上吐唾沫)。

W

瓦当
　　我国传统建筑铺在房檐边上的滴水瓦的瓦头,呈圆形或半圆形,上有图案或文字。

瓦釜雷鸣
　　比喻无才无德的人占据高位,煊赫一时,语出《楚辞·卜居》:"黄钟毁弃,瓦釜雷鸣。"(瓦釜:用黏土烧制的锅)。

歪才
　　指正业以外的某个方面的才能,不合正道的才能。

崴(wǎi)泥
　　陷在烂泥里,比喻陷入困境,事情不易处理。

外圆内方
　　比喻人外表随和,内心却很严正。

剜(wān)肉医疮
　　比喻只顾眼前,用有害的方法来救急(疮:伤口)。

纨绔(纨袴)(wánkù)
　　细绢做的裤子,泛指富家子弟穿的华美衣着,也借指富家子弟:"纨绔习气""纨绔子弟"。

完璧归赵
　　比喻原物完整无损地归还本人。

玩火自焚
　　比喻干冒险或害人的勾当,最后受害的还是自己。

玩世不恭
　　不把现实社会放在眼里,对什么事都采取不严肃的态度(不恭:不严肃)。

玩物丧志
　　醉心于玩赏所喜好的东西,从而消磨掉志气。

顽石点头
　　形容道理讲得透彻,使人心服。

宛然
　　仿佛:"宛然在目"。

宛若
　　宛如;仿佛。

婉丽
　　1.美丽;美好:"姿容婉丽"。
　　2.婉转而优美(多指诗文)。

婉约
　　委婉含蓄:"词风婉约细腻"。

万劫不复
　　表示永远不能恢复(佛家称世界从生成到毁灭的一个过程为一劫,万劫即万世的意思。)

万籁俱寂
　　形容四周非常寂静,没有一点声音(籁:从孔穴里发出的声音)。

万马齐喑(yīn)
　　千万匹马都沉寂无声,比喻人们都沉默,不说话,不发表意见。

万念俱灰
　　一切想法、打算都破灭了,形容失意或受到沉重打击后极端灰心失望的心情。

万人空巷
　　家家户户的人都从巷子里出来了,多用来形容庆祝、欢迎等盛况。

亡羊补牢
　　羊丢失了,才修理羊圈。《战国策·楚策四》:"亡羊而补牢,未为迟也。"比喻在受到损失之后想办法补救,免得以后再受损失。

枉驾
　　1.敬辞:称对方来访自己。
　　2.请对方往访他人。

罔替
　　不更换;不废除:"绵延罔替"。

惘然
　　失意的样子;心里好像是掉了什么东西的样子:"惘然若失"。

妄下雌黄
　　指乱改文字或乱发议论（雌黄：矿物，可用来制颜料或做褪色剂。古人抄书、校书常用雌黄涂改文字）。

妄自菲(fěi)薄
　　过分地看轻自己。

望尘莫及
　　只望见走在前面的人带起的尘土而追赶不上，比喻远远落后。

望穿秋水
　　形容盼望得非常急切（秋水：比喻人的眼睛）。

望而却步
　　看到了危险或力不能及的事而往后退缩。

望而生畏
　　看见了就害怕。

望风捕影（望风扑影，望风捉影）
　　捕风捉影。

望风披靡
　　形容军队丧失战斗意志，老远看见对方的气势很盛就溃散了。

望梅止渴
　　用空想或假象安慰自己。

望其项背
　　能够看见别人的颈项和脊背，表示赶得上或比得上（多用于否定式）："难以望其项背"。

望文生义
　　不懂某一词句的正确意义，只从字面上附会做出错误的解释。

望洋兴叹
　　本义指在伟大的事物面前感叹自己的渺小，今多比喻在做一件事而力量不够，感到无可奈何（望洋：抬头向上看的样子）。

危殆
　　（形势、生命等）十分危险；危急。

危笃(dǔ)
　　（病势）危急。

危如累卵
　　形容形势极其危险，如同摞(luò)起来的蛋，随时都有倒下来的可能。

危言耸听
　　故意说吓人的话使听的人吃惊。

危在旦夕
　　指危险就在眼前。

危坐
　　端端正正地坐着："正襟危坐"。

微言大义
　　精微的语言和深奥的道理。

巍峨
　　形容山或建筑物的高大雄伟。

巍然
　　形容山或建筑物雄伟的样子。

巍巍
　　形容高大。

韦编三绝
　　孔子晚年很爱读《周易》，翻来覆去地读，使穿连《周易》竹简的皮条断了好几次，后来用"韦编三绝"形容读书勤奋。

唯命是听（惟命是从）
　　让做什么就做什么，绝对服从。

唯我独尊（惟我独尊）
　　认为只有自己最了不起。

惟妙惟肖(xiào)
　　形容描写或模仿得非常好，非常逼真。

嵬(wéi)嵬
　　高大的样子。

尾大不掉
　　比喻机构下强上弱，或组织庞大、涣散，以致指挥不灵（掉：摇动）。

委顿
　　没有精神。

萎靡（委靡）
　　精神不振；意志消沉。

唯（wěi）唯诺诺
　　形容一味顺从别人的意见。

骫骳（wěibèi）
　　曲折；屈曲。

猥（wěi）琐（委琐）
　　（容貌、举动）庸俗不大方："举止猥琐"。

猥獕（cuī）
　　丑陋难看，庸俗拘束（多用于早期白话）。

猥亵（xiè）
　　1. 淫乱；下流的（言语或行为）："言辞猥亵"。
　　2. 做下流的动作。

为虎添翼（为虎傅翼）
　　比喻帮助恶人，增加恶人的势力（傅翼：加上翅膀）。

为虎作伥（chāng）
　　比喻做恶人的帮凶，帮助恶人做坏事。

为人作嫁
　　唐秦韬玉《贫女》诗："苦恨年年压金线，为他人作嫁衣裳"。后用来比喻空为别人忙碌。

为渊驱鱼，为丛驱雀
　　比喻不善于团结人或笼络人，把可以依靠的力量赶到敌对方面去。

未可厚非（无可厚非）
　　不可过分指摘，表示虽有缺点，但是可以原谅。

未能免俗
　　没能摆脱开自己不以为然的习俗。

未雨绸缪（móu）
　　趁着天没下雨，先修缮房屋门窗，比喻事先做好准备。

味同嚼蜡
　　形容没有味道，多指文章或讲话枯燥无味。

畏首畏尾
　　怕这怕那，形容疑虑过多。

畏葸（xǐ）
　　畏惧。

猬集
　　比喻事务繁多，像刺猬的硬刺那样聚集在一起。

蔚起
　　兴旺地发展起来（人才蔚起）。

蔚然成风
　　形容一种事物逐渐发展、盛行，形成风气（蔚然：形容茂盛、盛大）。

蔚为大观
　　丰富多彩，成为盛大的景象（多指文物等）。

蔚然
　　1. 茂盛；盛大："蔚成风气"。
　　2. （云气）弥漫；有文采的："云蒸霞蔚"。

慰藉（jiè）
　　安慰。

温故知新
　　温习旧的知识，能够获得新的理解和体会。也指回忆过去，认识现在。

温情脉脉
　　形容对人或对事物有感情，很想表露出来的样子。

温文尔雅
　　态度温和，举止文雅。

温馨
　　温和芳香；温暖。

文不加点
　　形容写文章很快，不用涂改就写成（点：涂上一点，表示删去）。

文从字顺
　　指文章的用词妥帖，语句通顺。

文过饰非
　　掩饰过失、错误（文：旧读 wèn，掩饰）。

文翰
　　1. 文章。
　　2. 指公文、信札。

文化沙漠
　　比喻文化很不发达或不重视文物保护和文化事业的地区。

文侩(kuài)
　　指靠舞文弄墨投机取巧的人。

文山会海
　　指过多的文件和会议。

文恬武嬉
　　文官图安逸，武官贪欢乐。指文武官吏一味贪图享乐，不关心国事的腐败现象。

文质彬彬
　　原形容人既文雅又朴实，后来形容人文雅有礼貌。

闻鸡起舞
　　比喻志士及时奋发。

闻人
　　有名望的人。

稳操胜券
　　比喻有胜利的把握。

问道于盲
　　比喻向毫无所知的人求教。

问津
　　探寻渡口，比喻探问价格或情况等（多用于否定式）："无人问津"。

蓊(wěng)郁
　　形容草木茂盛："林木蓊郁"。

蜗居
　　比喻窄小的住所。

我行我素
　　不管别人怎么说，我还是照我本来的一套去做。

乌飞兔走
　　指日月运行，形容光阴过得快（古代传说日中有三足乌，月中有玉兔）。

污泥浊水
　　比喻落后、腐朽和反动的东西。

污言秽语
　　下流的话；脏话。

於菟(wūtú)
　　古代楚人称虎。

无动于衷
　　心里一点不受感动；一点也不动心。

无独有偶
　　虽然罕见，但是不只一个，还有一个可以成对儿（多用于贬义）。

无关宏旨
　　不涉及主旨，指意义不大或关系不大。

无伤大雅
　　对主要方面没有妨害。

无私有弊
　　指虽然没有私弊，但因处于嫌疑之地，容易使人猜疑。

无所措手足
　　手脚不知道放在哪里，形容不知道该怎么办才好。

无所适从
　　不知道依从谁好；不知按哪个方法做才好。

无妄之灾
　　平白无故受到伤害。

无以复加
　　达到极点，不可能再增加。

毋宁(无宁)
　　表示"不如"。

毋庸(无庸)
　　无须："毋庸讳言"。

芜鄙
　　（文章）杂乱浅陋。

芜秽
　　形容乱草丛生："荒凉芜秽"。

吾侪(chái)
　　我们这些人。

吴牛喘月
　　据说江浙一带的水牛怕热，见到月亮就以为是太阳而发喘。"吴牛望月则喘，使之苦于日，见月怖，亦喘之矣。"比喻因疑心而害怕。

五方杂处
　　形容某地居民复杂，从各个地方来的人都有。

五行八作
泛指各种行业(作:作坊)。

五日京兆
西汉张敞为京兆尹,将被免官,有个下属知道了就不肯为他办案子,对人说:"他不过再做五天的京兆尹就是了,还能办什么案子。"后来比喻任职时间短或即将去职。

怃(wǔ)然
形容失望的样子。

舞文弄墨(舞文弄法)
1.歪曲法律条文作弊。
2.玩弄文字技巧。

兀(wù)傲
高傲:"负才兀傲"。

兀立
直立:"巍然兀立"。

务正
从事正当的职业;做正当的事情;走正路:"回心务正"。

物阜民丰
物产丰富,人民生活富足。

物故
去世。

物换星移(星移物换)
景物改变了,星辰的位置也移动了,指节令变化,时间推移。

物伤其类
指动物因同类遭受到了不幸而感到悲伤,比喻人因同伙受到打击而伤心(多含贬义)。

物以类聚
同类的东西常聚在一起,现在多指坏人跟坏人常凑在一起:"物以类聚,人以群分"。

X

希冀
希望。

悉(xī)惶
1.形容惊慌烦恼。
2.穷苦。

悉悉
寂寞。

息事宁人
1.从中调解,使争端平息,彼此相安。
2.在纠纷中自行让步,减少麻烦。

息息相关(息息相通)
呼吸相关联,比喻关系密切。

息影
1.指退隐闲居:"杜门息影"。
2.指影视演员结束演艺生涯,不再拍戏。

奚落
用尖刻的话数落别人的短处,使人难堪;讥讽嘲笑。

徯倖(奚幸)
烦恼(多用于早期白话)。

悉数(shǔ)
全数;全部:"悉数奉还"。

淅(xī)沥
形容轻微的风声、雨声、落叶声等:"秋风淅沥"。

惜墨如金
指写字、绘画、做文章下笔非常慎重,力求精练。

翕(xī)动
(嘴唇等)一张一合地动。

翕然
1.形容言论、行为一致:"翕然从之"。
2.形容安定:"群情翕然"。

翕张
一合一开:"目自翕张"。

蹊(xī)径
途径:"独辟蹊径"。

谿壑(xīhè)
两山之间的大沟;山谷(多用于比喻)。

谿刻
尖刻；刻薄。

习非成是
对于某些错的事物习惯了，反认为是对的。

习焉不察
习惯于某种事情而察觉不到其中的问题。

习与性成
指长期的习惯会形成一定的性格。

席不暇暖
座位还没有坐热就走了，形容很忙。

檄(xí)文
古代用于晓谕、征兆、声讨等的文书，特指声讨敌人或叛逆的文书。

洗心革面
比喻彻底悔改。

徙倚(xǐyǐ)
徘徊。

戏谑(xuè)
用有趣的引人发笑的话开玩笑。

细针密缕(lǚ)
针线细密，比喻工作细致。

侠肝义胆
指讲义气，有勇气，肯舍己助人的气概和行为。

遐迩
远近："遐迩闻名"。

遐思（遐想）
悠远的思索或想象："闭幕遐思"；"遐想联翩"。

瑕不掩瑜
比喻缺点掩盖不了优点，优点是主要的，缺点是次要的。

瑕疵
微小的缺点。

瑕玷
污点；毛病。

瑕瑜互见
比喻有缺点也有优点。

黠慧(xiáhuì)
狡猾聪慧。

下车伊始
旧指官吏初到任所，现指刚到一个新地方或新工作岗位。

下里巴人
战国时期楚国的民间歌曲（下里指乡里，巴人指巴蜀的人民，表明做歌曲的人和地方），后来泛指通俗的普及的文学艺术，常跟"阳春白雪"对举。

罅(xià)漏
缝隙，比喻事情的漏洞。

罅隙
缝隙。

先河
古代帝王先祭祀黄河，后祭祀海，以河为海的本源。后来称倡导在先的事物为先河。

先声夺人
先张大声势以压倒对方，多用于比喻。

先意承志
原指不待父母明白说出就能迎合父母的心意做事，后来泛指揣摩人意，极力逢迎。

闲云野鹤
比喻闲散安逸，不受尘世羁绊的人，旧时多指隐士、道士等。

涎(xián)皮赖脸
厚着脸皮跟人纠缠，惹人厌烦的样子。

显豁
显著明白。

险巇(xī)（岭巇）
形容山路危险，泛指道路艰难。

相得益彰
指互相帮助，互相补充，更能显出好处。

相辅而行
互相协助进行或配合使用。

相辅相成
互相补充，互相配合。

相反相成

指相反的东西有同一性。就是说，两个矛盾方面互相排斥或斗争，并在一定条件下连接起来，获得同一性。

相忍为国

为了国家和民族的利益而做一定的让步。

相濡以沫

泉水干涸，鱼靠在一起以唾沫互相湿润。后用"相濡以沫"比喻同处困境，相互救助。

相提并论

把不同或相差悬殊的人或事物混在一起来谈论或看待（多用于否定式）。

相形见绌(chù)

跟另一人或事物比起来显得远远不如。

相与

1. 彼此往来；相处。
2. 相互："相与议论"。
3. 旧时指相好的人。

相知

1. 彼此相交而互相了解，感情深厚："相知有素"。
2. 相互了解、感情深厚的朋友。

相左

1. 不相遇；彼此错过。
2. 相反；相互不一致："意见相左"。

襄助

从旁帮助。

翔实(详实)

详细而确实。

响遏行云

声音高入云霄，把浮动着的云彩也止住了，形容歌声嘹亮。

想入非非

思想进入虚幻境界，完全脱离实际；胡思乱想。

向背

拥护和反对："人心向背"。

向壁虚构(向壁虚造)

对着墙壁，凭空想象，比喻不根据事实而捏造。

向隅

面对着屋子的一个角落，比喻非常孤立或得不到机会而失望："向隅而泣"。

项背

人的背影：项背相望（形容行进的人多，连续不断）。

项庄舞剑，意在沛公

比喻说话或行动虽然表面上另有名目，其真实意图却在于对某人某事进行威胁或攻击。

象牙之塔

比喻脱离现实的文学家和艺术家的小天地。

象征

1. 用具体的事物表现某种特殊意义："火炬象征光明"。
2. 用来象征某种特别意义的具体事物："火炬是光明的象征"。

橡皮图章

比喻只有名义而无实权的人或机构。

枵(xiāo)腹从公

指饿着肚子办公家的事（枵：虚空）。

哓哓(xiāoxiāo)

乱嚷乱叫，形容争辩不止。

宵旰(gàn)

宵衣旰食的略语："宵旰图治"。

宵小

盗贼昼伏夜出，叫作宵小。现泛指坏人："宵小行径"。

宵衣旰食

天不亮就穿衣起来，天黑了才吃饭，形容勤于政务。

萧规曹随

萧何和曹参都是汉高祖的大臣。萧何创立了规章制度，死后，曹参做宰相，仍照章实行。比喻后一辈的人完全依照前一辈的方式进行工作。

萧墙
　　照壁,比喻内部:"祸起萧墙"。

萧然
　　1.形容寂静冷落:"满目萧然"。
　　2.形容空荡荡的;空虚:"四壁萧然"。

萧瑟
　　1.形容风吹树木的声音:"秋风萧瑟"。
　　2.形容冷落;凄凉:"门庭萧瑟"。

萧飒
　　萧条冷落;萧索。

萧森
　　1.形容草木凋零衰败:"秋树萧森"。
　　2.凄凉阴森:"幽谷萧森"。

萧疏
　　1.萧条荒凉:"满目疮痍,万户萧疏。"
　　2.稀疏;稀稀落落:"白发萧疏""黄叶萧疏"。

萧索
　　缺乏生机;不热闹。

萧条
　　1.寂寞冷落,毫无生气。
　　2.资本主义社会中紧接着周期性经济危机之后的一个阶段,其特征是工业生产处于停滞状态,物价低落,商业萎缩。

萧萧
　　1.形容马叫声或风声等:"马鸣萧萧"。
　　2.(头发)花白稀疏的样子:"白发萧萧"。

销声匿迹
　　不再公开讲话,不再出头露面。形容隐藏起来或不公开出现。

销铄(shuò)
　　1.熔化;消除。
　　2.因久病而枯瘦:"肌肤销铄"。

潇潇
　　1.形容刮风下雨:"风雨潇潇"。
　　2.形容小雨:"潇潇微雨"。

霄壤
　　天和地,比喻相去极远:"霄壤之别"。

淆(xiáo)惑
　　混淆迷惑:"淆惑视听"。

淆杂
　　混杂。

小肚鸡肠(鼠肚鸡肠)
　　比喻气量狭小,只计较小事,不顾大局。

小家碧玉
　　指小户人家的年轻美貌的女子。

小试锋芒
　　稍微显示一下本领。

小心翼翼
　　原形容严肃虔敬的样子,现用来形容举动十分谨慎,丝毫不敢疏忽。

晓畅
　　1.精通;熟悉。
　　2.(文章)明白流畅。

笑影
　　微笑的神情。

啸傲
　　指逍遥自在,不受礼俗约束(多指隐士生活):"啸傲林泉"。

啸鸣
　　1.呼啸:"北风啸鸣"。
　　2.高而长的声音。

些微
　　1.轻微。
　　2.略微。

胁肩谄笑
　　耸起肩膀,装出笑脸,形容谄媚的丑态。

挟持
　　1.从两旁抓住或架住被捉住的人(多指坏人捉住好人)。
　　2.用威力强迫对方服从。

谐谑(xuè)
　　滑稽而略带戏弄。

颉颃(xiéháng)
　　1.鸟上下飞。

2.泛指不相上下,相抗衡。

亵渎(xièdú)
　　轻慢;不尊敬。

亵慢
　　轻慢;不庄重:"言语亵慢"。

解(xiè)数
　　指武术的架势,也泛指手段、本事:"浑身解数"。

懈气
　　放松干劲。

心安理得
　　自信事情做得合理,心里很坦然。

心不在焉
　　心思不在这里。指不专心,精神不集中。

心裁
　　心中的设计、筹划(指关于诗文、美术、建筑等的):"别出心裁"。

心驰神往
　　心神飞到(向往的地方)。

心传(chuán)
　　1.禅宗指不立文字,不依经卷,唯以师徒心心相印,传授佛法。
　　2.泛指世代代相传的某种学说。

心扉
　　指人的内心:"叩人心扉"。

心旷神怡
　　心情舒畅,精神愉快。

心劳日拙(zhuō)
　　费尽心机,不但没有得到好处,反而处境越来越糟。

心力
　　心思和体力。

心口如一
　　心里想的和嘴上说的一样,形容诚实直爽。

心领神会
　　不用对方明说,心里领悟其中的意思。也指深刻地领会。

心秀
　　心思灵巧,有主意,但表面上不显露。

心有余悸
　　危险的事情虽然过去了,回想起来还感到害怕。

心余力绌
　　心有余而力不足。

心猿意马
　　形容心思不专,变化无常,好像马跑猿跳一样。

欣忭(biàn)
　　喜悦:"不胜欣忭"。

欣幸
　　欢喜而庆幸。

新禧
　　新年幸福:"恭贺新禧"。

新雨
　　1.初春的雨;刚下过的雨。
　　2.比喻新朋友:"旧知新雨"。

歆羡(歆慕)
　　羡慕。

薪尽火传
　　前一根柴火刚烧完,后一根柴已烧着,火永远不熄,比喻师生传授,学问一代代地继承下去。

信而有征
　　可靠而且有证据。

信口雌黄
　　不顾事实,随口乱说。

信口开河
　　随口乱说一气。

信马由缰
　　骑着马不拉缰绳,任其自由行动,比喻漫无目的地闲逛或随意行动。

信赏必罚
　　该奖赏的一定奖赏,该处罚的一定处罚,形容赏罚严明。

信誓旦旦
　　誓言诚恳可信。
星罗棋布
　　像星星似的罗列着,像棋子似的分布着,形容多而密集。
星移斗转(斗转星移)
　　星斗变换位置,表示季节改变,比喻时间变化。
星移物换(物换星移)
　　景物改变了,星辰的位置也移动了,指节令变化,时间推移。
惺忪(xīngsōng)
　　形容因刚醒而眼睛模糊不清。
惺惺
　　1.清醒。
　　2.聪明。
　　3.指聪明的人:"惺惺相惜"。
　　4.假惺惺:虚情假意的样子。
惺惺作态
　　装模作样,故作姿态。
行尸走肉
　　比喻不动脑筋、无所作为、糊里糊涂混日子的人。
形单影只
　　形容孤独,没有伴侣。
形格势禁
　　指受形势的阻碍或限制。
形胜
　　地势优越壮美:"山川形胜"。
形影相吊
　　形容孤独(吊:慰问)。
性命交关
　　关系到人的性命。形容关系重大,非常紧要。
悻然
　　怨恨愤怒的样子。
悻悻
　　1.怨恨愤怒的样子:"悻悻而去"。
　　2.失意的样子:"悻悻而归"。
兄弟阋墙
　　《诗经·小雅·常棣》:"兄弟阋于墙。"兄弟在家争吵。常用来比喻内部相争(阋 xì:争吵;争斗)。
胸无点墨
　　形容读书太少,文化水平极低。
胸有成竹
　　画竹子时心里有一幅竹子的形象,见于宋晁补之诗:"与可画竹时,胸中有成竹"(与可是宋代画家文同的字)。比喻做事之前已有通盘考虑。
雄才大略
　　杰出的才智和宏大的谋略。
羞赧(nǎn)
　　因害臊而红了脸的样子。
羞与为伍
　　把跟某人在一起认为羞耻的事情。
秀色可餐
　　形容女子姿容非常美丽或景色非常优美。
秀外慧中
　　容貌清秀,内心聪慧(多指女子)。
虚怀若谷
　　胸怀像山谷那样深而宽广,形容十分谦虚。
虚位以待(虚席以待)
　　留着位置等候。
虚无缥缈
　　形容非常空虚渺茫。
虚应故事
　　照例应付,敷衍了事。
虚与委蛇
　　对人假意敷衍应酬。
虚张声势
　　假装出强大的气势。
嘘寒问暖
　　形容对别人的生活十分关切(嘘寒:呵出热气使受寒的人温暖)。
勖(xù)**勉**
　　勉励:"勖勉有加"。

絮聒（guō）
1. 絮叨。
2. 麻烦（别人）。

轩然大波
比喻大的纠纷或风潮。

轩轾（zhì）
车前高后低叫轩，前低后高叫轾，比喻高低优劣："不分轩轾"。

喧豗（huī）
喧闹。

喧阗（tián）
声音大而杂；喧闹："鼓乐喧阗""车马喧阗"。

暄腾
松软而有弹性。

煊赫
形容名声很大，声势很盛："权势煊赫"。

旋踵
把脚后跟转过来，比喻时间极短："旋踵即逝"。

泫（xuàn）**然**
水滴下的样子（多指眼泪）："泫然泪下"。

绚（xuàn）**烂**
灿烂："绚烂多彩。"

渲（xuàn）**染**
1. 国画的一种画法，用水墨或淡的色彩涂抹画面，以加强艺术效果。
2. 比喻夸大的形容。

削足适履
比喻不合理地迁就现成条件，或不顾具体条件，生搬硬套。

穴居野处（chǔ）
指人类没有房屋以前的生活状态。

学富五车
形容读书多，学问大（五车：五车书）。

噱（xué）**头**
1. 引人发笑的话或举动。
2. 花招。

3. 滑稽。

雪泥鸿爪
鸿雁在雪泥上踩踏过留下的痕迹（雪泥：融化着雪水的泥土），比喻往事遗留下的痕迹。

血雨腥风（腥风血雨）
风里带有腥气，血溅得像下雨一样，形容残酷屠杀的景象。

薰莸（yóu）**不同器**（薰莸异器）
香草和臭草不能收藏在一个器物里，比喻好和坏不能共处。

寻章摘句
读书时只摘记一些漂亮的词句，不深入研究；也指写作只堆砌现成词句，缺乏创造性。

循规蹈矩
原指遵守规矩。现多指拘泥于旧的准则，不敢稍作变通。

循名责实
要求实质跟名称或名义相符。

循循善诱
善于有步骤地引导别人学习（循循：有步骤的样子）。

Y

睚（yá）**眦**
1. 发怒时瞪眼睛："睚眦之怨"。
2. 指极小的仇恨："素无睚眦"。

睚眦必报
像被人瞪了一眼那样极小的仇恨也一定要报复，形容心胸极其狭窄。

哑然
形容笑声："哑然失笑"。

雅正
1. 合规范；纯正："文辞雅正"。
2. 正直。
3. 敬辞，把自己的诗文书画等送给别人时，表示请对方指教。

揠苗助长（拔苗助长）
比喻违反事物的发展规律，急于求成，反而

坏事。

烟霭
云雾:"烟霭朦胧"。

渊博
广博:"学问渊博"。

延颈企踵
伸长脖子,抬起脚跟,形容急切盼望。

言必有中(zhòng)
一说就说到点子上。

言不及义
只说些无聊的话,不涉及正经道理。

言不尽意
说的话未能表达出全部意义,表示意犹未尽(多用于书信结尾)。

言不由衷
说的话不是内心发出来的,指心口不一致。

言出法随
法令宣布之后立即按照执行。

言近旨远
话说得浅近,而含义却很深远。

言简意赅
言语简明而意思完备。

言人人殊
每人所说的话各不相同,指对同一事物各人有各人的见解。

言为心声
言语是思想感情的表达。

言喻
用语言来说明(多用于否定式):"不可言喻"。

言状
用语言来形容(多用于否定式):"难以言状"。

妍媸(chī)
美和丑:"不辨妍媸"。

炎凉
热和冷,比喻对待地位不同人或者亲热攀附,或者冷淡疏远:"世态炎凉"。

奄奄
形容气息微弱:"奄奄一息"。

俨然
1.形容庄严:"望之俨然"。
2.形容齐整:"屋舍俨然"。
3.形容很像:"这孩子说起话来俨然是个大人。"

俨如
十分像。

衍文
因缮写、刻板、排版错误而多出来的字句。

弇(yǎn)陋
见识浅陋。

掩映
彼此遮掩而互相衬托。

眼高手低
自己要求的标准高,而实际工作的能力低。

眼明手快
眼力好,动作快,形容反应快。

偃旗息鼓
放倒军旗,停止战鼓。指秘密行军,不暴露目标。现多指停止战斗,也比喻停止批评、攻击等。

偃武修文
停止武备,提倡文教。

演绎
1.一种推理方法,由一般原理推出关于特殊情况下的结论。三段论就是演绎的一种形式(跟"归纳"相对)。
2.铺陈;发挥:"一首民歌演绎出一段感人的爱情故事"。
3.展现;表现:"演绎时尚潮流"。

宴安鸩(zhèn)毒
贪图享乐等于喝毒酒自杀。

宴尔(燕尔)
安乐。《诗经·邶风·谷风》有"宴尔新昏(婚)"的诗句。后来就用"宴尔"指新婚:"宴尔之乐"。

雁过拔毛
比喻对经手的事不放过任何机会牟取私利。

餍(yàn)足
满足(多指私欲)。

扬榷(què)
略举大要;扼要论述:"扬榷古今"。

扬汤止沸
把锅里烧的沸水舀起来再倒回去,想叫它不沸腾。比喻办法不彻底,不能从根本上解决问题。

洋洋洒洒
1.形容文章或谈话内容丰富,连续不断。
2.形容规模或气势盛大。

仰人鼻息
比喻依赖人,看人的脸色行事。

仰仗
依赖;依靠。

养痈成患(养痈遗患)
比喻姑息坏人坏事,结果受到祸害。

怏然
1.形容不高兴的样子:"怏然不悦"。
2.形容自大的样子:"怏然自足"。

怏怏
形容不满意或不高兴的神情:"怏怏不得志"。

吆五喝六
1.掷色子时的喊叫声(五、六是色子的点子),泛指赌博时的喧哗声。
2.形容盛气凌人的样子。

要挟(xié)
利用对方的弱点,强迫对方答应自己的要求。

尧天舜日
比喻太平盛世。

肴馔(yáozhuàn)
宴席上的或比较丰盛的菜和饭。

摇唇鼓舌
指用言辞进行煽动、游说或大发议论(含贬义)。

谣诼(zhuó)
造谣污蔑的话。

遥相呼应
远远地互相配合。

杳渺(yǎomiǎo)(杳眇)
形容遥远或深远。

杳然
形容沉寂或不见踪影:"音信杳然"。

杳如黄鹤
崔颢诗:"黄鹤一去不复返,白云千载空悠悠。"后来用"杳如黄鹤"比喻人或物下落不明。

窈窕(yǎotiǎo)
1.(女子)文静而美好;(妆饰、仪容)美好。
2.(宫室、山水)幽深。

要津
1.冲要的渡口,泛指水陆交通要道。
2.比喻显要的地位或官职:"位居要津"。

要言不烦
说话、行文简明扼要、不烦琐。

崾崄(yàoxiǎn)
两山之间像马鞍子的地方(多用于地名)。

冶游
原指男女在春天或节日里外出游玩,后来专指嫖妓。

一倡百和(一唱百和)
一人首倡,百人附和,形容附和的人很多。

一尘不染
1.佛家称色、声、香、味、触、法为六尘,修道的人不被六尘所玷污,叫作一尘不染,泛指人品纯洁,丝毫未沾染坏习气。
2.指环境非常清洁。

一蹴而就
踏一步就成功,形容事情轻而易举,一下子就能完成。

一旦
1.一天之间(形容时间短):"毁于一旦"。
2.指不确定的时间。表示有一天:

a.用于已然,表示"忽然有一天":"相处三年,一旦离别,怎能不想念呢?"

b.用于未然,表示"要是有一天":"理论一旦为群众所掌握,就会产生巨大的物质力量。"

一得之功
　　一点微小的成绩。

一得之愚
　　谦辞,指自己对某一问题的见解。

一定之规
　　一定的规则,多比喻已经打定的主意。

一概而论
　　用同一标准来对待或处理(多用于否定式)。

一鼓作气
　　比喻趁劲头大的时候一下子把事情完成。

一国三公
　　《左传·僖公五年》:"一国三公,吾谁适从?"一个国家有三个主持政事的人,我听从谁? 后来泛指事权不统一。

一家之言
　　指有独特见解、自成体系的学术论述,也泛指一个学派或个人的理论、说法。

一鳞半爪(东鳞西爪)
　　比喻零星片断的事物。

一木难支
　　独木难支:"众擎易举,一木难支"。

一诺千金
　　《史记·季布栾布列传》:"得黄金百,不如得季布一诺。"后来用"一诺千金"形容说话算数,所许诺言信实可靠。

一片冰心
　　形容心地纯洁,不羡慕荣华富贵。

一曝(pù)十寒
　　《孟子·告子上》:"虽有天下易出之物也,一日暴之(暴同曝),十日寒之,未能有生者也。"比喻勤奋的时候少,懈怠的时候多,没有恒心。

一仍旧贯
　　完全按照旧例。

一日之雅
　　一天的交情,指交情不深:"无一日之雅"。

一文不名
　　一个钱也没有(名:占有)。

一叶蔽目(一叶障目)
　　《鹖冠子·上·天则》:"一叶蔽目,不见太山。"比喻为局部的或暂时的现象所迷惑,不能认清事物的全貌或问题的本质。

一叶知秋
　　看见一片落叶就知道秋天的来临,比喻发现一点预兆就料到事物发展的趋向。

一衣带水
　　水面像一条衣带那样窄,形容一水之隔,往来方便。

一隅三反
　　举一反三。

一字千金
　　称赞诗文精妙,价值极高。

伊于胡底
　　到什么地步为止(对不好的现象表示感叹)。

依然故我
　　指人的思想、行为等还是原来的老样子(多含贬义)。

漪(yī)澜
　　水波。

怡悦
　　愉快;喜悦:"怡悦自得"。

宜人
　　适合人的心意:"风景宜人"。

贻害
　　留下祸害:"贻害无穷"。

贻人口实
　　给人以可利用的借口,让人当作话柄。

贻误
　　错误遗留下去,使受到坏的影响;耽误:"贻误后学"。

贻笑大方
　　让内行笑话。

移花接木
　　把带花的枝条嫁接在别的树木上,比喻使用手段,暗中更换人或事物。

移樽就教
　　端着酒杯到别人跟前一起饮酒,以便求教,泛指主动前去向人请教。

遗憾
　　1. 遗恨:"遗憾终生"。
　　2. 不称心;大可惋惜(在外交方面常用来表示不满和抗议)。

颐指气使
　　不说话而用面部表情或口鼻出气发声来示意,指有权势的人随意支使人的傲慢神气。

以暴易暴
　　用凶暴的代替凶暴的,表示统治者改换了,可是暴虐的统治依然不变。

以德报怨
　　用恩惠回报别人的怨恨。

以讹传讹
　　把根本就不正确的话又错误地传出去,结果越传越错。

以己度(duó)人
　　拿自己的心思来衡量或揣度别人。

以儆效尤
　　用对一个坏人或一件坏事的严肃处理来警告那些学做坏事的人。

以邻为壑
　　拿邻国当作大水坑,把本国洪水排泄到那里去,比喻把灾祸推给别人。

以卵击石
　　用蛋打石头,比喻不自量力,自取灭亡。

以人废言
　　因为某人不好或不喜欢某人而不管他的话是否有道理,概不听取。

以汤沃雪
　　把开水浇在雪上,雪很快就融化,比喻轻而易举。

逶(yǐ)迤
　　曲折连绵。

倚马可待(倚马千言)
　　形容文思敏捷,写文章快。

倚仗
　　靠别人的势力或有利条件;依赖。

龁龅(yǐhé)
　　1. 咬;啃。
　　2. 忌恨;倾轧。

亿万斯年
　　形容无限长远的年代。

义愤填膺(yīng)
　　胸中充满义愤。

义无反顾(义无返顾)
　　在道义上只有勇往直前,绝对不能退缩回头。

义形于色
　　义愤之气显露在脸上。

义正词严(义正辞严)
　　道理正当,措辞严肃。

屹立
　　像山峰一样高耸而稳固地立着,常用来比喻坚定不可动摇。

屹然
　　屹立的样子:"屹然不动"。

亦步亦趋
　　《庄子·田子方》:"夫子步亦步,夫子趋亦趋。"意思是老师走学生也走,老师跑学生也跑。比喻自己没有主张,或为讨好,每件事情都仿效或依从别人,跟着人家行事。

亦庄亦谐
　　(讲话或文章的内容)既庄重,又风趣。

异曲同工(同工异曲)
　　不同的曲调演得同样好。比喻不同的人的辞

章或言论同样精彩,或者不同的做法收到同样的好效果。

异想天开
形容想法离奇,不切实际。

抑扬顿挫
(声音)高低起伏和停顿转折。

易如反掌
像翻一下手掌那样容易,比喻事情极容易办。

奕奕(yì)
精神饱满的样子:"神采奕奕"。

挹(yì)注
比喻从有余的地方取些出来以补不足的地方。

逸豫
安逸享乐:"逸豫亡身"。

意气风发
形容精神振奋,气概昂扬。

意气用事
感情用事,缺乏理智。

溢于言表
(感情)流露在言辞、神情上。

熠(yì)熠
形容闪亮发光。

臆测(臆度)
主观地推测。

臆断
凭臆测来断定:"主观臆断"。

臆造
凭主观的想法编造:"凭空臆造"。

翼翼
1. 严肃谨慎:"小心翼翼"。
2. 严整有秩序。
3. 繁盛;众多。

因人成事
依赖别人的力量办成事情。

因势利导
顺着事情的发展趋势加以引导。

因袭
继续使用(过去的方法、制度、法令等);模仿别人。

因噎废食
比喻因为怕出问题,索性不干。

因应
1. 适应(变动的情况);顺应。
2. 采取措施应付。

阴鸷(zhì)
阴险凶狠。

阴骘(zhì)
暗中使安定:"阴骘下民"。

荫翳(yì)(阴翳)
1. 荫蔽:"柳树荫翳的河边"。
2. 枝叶繁茂:"桃李荫翳"。

姻亲
因婚姻而结成的亲戚,如姑父、姐夫、妻子的兄弟姐妹以及比这些更间接的亲戚。

姻娅(姻亚)
亲家和连襟,泛指姻亲。

殷鉴
《诗经·大雅·荡》:"殷鉴不远,在夏后之世。"意思是殷人灭夏,殷的子孙应以夏的灭亡作为鉴戒。后来用"殷鉴"泛指可以作为后人鉴戒的前人失败的事:"可资殷鉴"。

殷殷
1. 殷切:"殷殷嘱咐"。
2. (忧伤)深重:"忧心殷殷"。

殷忧
深深的忧虑:"内怀殷忧"。

吟风弄月(吟风咏月)
旧时有的诗人作诗爱用风花雪月做题材,因此称这类题材的写作为吟风弄月。

寅吃卯粮(寅支卯粮)
比喻入不敷出,预先支用了以后的收入。

訔(yín)訔
形容争辩。訔同誾。

夤(yín)夜
　　深夜。

夤缘
　　攀附上升，比喻拉拢关系，向上巴结。

引而不发
　　射箭时拉开弓却不把箭放出去。比喻善于引导或控制，也比喻做好准备，待机行动。

引吭(háng)高歌
　　放开喉咙高声歌唱。

引经据典
　　引用经典中的语句或故事。

引咎
　　把过失归在自己身上："引咎自责"。

引玉之砖
　　谦辞，比喻为了引出别人高明的意见而发表的粗浅的、不成熟的意见。

饮鸩(zhèn)止渴
　　用毒酒解渴，比喻只求解决目前困难而不顾严重后果。

隐恶扬善
　　隐瞒人的坏处，而表扬他的好处，这是古代提倡的一种为人处事的态度。

鹦鹉学舌
　　鹦鹉学人说话，比喻别人怎样说，他也跟着怎样说(含贬义)。

膺选
　　当选。

萦怀
　　牵挂在心上："离思萦怀"。

萦回
　　回旋往复；曲折环绕："青山环抱，绿水萦回"。

萦系
　　记挂；牵挂。

萦纡(yū)
　　旋绕弯曲；萦回。

蝇营狗苟
　　像苍蝇那样飞来飞去，像狗那样苟且偷生，比喻人不顾廉耻，到处钻营。

潆洄
　　水流回旋。

潆绕
　　水流环绕："清溪潆绕"。

瀛寰
　　指全世界。

颖慧
　　聪明(多指少年)。

颖悟
　　聪明，悟性强(多指少年)。

颖异
　　1.指聪明过人。
　　2.新颖奇异："构思颖异"。

影影绰(chuò)绰
　　模模糊糊；不真切。

应接不暇
　　形容来人或事情太多，接待应付不过来。

应运而生
　　原指顺应天命而降生，后泛指随着某种形势而产生。

硬着陆
　　1.人造卫星、宇宙飞船等不经减速控制而以高速度降落到地面或其他星体表面。
　　2.比喻采取过急、过猛的措施，较生硬地解决某些重大问题。

庸中佼佼
　　指平常人中比较突出的。

雍容
　　形容文雅大方，从容不迫。

饔飧(yōngsūn)不继
　　指吃了上顿没下顿(饔飧：早饭和晚饭)。

用舍行藏(用行舍藏)
　　《论语·述而》："用之则行，舍之则藏。"被任用就出仕，不被任用就退隐，是儒家对于出处进退的态度。

忧心忡(chōng)忡
形容忧愁不安的样子。

忧心如焚
忧愁得心里像火烧火燎一样。

忧悒
忧愁不安。

幽眇(miǎo)
精微:"兴趣幽眇"。

幽明
指阴间和阳间:"幽明永隔"。

幽冥
1.幽暗;昏暗。
2.指阴间。

幽趣
幽雅的趣味。

悠忽
形容悠闲懒散。

悠谬(悠缪)
荒诞无稽。

悠悠
1.长久;遥远:"悠悠长夜"。
2.众多:"悠悠万事"。
3.形容从容不迫:"悠悠自得"。
4.荒谬:"悠悠之谈"。

悠游
1.从容移动。
2.悠闲:"悠游自在"。

悠远
1.离现在时间长:"岁月悠远"。
2.距离远:"山川悠远"。

尤物
指优异的人或物品(多指美女)。

犹然
仍然;照旧。

纡徐
形容缓慢的样子。

予(yú)取予求
原指从我这里取,从我这里求(财物),后用来指任意索取(予:人称代词,我)。

余沥
剩余的酒;比喻分到的一点小利:"分沾余沥"。

余音绕梁
歌唱停止后,余音好像还在绕着屋梁回旋,形容歌声或音乐优美,耐人回味。

余勇可贾(gǔ)
还有剩余力量可以使出来。

揄(yú)扬
1.赞扬:"极口揄扬"。
2.宣扬:"揄扬大义"。

喁(yú)喁
1.随声附和。
2.形容说话的声音(多用于小声说话):"喁喁私语"。

与虎谋皮
跟老虎商量取下它的皮来,比喻所商量的事跟对方(多指坏人)利害冲突,绝对办不到。

予(yǔ)人口实
给人留下指责的把柄。

羽化
1.古人认为仙人能飞升变化,因此把成仙叫作羽化。
2.婉辞,道教徒称人死。

语调
说话的腔调,就是一句话里语音高低快慢的配置,表示一定的语气和情感。

语气
1.说话的口气。
2.表示陈述、疑问、祈使、感叹等分别的语法范畴。

语无伦次
话讲得很乱,没有条理层次。

语焉不详
说到了,但说得不详细,不清楚。

语重心长
言辞诚恳,情意深长。

瘐(yǔ)死
古代指犯人在监狱中因饥寒而死,后来也泛指在监狱中病死。

与(yù)会(预会)
参加会议。

与闻(预闻)
参与并且得知(内情):"与闻其事"。

玉帛
古时国与国间交际时用作礼物的玉器和丝织品。

郁悒
忧闷;苦闷:"心境郁悒"。

郁郁葱葱(郁郁苍苍)
(草木)苍翠茂盛。

欲盖弥彰
想要掩盖事实的真相,结果反而更加显露出来(指坏事)。

遇事生风
一有机会就搬弄是非。

喻世
告诫世人,使明白道理。

喻义
比喻的意义。

裕如
1.形容从不费力:"应付裕如"。
2.形容丰足:"生活裕如"。

渊薮(sǒu)
比喻人或事物聚集的地方(渊:深水,鱼所聚处;薮:水边草地,兽所聚处)。

圆颅方趾
指人类。

缘木求鱼
《孟子·梁惠王上》:"以若所为,求若所欲,犹缘木而求鱼也。"用那样的办法追求那样的目的,就像爬到树上去找鱼一样。比喻方向、方法不对,一定达不到目的。

源远流长
1.源头很远,流程很长。
2.比喻历史悠久。

怨天尤人
埋怨上天,怪罪别人。

怨声载道
怨恨的声音充满道路,形容民众普遍不满。

怨艾
怨恨:"深自怨艾"。

约定俗成
指某种事物的名称或社会习惯是由人们经过长期实践而认定或形成的。

月华
1.月光:"月华如水"。
2.月光通过云中的小水滴或冰粒时发生衍射,在月亮周围形成的彩色光环,内紫外红。

月杪(miǎo)
月底。

越俎(zǔ)代庖
厨子不做饭,掌管祭祀神主的人不能越过自己的职守,放下祭器去代替厨子做饭。一般用来比喻超过自己的职务范围,去处理别人所管的事情。

云汉
1.指银河。
2.指高空:"冉冉入云汉"。

云谲(jué)波诡(guǐ)
汉代扬雄《甘泉赋》:"于是大厦云谲波诡。"形容房屋建筑形式就像云彩和波浪那样千姿百态。后多用来形容事态或文笔变幻莫测。

云泥之别
相差像天空的云和地下的泥,形容极大的差别。

云散风流(风流云散)
形容四散消失。

云山雾罩
1.形容云雾弥漫。

2.形容说话漫无边际,使人困惑不解。

云翳
1.阴暗的云。
2.眼球角膜发生病变后遗留下来的瘢痕组织,影响视力。

云蒸霞蔚(云兴霞蔚)
形容景物灿烂绚丽。

芸芸众生
佛教指一切有生命的东西,一般也用来指众多的平常人(芸芸:形容众多)。

运筹帷幄
《汉书·高帝纪》:"夫运筹帷幄之中,决胜千里之外,吾不如子房。"后因以称在后方决定作战策略,泛指筹划决策。

运斤成风
楚国郢人在鼻尖抹了一层白粉,让一个名叫石的巧匠用斤(古代伐木的工具)把粉削去,石便挥动斤呼呼生风,削掉了白粉,郢人的鼻子毫无损伤。后来用"运斤成风"比喻手法熟练,技艺高超。

韵致
风度韵味;情致。

蕴涵
1.包含。
2.判断中前后两个命题间存在的某一种条件关系叫作蕴涵,表现形式是"如果……则……"。

蕴藉
(言语、文字、神情等)含蓄而不显露。

Z

杂乱无章
又多又乱,没有条理。

再衰三竭
《左传·庄公十年》:"一鼓作气,再而衰,三而竭。"形容士气低落,不能再振作。

牂(zāng)牂
草木茂盛的样子:"其叶牂牂"。

臧否(zāngpǐ)
褒贬;评论:"臧否人物"。

凿枘(ruì)
1.凿是卯眼,枘是榫头,凿枘相应,比喻彼此相合。
2."圆凿方枘"的略语,比喻格格不入。

凿凿
确切;确实:"言之凿凿""凿凿有据"。

藻饰
修饰(多指文章):"词句朴实无华,不重藻饰"。

造诣
学问、艺术等所达到的程度。

责无旁贷
自己的责任,不能推卸给别人(贷:推卸)。

责有攸归
责任各有归属(推卸不了)。

择善而从
《论语·述而》:"三人行,必有我师焉。择其善者而从之,其不善者而改之。"后来用"择善而从"指采纳正确的意见或选择好的方法加以实行。

泽国
1.河流、湖泊多的地区:"水乡泽国"。
2.受水淹的地区:"沦为泽国"。

啧有烦言
很多人说不满意的话。

锃(zèng)光瓦亮
锃亮(锃:器物经擦或磨后,闪光耀眼)。

鲊(zhǎ)肉
米粉肉。

沾沾自喜
形容自以为很好而得意的样子。

谵(zhān)语
1.说胡话。
2.胡话。

瞻顾
1.向前看,又向后看;思前想后:"徘徊瞻顾"。
2.照应;看顾。

瞻前顾后
看看前面,再看看后面,形容做事以前考虑周密谨慎,也形容顾虑过多,犹豫不决。

辗转反侧
　　形容心中有事,躺在床上翻来覆去地不能入睡。

张冠李戴
　　比喻弄错了对象或弄错了事实。

张口结舌
　　张着嘴说不出话来。形容理屈或害怕。

彰明较著
　　非常明显,容易看清(较:明显)。

彰善瘅(shàn)恶
　　表扬好的,憎恨坏的。

仗义执言
　　为了正义说公道话。

招摇过市
　　故意在公众场合张大声势,引人注意。

昭然
　　很明显的样子。

昭昭
　　1.明亮:"日月昭昭"。
　　2.明白:"以其昏昏,使人昭昭"。

朝乾夕惕
　　形容一天到晚很勤奋,很谨慎(乾:勉力;惕:谨慎小心)。

朝三暮四
　　原比喻聪明人善于使用手段,愚笨的人不善于辨别事情,后来比喻反复无常。

朝秦暮楚
　　一时倾向秦国,一时又依附楚国,比喻人反复无常。

朝思暮想
　　形容时刻想念。

照本宣科
　　比喻不能灵活应用,死板地照现成文章或稿子宣读。

肇端
　　发端;开端。

肇始
　　开始。

肇因
　　起因。

折箩
　　指酒席吃过后倒在一起的剩菜。

折腾
　　1.翻过来倒过去。
　　2.反复做(某事)。
　　3.折磨。

折(zhé)冲樽俎
　　在酒席宴会间制敌取胜,指进行外交谈判(樽俎:古时盛酒食的器具)。

折中主义
　　一种形而上学思想方法,把各种不同的思想、观点和理论无原则地、机械地拼凑在一起。

蛰伏
　　1.动物冬眠,潜伏起来不食不动。
　　2.借指蛰居(像动物冬眠一样长期躲在一个地方,不出头露面)。

针砭
　　砭是古代用来治病的石针。"针砭"比喻发现或指出错误,以求改正:"针砭时弊"。

珍馐(xiū)
　　珍奇贵重的食物。

真谛
　　真实的意义或道理。

桢干
　　比喻能担当重任的人才:"国家桢干"。

箴言
　　劝诫的话。

枕藉
　　(很多人)交错地倒或躺在一起。

轸(zhēn)念
　　悲痛地怀念;深切地思念。

畛域
　　界限:"不分畛域"。

缜密
　　周密；细致（多指思想）："文思缜密"。
振拔
　　从陷入的境地中奋起摆脱出来，振奋自立。
振聋发聩(kuì)
　　发出很大的响声，使耳聋的人也能听见，比喻用语言文字唤醒糊涂的人。
振振有词（振振有辞）
　　形容理由似乎很充分，说个不休。
震古烁(shuò)今
　　形容事业成功或功绩伟大，可以震动古人，显耀当世。
怔忡(zhēngchōng)
　　心悸。
怔营
　　惶恐不安。
怔忪
　　惊恐。
整饬(chì)
　　1.使有条理；整顿。
　　2.整齐；有条理。
正本清源
　　从根源上进行改革。
正颜厉色
　　态度严肃，表情严厉。
怔怔
　　形容发愣的样子。
诤言
　　直爽地规劝人改正过错的话。
诤友
　　能直言规劝的朋友。
政通人和
　　政事顺遂，人民和乐，形容国泰民安。
之乎者也
　　"之、乎、者、也"是文言文里常用的语助词，常用来形容半文不白的话或文章。

支绌(chù)
　　不够支配："经费支绌"。
直言不讳(huì)
　　直截了当地说出来，没有丝毫顾虑。
摭拾(zhíshí)
　　拾；捡（多指袭用现成的事例或词句）："摭拾故事"。
旨趣
　　主要目的和意图；宗旨。
抵(zhǐ)掌
　　击掌（表示高兴）："抵掌而谈"。
　　注意："抵"不作"抵"，也不念dǐ。
纸醉金迷
　　形容叫人沉迷的奢侈豪华的环境。
指不胜屈
　　形容数量很多，扳着指头数也数不过来。
指鹿为马
　　比喻颠倒是非。
指日可待
　　（事情、希望等）不久就可以实现。
指桑骂槐
　　比喻表面上骂这个人，实际上骂那个人。
咫尺天涯
　　指距离虽然很近，但很难相见，就像在遥远的天边一样（咫：古代称八寸为咫）。
趾高气扬
　　高高举步，神气十足，形容骄傲自满，得意忘形。
至理名言
　　最正确、最有价值的话。
志大才疏
　　志向虽然大，可是能力不够。
炙手可热
　　手一挨近就感觉热，比喻气焰很盛，权势很大。
治丝益棼(fén)
　　理丝不找头绪，结果越理越乱。比喻解决问题的方法不对头,反而使问题更加复杂(棼:纷乱)。

栉比鳞次(鳞次栉比)
形容房屋等密集。

栉风沐雨
风梳头,雨洗发,形容奔波劳碌,不避风雨。

桎梏(zhìgù)
脚镣和手铐,比喻束缚人或事物的东西。

致使
1. 由于某种原因而使得。
2. 以致。

掷地有声
形容话语豪迈有力。

窒碍
有阻碍;障碍:"窒碍难行"。

置若罔闻
放在一边不管,好像没听见一样。

置喙
插嘴(多用于否定式):"不容置喙"。

置信
相信(多用于否定式):"难以置信"。

置业
购置产业(如土地、房屋等)。

置之度外
不(把生死、利害等)放在心上。

中辍
(事情)中途停止进行:"学业中辍"。

中流砥柱
比喻坚强的,能起支柱作用的人或集体,就像立在黄河激流中的砥柱山(在三门峡)一样。

中庸
1. 儒家的一种主张,待人接物采用不偏不倚、调和折中的态度:"中庸之道"。
2. 指德才平凡:"中庸之才"。

忠贞
忠诚而坚定不移:"忠贞不贰""忠贞不渝"。

终南捷径
唐代卢藏用曾经隐居在京城长安附近的终南山,借此得到很大名声而做了大官。后来用"终南捷径"比喻求官的最近便的门路,也比喻达到目的的便捷途径。

钟灵毓秀
指美好的自然环境产生优秀的人物(毓:养育)。

钟鸣鼎食
敲着钟,列鼎而食,旧时形容富贵人家生活奢侈豪华。

衷肠
出于内心的话:"畅叙衷肠"。

踵(zhǒng)事增华
继续以前的事业并更加发展。

踵武
跟着别人的脚步走,比喻效法:"踵武前贤"。

众口铄(shuò)金
原来比喻舆论的压力大,后来形容人多口杂,能混淆是非(铄:熔化)。

众目睽睽
大家的眼睛都注视着。

众目昭彰
群众的眼睛看得很清楚。

众擎易举
许多人一齐用力,就容易把东西托起来,比喻大家同心合力,就容易把事情做成功。

众望所归
众人的信任,希望归向某人,多指某人得到大家的信赖,希望他担任某项工作。

众矢之的(dì)
许多支箭所射的靶子,比喻大家攻击的对象。

众所周知
大家全都知道。

众星捧月
比喻许多人簇拥着一个人,或许多个体拥戴着一个核心。

众志成城
大家同心协力,就像城墙一样的牢固,比喻大家团结一致,就能克服困难,得到成功。

舟车
　　船和车,借指旅途:"舟车劳顿"。

周而复始
　　一次又一次地循环。

周延
　　一个判断的主词(或宾词)所包含的是其全部外延,如在"所有的物体都是运动的"这个判断中,主词(物体)是周延的,因为它说的是所有的物体。

周恤(xù)
　　对别人表示同情并给予物质的帮助。

周章
　　1.仓皇惊恐:"狼狈周章""周章失措"。
　　2.周折;苦心:"煞费周章"。

肘腋之患
　　比喻发生在身旁或极近地方的祸患。

诛心之论
　　揭穿动机的批评。

珠联璧合
　　珍珠串在一起,美玉合在一块,比喻美好的人或事物凑在一起。

珠圆玉润
　　像珠子那样圆,像玉石那样滑润,形容歌声婉转优美或文字流畅明快。

铢积寸累
　　形容一点一滴地积累。

铢两悉称
　　形容两方面轻重相当或优劣相等。

蛛丝马迹
　　比喻与事情根源有联系的不明显的线索。

竹枝词
　　古代富有民歌色彩的诗,形式是七言绝句,语言通俗,音调轻快。最初多是歌唱男女爱情的,后采常用于描写某一地区的风土人情。

烛照
　　照亮:"阳光烛照万物。"

煮豆燃萁
　　比喻兄弟间自相残害。

属垣有耳
　　有人靠着墙偷听。

瞩目
　　注目:"举世瞩目"。

瞩望
　　1.同"属望":期望;期待。
　　2.注视:"举目瞩望"。

伫(zhù)候
　　站着等候,泛指等候:"伫候佳音""伫候光临"。

伫立
　　长时间地站着:"凝神伫立"。

助桀为虐(助纣为虐)
　　比喻帮助坏人做坏事。

杼轴(zhùzhóu)
　　杼和轴,旧式织布机上管经纬线的两个部件,比喻文章的组织构思。

驻跸(bì)
　　帝王出行时沿途停留暂住。

驻足
　　停止脚步。

筑室道谋
　　自己要造房子,却在路上和过路人商量,比喻自己没有主见或毫无计划,东问西问,结果人多言杂,不能成事。

抓耳挠腮
　　1.形容焦急而又没有办法的样子。
　　2.形容欢喜而不能自持的样子。

专心致志
　　一心一意;集中精神。

转圜
　　1.挽回:"难以转圜"。
　　2.从中调停。

装腔作势
　　故意做作,装出某种情态。

装置
　1.安装。
　2.机器、仪器或其他设备中,构造较复杂并具有某种独立功用的部件。

追奔逐北(追亡逐北)
　追击败北的敌军。

追根溯源(追本穷源)
　追究事物产生的根源。

锥处囊中
　比喻有才智的人终能显露头角,不会长久地被埋没。

缀(zhuì)合
　连缀;组合。

缀文
　写文章;作文。

赘疣
　1.疣。
　2.比喻多余而无用的东西。

谆(zhūn)谆
　形容恳切教导。

拙涩
　拙劣晦涩:"译文拙涩"。

捉刀
　曹操叫崔琰(yǎn)代替自己接见匈奴使臣,自己却持刀站立床头。接见完毕,叫人问匈奴使臣:"魏王如何?"回答说:"魏王雅望非常,然床头捉刀人,此乃英雄也。"后来把代别人做文章叫捉刀。

捉襟见肘
　拉一下衣襟就露出胳膊肘,形容衣服破烂,也比喻困难重重,应付不过来。

卓尔不群
　优秀卓越,超出常人。

卓然
　卓越:"成绩卓然"。

浊世
　1.黑暗或混乱的时代。
　2.佛教指尘世。

着手成春
　妙手回春。

着意
　1.用心地(做某事):"着意经营"。
　2.在意;留心。

斫(zhuó)轮老手
　《庄子·天道》:"是以行年七十而老斫轮"(斫轮:砍木头做车轮)。后来称对某种事情富有经验的人为"斫轮老手"。

斫丧
　伤害,特指因沉溺酒色以致伤害身体。

擢(zhuó)发难数
　形容罪恶多得像头发那样,数也数不清(擢:拔;提拔)。

擢用
　提拔任用:"擢用贤能"。

濯濯
　形容山上光秃秃的,没有树木:"童山濯濯"。

孜孜
　勤勉:"孜孜不倦"。

孜孜矻(kū)矻
　形容勤勉不懈息的样子。

资质
　1.人的素质;智力。
　2.泛指从事某种工作或活动所具备的条件、资格、能力等。

锱铢(zīzhū)
　指很少的钱或很小的事(锱:古代重量单位,一两的四分之一;铢:古代重量单位,一两的二十四分之一)。

梓里
　指故乡。

訾(zǐ)议
　评论人的短处:"无可訾议"。

自惭形秽
　原指因自己容貌举止不如别人,而感到惭愧,后来泛指自愧不如别人。

自出机杼(zhù)
　　比喻诗文的构思和布局别出心裁,独创新意。

自咎(jiù)
　　自己责备自己:"悔恨自咎"。

自郐(kuài)以下
　　吴国的季札在鲁国看周代的乐舞,对各诸侯国的乐曲都发表了意见,从郐国以下他就没有评论。比喻从……以下就不值得一谈。

自律
　　自己约束自己。

自我作古
　　由自己创始,不依傍前人或旧例。

自行其是
　　按照自己认为对的去做(不考虑别人的意见)。

自圆其说
　　使自己的论断或谎话没有破绽。

字斟句酌
　　对每一字、每一句都仔细推敲,形容说话或写作的态度慎重。

恣(zì)肆
　　1.放纵。"骄横恣肆"。
　　2.(言谈、写作等)豪放不拘:"文笔恣肆"。

恣睢(suī)
　　任意胡为:"暴戾恣睢"。

恣意
　　任意;任性:"恣意妄为"。

宗祧(tiāo)
　　旧时指家族相传的世系:"继承宗祧"。

罪不容诛
　　罪大恶极,处死都不能抵偿。

罪愆
　　罪过;罪恶。

醉生梦死
　　像喝醉了酒和在睡梦中那样糊里糊涂地活着。

左右逢源
　　比喻做事得心应手,怎样进行都很顺利。也比喻办事圆滑。

左支右绌(chù)
　　指力量不足,应付这一方面,那一方面又有了问题。

作壁上观
　　人家交战,自己站在营垒上观看,比喻坐观成败,不给予帮助。

作法自毙
　　自己立法反而使自己受害。

作奸犯科
　　为非作歹,触犯法令(奸:坏事;科:法令)。

作威作福
　　原指统治者擅行赏罚,独揽威权,后来指妄自尊大,滥用权势。

作秀
　　1.表演;演出。
　　2.指为了销售、竞选等而进行展览、宣传等活动。
　　3.弄虚作假,装样子骗人。

作俑
　　比喻倡导做不好的事。

坐而论道
　　原指坐着议论政事,后泛指空谈大道理。

坐观成败
　　对于别人的成功或失败采取旁观态度。

坐井观天
　　比喻眼光狭小,看到的有限。

坐蜡
　　陷入为难境地;遇到难以解决的困难。

座右铭
　　写出来放在座位旁边的格言,泛指激励、警醒自己的格言。

参 考 文 献

[1] 中国社会科学院语言研究所词典编辑室. 现代汉语词典[M]. 7版 北京：商务印书馆, 2017.
[2] 《中国现代汉语词典》编委会. 中华现代汉语词典[M]. 北京：中国大百科全书出版社, 2007.